Christa Willmitzer wurde 1947 als Tochter von Otto und Resi Kohlhofer in München geboren. Sie studierte Pädagogik. 1972 heiratete sie Peter Willmitzer, 1978 wurde ihr Sohn Florian geboren, 1981 Tochter Sophie. Christa Willmitzer arbeitet als Sozialpädagogin in der Stadtteilarbeit München-Neuperlach.

Peter Willmitzer wurde 1948 in Wien geboren. Er studierte dort Elektrotechnik an einer HTL. Der Ingenieur in einem Siemens-Nachfolgebetrieb ist seit 1972 Mitglied der IG Metall, war langjähriges Betriebsratsmitglied und ist in linken Projekten aktiv.
 Das Ehepaar lebt in München.

Christa und Peter Willmitzer

Deckname »Betti Gerber«

Vom Widerstand in Neuhausen
zur KZ-Gedenkstätte Dachau
Otto Kohlhofer 1915–1988

Weitere Informationen über den Verlag und sein Programm unter:
www.allitera.de

Bibliographische Information der Deutschen Bibliothek

Die Deutsche Bibliothek verzeichnet diese Publikation
in der Deutschen Nationalbibliographie;
detaillierte bibliographische Daten sind im Internet
über <http://dnb.ddb.de> abrufbar.

Mai 2006
Allitera Verlag
Ein Imprint der Buch&media GmbH, München
© 2006 Buch&media GmbH, München
Lektorat: Anja Thea Bayer
Umschlaggestaltung: Kay Fretwurst, Freienbrink
Umschlag oben: Otto Kohlhofer anlässlich eines Besuchs
von Heinrich Himmler und dem holländischen SS-Führer Mussert
im Jahr 1941 im Krankenrevier des KZ Dachau
(aus dem sog. Mussert-Album, Archiv der KZ-Gedenkstätte Dachau)
Umschlag unten: Portrait von Otto Kohlhofer aus dem Jahr 1987
(Foto: Lothar Schönert)
Herstellung: Books on Demand GmbH, Norderstedt
Printed in Germany · ISBN 3-86520-183-0

Inhalt

Geleitwort 7

Vorwort 10

1. Pfarrerskinder – Arbeiterkinder 13
Barfuß, aber glücklich 14 · Lehrjahre 17

2. »Betti Gerber« – Frühe politische Prägung 21
Illegalität 21 · Staatsfeind 25 · Anklage und Urteil 26 · Zuchthaus 28

3. KZ Dachau 32
Dachau – Modell für alle weiteren Konzentrationslager 33 · Alltag im Lager 35 · »13438« 37 · Strafen 40 · »Universität Dachau« 42 · Arbeiten und Überleben 45 · Freie Zeit 47 · »Nicht entlassen!« 48 · Widerstand und Solidarität 48 · Russisch lernen 49 · Lage verbessern, Positionen halten 51 · Illegale Radios – Information von außen 51 · Beobachtung der SS 52 · Transporte – im NS-System war alles geplant 53 · Reichspogrom 55 · Kriegsbeginn 56 · Beginn der Massentötungen 57 · Flossenbürg – Dem Tode nahe 58 · Zurück in Dachau 62 · Exekution sowjetischer Kriegsgefangener 62 · Invalidentransporte 64 · Weihnachten 1941 65 · Baracke X 66 · Medizinische Versuche 68 · Liquidieren – dann Beethoven 69 · Hoffnung – »Wenn der Krieg zu Ende ist …« 70

4. In wichtiger Position – Außenlager Kempten 71
Häftlinge für die Rüstungsindustrie 72 · Wachposten als Freunde 76 · Eheversprechen im Milchhäusl 77 · Außenlager Kottern 79 · Vier Pistolen versteckt 80

5. »Bewährungsbataillon« – Befreiung in Wien 81
In Hitlers Uniform 81 · Olomuc 82 · Wieder gefangen 85 · Weg in die Freiheit 86

6. »Wir sind gleich alt!« – Optimismus und Restauration 90
Rauswurf und Neubeginn im Ministerium 93 · Freunde 96 · Partei-Verbot 99 · Lagergemeinschaft Dachau 102 · Minister Hundhammer 103

7. Secrétaire International – Der Weg zur KZ-Gedenkstätte 107
Brücken 109 · Das Internationale Dachau-Komitee 114 · Mythen 115 · Die Vorbereitungen zur Ausstellung von 1965 116 · Eklats in den sechziger Jahren 120

8. Eine Spur in der Geschichte hinterlassen – Die letzten Lebensjahre ... 125
Friedensbewegung 127 · Zeitzeuge 129 · Diskussionen in einem bayerischen Ministerium 132 · Entfernung von der Partei 134 · Reisen 136 · Hüttenwart 138 · Resis Krankheit 140

9. Jugendbegegnung – Lernort Dachau 141
Nachtgespräche 143 · »Zeltlagerpolitik« 144 · Verhinderungsmanöver 146 · Es bewegt sich was 149 · »Endlich!« 151

Anhang 155
Dokumente 155 · Otto Kohlhofer: Beitrag für den Studientag am 22.11.1986 zum Thema »Dachau und seine Geschichte« 158 · Otto Kohlhofer: »Der Geist der Lagerstraße« und seine Bedeutung für die gesellschaftlich-politische Entwicklung der Bundesrepublik bis heute 160 · Zeittafel 164 · Abkürzungsverzeichnis 170 · Bildnachweis 170 · Literaturverzeichnis 171

Geleitwort

Sechs Jahrzehnte nach der Befreiung der nationalsozialistischen Konzentrationslager geht die Zeit der lebendigen Zeitzeugenschaft unwiederbringlich zu Ende. Schon heute können nur noch Überlebende berichten, die am Ende des Zweiten Weltkrieges Kinder oder junge Erwachsene waren. Die Generation der ehemaligen deutschen politischen Gegner der Nationalsozialisten, die bereits vor 1933 gegen die aufkommende NSDAP gekämpft hatten und die als erste in die Konzentrationslager verschleppt wurden, ist inzwischen verschwunden. Zu ihnen gehörten auch die deutschen Juden, die 1933 zunächst wegen ihrer politischen Gegnerschaft ins KZ kamen. Den deutschen Überlebenden war es jedoch in erster Linie zu verdanken, dass in Deutschland nach 1945 der Kampf um die Bewahrung der Erinnerung an Widerstand und Verfolgung, an Völkermord und Mitläufertum aufgenommen wurde.

In Dachau konnte im Jahr 1965 anlässlich des 20. Jahrestages der Befreiung des Konzentrationslagers die erste KZ-Gedenkstätte in der Bundesrepublik Deutschland eröffnet werden. Vorangegangen war ein über zehn Jahre andauernder Kampf der überlebenden Häftlinge, die sich in einem internationalen Komitee[1] zusammengeschlossen hatten. Die ehemaligen Häftlinge, die im Raum München lebten, waren dabei die Ersten, die sich um das Gedenken an die Opfer des Konzentrationslagers Dachau bemühten. Zu ihnen gehörte auch Otto Kohlhofer, dem später eine Schlüsselrolle bei den Bemühungen um die Errichtung der Gedenkstätte Dachau zuwuchs. Er hatte zehn Jahre seines Lebens in Zuchthaus und Konzentrationslager verbracht. Anschließend waren sein Denken und Handeln geprägt von der Erfahrung, dass Überleben und die Bewahrung der Menschlichkeit nur durch den Zusammenhalt der Opfer über nationale und weltanschauliche Unterschiede hinweg möglich gewesen war.

Obwohl er seine kommunistische Grundüberzeugung niemals verleugnete, gewann Otto Kohlhofer durch seine Aufrichtigkeit und sein glaubwürdiges Handeln Freunde und Bundesgenossen in allen politischen Lagern. Bis zu seinem Tod im Jahr 1988 suchte er vor allem das Gespräch mit jungen Menschen, denen er seine Erfahrungen weitergeben wollte. So war es nur folgerichtig, dass er nach Fertigstellung der Gedenkstätte sein Interesse auf Zukunftsfragen, wie den Erhalt des Friedens und den Abbau von Hass und Feindbildern, richte-

---

[1] Comité International de Dachau bzw. Comité International de Liaison des Anciens de Dachau (C.I.D.)

te. Da er in den linken Parteien der Bundesrepublik keine politische Heimat mehr fand, engagierte er sich bei den Naturfreunden und in den pluralistisch zusammengesetzten Gruppen der Friedensbewegung. Seit Beginn der 1980er-Jahre gehörte er dann zu den ersten und wichtigsten Streitern für die Idee einer internationalen Jugendbegegnungsstätte in Dachau. Noch einmal wurde Otto Kohlhofer zu einem wichtigen Dialogpartner bei der Realisierung eines Projekts, das zwar von Anfang an viele Befürworter fand, das aber gleichzeitig, vor allem bei den örtlichen Lokalpolitikern, auf scharfe Ablehnung stieß. Die seit 1984 jährlich in Dachau stattfindenden internationalen Jugendbegegnungszeltlager entwickelten sich zu einem überzeugenden Modell einer zukünftigen Begegnungsstätte. Gleichzeitig wurden sie ein beispielhaftes Forum für Gespräche zwischen Jugendlichen aus aller Welt und überlebenden Zeugen der nationalsozialistischen Diktatur, was für beide Seiten gleichermaßen Gewinn bringend war. Auch Otto Kohlhofer genoss die offene, zwanglose Atmosphäre der Zeltlager und die Begegnungen mit jungen Menschen unterschiedlicher Herkunft und Prägung, die ihm ihre volle Aufmerksamkeit und ihre Zuneigung schenkten.

Als das Jugendgästehaus im Jahr 1998 nach 18 Jahre andauernden Auseinandersetzungen schließlich eröffnet werden konnte und alle vorangegangenen Kontroversen um seine Entstehung vergessen schienen, war Otto Kohlhofer bereits zehn Jahre tot. Er war 1988 nach einem Herzinfarkt völlig unerwartet gestorben. So hat er auch die politische Wende des Jahres 1989 nicht mehr erlebt und sich an den darauf folgenden intensiven Diskussionen um neue Konzeptionen für die KZ-Gedenkstätten in Deutschland nicht mehr beteiligen können.

Inzwischen hat der 60. Jahrestag der Befreiung der nationalsozialistischen Konzentrationslager die Orte des Terrors noch einmal in den Mittelpunkt des öffentlichen Interesses gerückt. Die Gedenkstätte Dachau konnte ihr 40-jähriges Bestehen und die Schaffung einer neuen großen Dokumentarausstellung feiern. Die Zahl der Besucher, die jedes Jahr in die Gedenkstätte Dachau kommen, ist seit den 1989er-Jahren unverändert hoch geblieben. In dem, was man heute als Erinnerungskultur bezeichnet, hat sich zwar in den Jahren seit Otto Kohlhofers Tod vieles entwickelt und verändert. Die Grundfragen menschlicher Existenz sind jedoch nicht verändert. Menschenrechtsverletzungen sind mit der Befreiung der nationalsozialistischen Todeslager nicht aus der Welt verschwunden. Ebenso konstant ist der Bedarf an glaubwürdigen Gesprächspartnern für Jugendliche, die heute mit der Geschichte der nationalsozialistischen Verbrechen konfrontiert werden und die nach Antworten auf die Frage suchen, wie es dazu kommen konnte. Deshalb ist es gut, dass sich die Tochter von Otto Kohlhofer zusammen mit ihrem Mann aufgemacht hat, um nach Spuren des

Lebens ihres Vaters zu suchen und seine Geschichte niederzuschreiben. So wie es unverändert notwendig ist, sich mit der nationalsozialistischen Katastrophe auseinander zu setzen, bleibt auch sein Leben und Handeln in einer sich ständig verändernden Welt von Bedeutung.

Barbara Distel[*]

---

[*] Barbara Distel, geb. 1943, Dr. phil. h. c., war an der Errichtung der KZ-Gedenkstätte Dachau beteiligt, deren Leiterin sie seit 1975 ist. Seit 1985 gibt sie gemeinsam mit Wolfgang Benz die Dachauer Hefte heraus, 1992 erhielt sie den Geschwister-Scholl-Preis.

Vorwort

Deckname *Betti Gerber* ist die Geschichte von Otto Kohlhofer – die Geschichte unseres Vaters und Schwiegervaters. Am Beispiel seines Lebens wollen wir die Aufmerksamkeit auf das politische Wirken der KZ-Häftlinge lenken – und zwar auf ihr Wirken über die Zeit der Nazidiktatur hinaus bis in unsere Tage.

Die Idee entstand spät, fast zu spät. 15 Jahre nach Otto Kohlhofers Tod wuchs der Gedanke, sein Leben aufzuschreiben, im Gespräch mit Freunden, vor allem mit Edith, seiner Nichte und deren Mann Hermann Heimann. Nach den ersten Recherchen zu der geplanten »Broschüre zum 90. Geburtstag« merkten wir schnell, dass wir es mit einer Fülle von Material zu tun hatten.

Im Vorstandskreis des Archivs der Münchner Arbeiterbewegung, an das wir uns um Unterstützung wandten, fiel der Satz: »Das muss ein Buch werden!« Für diese Initialzündung wollen wir uns bedanken, ebenso für die geduldige historische Begleitung durch Dr. Ludwig Eiber.

Den Grundstock dieses Buches bilden zwei Interviews, die Otto Kohlhofer in den letzten Jahren seines Lebens gab. Ludwig Stark war der eine Interviewpartner. Selbst ein Verfolgter des Naziregimes regte er Otto zu einem schnörkellosen Bericht über seine Widerstandstätigkeit, über Verhaftung, Zuchthaus und KZ an. Die KZ-Gedenkstätte Dachau stellte uns dieses Tondokument zur Verfügung. Fließend und mit starker Stimme hörten wir Otto vom Band.

Das zweite Interview führte Angelika Pisarski, die Frau des ehemaligen Pastors der evangelischen Versöhnungskirche auf dem Gelände der KZ-Gedenkstätte Dachau. Es war im Rahmen ihrer Diplomarbeit in Psychologie entstanden und fragte unmittelbar nach der Person Otto Kohlhofer. Beim Anhören des Gesprächs fiel uns auf, wie schwer es für Otto war, über *sich* zu sprechen. Er, der sich soziologische Begriffe als fleißiger Leser angeeignet hatte und diese ohne weiteres anzuwenden wusste, sprach, als es um sein persönliches Schicksal ging, nun eher stockend, spontan ins Bayerische fallend. Wir danken Frau Pisarski für die Überlassung der Abschrift des gesamten Interviews.

Wir berichten über einen vertrauten Menschen und Freund, daher wird der distanzierende Familienname »Kohlhofer« nur selten auftauchen. Dem Leser soll das bei der Annäherung helfen.

Durch die intensive Beschäftigung mit Ottos Leben wurden bei uns, Tochter und Schwiegersohn, und bei Resi, Ottos Frau, viele Erinnerungen wieder wach.

Resi Kohlhofer war es auch, die half, das Geheimnis etlicher Fotografien zu lüften, die bis dahin ohne Beschriftung in alten Schachteln schlummerten. Wir befragten Freunde und Zeitzeugen und manche Begebenheit oder ein politischer Diskurs wurden lebendig. Wir haben diese Gespräche aufgezeichnet und geben sie in Auszügen wieder.

Kritischen Rat holten wir bei unseren erwachsenen Kindern – ob es nun um den Titel ging oder um den schwierigen Anfang. Denn unser wichtigstes Anliegen ist es, Ottos Geschichte vor allem der Jugend, der Generation unserer Kinder zu vermitteln. Danke, Sophie und Florian!

Die Mitarbeiter der KZ-Gedenkstätte Dachau haben uns nach Kräften bei unseren Recherchen unterstützt und mit Bildmaterial ausgestattet. Das trug zum lebendigen Charakter des Buches bei. Der Leiterin der Gedenkstätte, Barbara Distel, verdanken wir darüber hinaus ein ausführliches Gespräch, das ebenfalls in dieses Buch eingeflossen ist.

Unser besonderer Dank gilt an dieser Stelle einem KZ-Kameraden Ottos. Ferdl Hackl aus Wien hat uns in langen Gesprächen ein eindrucksvolles Bild von Otto als einem umsichtigen, gewieften und mutigen Funktionshäftling gezeichnet. Nach der Befreiung, die beide unterschiedlich erlebten, trafen sie sich in Wien wieder und eine lebenslange Freundschaft begann.

Die geistige Elite Europas war, wenn nicht im Exil, in den Konzentrationslagern. So wurde das Lager zu einem internationalen Diskussionsforum, in dem Otto für sein weiteres Leben geformt wurde – zu einem »Graduierten der Universität KZ«, wie Barbara Distel es formulierte.

Er hat nie viel Aufhebens um seine Person gemacht und von den Gräueln, die er selbst im KZ erlebt hat, wenig erzählt. Für Otto war es die Lehre aus zehn Jahren Haft, die er weitertrug: zu erkennen, was eine Gesellschaft unter bestimmten ökonomischen und politischen Verhältnissen als mögliche Herrschaftsform hervorbringen kann. Auf diesem Zusammenhang hat er immer bestanden.

»Er konnte Kräfte wecken in uns allen, von denen wir selbst gar nichts ahnten«, so die Aussagen von Freunden, mit denen er später in der Friedensbewegung aktiv war. Das kam nicht vom Veteranentum, Ottos Autorität kam aus seiner Glaubwürdigkeit. Er war ein authentischer Mensch.

Im Zahnarztstuhl sitzend[2], wie das Titelbild ihn zeigt, hat er einen konzentrierten, aber trotzigen Gesichtsausdruck. Trotz als der feste Wille, sich nicht unterkriegen zu lassen, sich gegen Unrecht und Ungerechtigkeit zu wehren und zu seiner Überzeugung zu stehen, waren bestimmend für Ottos ganzes Leben.

---

[2] 1941 war Otto als Häftling ins Krankenrevier kommandiert worden, um bei Zahnbehandlungen zu helfen. Zur Häftlingshose trug er eine weiße Jacke. So im Stuhl sitzend musste er den Besuch Himmlers erwarten.

Ob als 16-Jähriger, der einen Lehrlingsstreik organisierte, als KZ-Häftling oder als 70-jähriger Kämpfer für den Frieden – seine Überzeugungen waren stets klar und eindeutig. Er vertrat sie mit absoluter Konsequenz, zuweilen mit einer gewissen altbayerischen Dickköpfigkeit. Er steht damit durchaus in der Tradition bayerischer Rebellen – eines Matthias Kneissl, der Münchner Räte, eines Oskar Maria Graf ...

In dem Maße, in dem Biografien Geschichtsschreibung sind, stellt sich unserer Ansicht nach die entscheidende Frage, ob eine Biografie aus der Perspektive der herrschenden Verhältnisse geschrieben ist – und diese damit fortschreibt – oder ob sie eine andere Sicht auf die Geschichte eröffnet: eine Sicht von unten.

1. Pfarrerskinder – Arbeiterkinder

Josef Kohlhofer, der Großvater Ottos, war ein arbeitsamer Mensch in seinem kurzen Leben. Es ist nicht bekannt, wo und wie er aufgewachsen war, aber von seiner Fröhlichkeit ist diese Geschichte überliefert: Sein Beruf wird mit Steinhauer angegeben, doch einmal hatte er eine Fuhre zu besorgen. Er sollte einen Sarg mit einem verstorbenen Pater aus Aldersbach zum zwei Gehstunden entfernten Friedhof des Gutes Schweiklberg bei Vilshofen in Niederbayern fahren.

Mit den Katholischen hatte er zumindest eines gemein: Sein Erzeuger war ein Pfarrer gewesen. In seinem Taufschein steht daher: »Sohn der unbekannt« – so gehörte sich das bei Pfarrerskindern, die weggegeben wurden und als Findelkinder aufwuchsen.

Der Josef saß also auf seinem Kutschbock und sang und pfiff vor sich hin. Nach Schweiklberg ging's bergauf und bergab. Als er ankam, war der Sarg nicht mehr da, er hatte ihn unterwegs verloren. Einen Fuhrauftrag aus der Pfarrei hat er wohl nie mehr bekommen. Diese Geschichte hat Otto Kohlhofer über seinen Großvater gelegentlich erzählt, immer mit einem spitzbübischen Lächeln.

Josef Kohlhofer kam mit 49 Jahren bei einem Unfall ums Leben, es war einige Tage nach der Jahrhundertwende. In der Sterbeurkunde kann man lesen, dass der Ort des Geschehens der Aglhamer Bruch bei Grafenmühle im Vilstal war. Hier hatte er wohl in einem Steinbruch gearbeitet.

Sein Sohn Michael Kohlhofer – Ottos Vater – war als eines von 16 Kindern in Albersdorf aufgewachsen. Das Dorf liegt an der Donau gegenüber von Vilshofen und war damals so arm, dass es nicht zu einer Kirche reichte. Trotzdem wurde ihm spöttisch »Pfarrersmichel« nachgerufen, so etwas bleibt halt hängen.

Michael Kohlhofer verschlug es bald in die große Stadt, nach München, wo er sich in der Löwenbrauerei verdingte. Er war wie viele Arbeiter dieser Zeit sozialdemokratisch orientiert und Mitglied der Gewerkschaft, darüber hinaus aber nicht aktiv.

1912 heiratete Michael die Franziska Sonnleitner aus dem oberpfälzischen Burglengenfeld. Auch sie, die eine tiefe Frömmigkeit besaß, kam aus bäuerlichen, eher ärmlichen Verhältnissen. Die Sonnleitner-Großeltern waren Müller am Untermaisbach bei Nittenau am Regen gewesen. Franziskas Vater erbte wohl den Beruf, es ist anzunehmen, dass er unter der Konkurrenz der aufkommenden Dampfmühlen litt. Er legte sein Handwerk nieder und konnte einen bescheidenen Hof in Mossendorf bei Burglengenfeld erwerben. Die Mutter stammte aus der nahen Pfaltermühle. So konnte sich die Sonnleitner Franziska eine Gütlerstochter nennen, musste aber ihr Auskommen dennoch als Zimmermädchen in der Stadt suchen. Die Geschichte der beiden Jungvermählten war also die von vielen tausend anderen Zugereisten in München, wo sich soeben die erste Generation einer Arbeiterklasse gebildet hatte.

Barfuß, aber glücklich

Die Kohlhofers, diese neue Münchner Familie, hatten sechs Kinder (eigentlich sieben, ein Sohn ist als Säugling gestorben). Eduard, der Älteste, wurde 1910 geboren. 1912 folgte Tochter Anni, 1915 als Nächster Otto. Sepp kam 1917 zur Welt, dann 1921 noch eine Tochter, Franziska, genannt Fanni, und als Jüngster Albert im Jahr 1925.

Das Geld war knapp, deshalb lebten sie in einer Wohngemeinschaft zusammen mit der Schwester von Michael, der verheirateten Anna Bader, deren Mann und zwei Kindern. Die Wohnung war im ersten Stock des Hauses Leonrodstraße 71 in Neuhausen. Die Häuserzeile an der Leonrodstraße gegenüber dem Kasernenviertel bestand überwiegend aus Arbeiterwohnungen im Gegensatz zu den eher bürgerlichen und kleinbürgerlichen Vierteln Neuhausens.

Jede Familie hatte ein Zimmer und eine Wohnküche für sich. Ein Wasserhahn für alle war innerhalb der Wohnung auf dem Gang. Am Ende des Ganges befand sich eine kleine Kammer, in der die größeren Kinder schliefen. Otto und Sepp teilten sich darin ein Bett.

Trotz der Armut herrschte in der Familie Kohlhofer eine heitere, zufriedene Grundstimmung vor. Die Kinder wurden nie geschlagen (was in armen Familien damals eine Seltenheit war). Es wurde viel zusammen gesungen und Mundharmonika gespielt, der Vater Michael war darin ein Meister. Einige Kinder konnten sogar ein Musikinstrument lernen, der Otto spielte Zither, später Mandoline. Dafür hatten sie nur im Winter Schuhe, im Sommer wurde eben barfuss gelaufen, oft bis hinaus zum Oberwiesenfeld oder zum Nymphenburger Kanal. Dort wurde im Frühjahr, wenn das Wasser abgelassen wurde, im Schlamm

Otto mit Geschwistern. Von links Otto, Edi, Sepp, Anni, etwa 1920

nach Geld gefischt, das die Schlittschuhläufer im Winter verloren hatten. Die Kinder hatten viel Freiheit. Sie waren ständig unterwegs, schlossen sich zu kleinen Banden zusammen, die auch immer wieder einmal gegeneinander kämpften. Da rangelten dann die, die keine Butter auf ihrem Schulbrot hatten, gegen die, die ein paar Straßen weiter in den besseren Häusern wohnten. Die Klassengegensätze wurden für das Kind Otto auch spürbar, wenn er seiner Mutter half, in den besseren Vierteln Zeitungen auszutragen. (Er gab später den Zeitungsfrauen immer ein besonders gutes Trinkgeld.) Er sah auch genau hin, wenn am Zahltag die Arbeiterfrauen verzweifelt vor der Wirtschaft standen und zusehen mussten, wie die Männer ihren Lohn versoffen.

In den Sommerferien wurden Otto und sein Bruder Sepp zu den Großeltern nach Mossendorf in der Oberpfalz geschickt. Sie waren dort ein paar Wochen lang »Heata Baoum«, also Hüterbuben, und wurden zum Hüten der Kühe auf die verstreuten Weiden geschickt. In dem rauen Klima der Oberpfalz war es selbst im Sommer manchmal empfindlich kalt und so waren die beiden Hirten immer froh, wenn sie sich in den frischen Kuhfladen ihre bloßen Füße wärmen konnten.

    Das Gütlersanwesen war klein und die Armut schaute aus jeder Schublade. Einmal, als die einzige Sau krank war, betete die Großmutter Tag und Nacht, dass die Sau durchkommt; die beiden Buben, Sepp und Otto, beteten inständig, dass die Sau stirbt, damit es Würst' und Fleisch gibt. Denn Fleisch war zu Hause in München eher knapp. Nur hin und wieder am Sonntag oder an Feiertagen kam ein bisschen Fleisch auf den Tisch. Die Gans für Weihnachten wurde im Herbst aus der Oberpfalz mit nach München genommen und hinterm Küchenherd gemästet.

Großelterlicher Hof in Mossendorf

Wie die Erinnerungen zeigen, war Ottos Kindheit zwar von Entbehrungen und Armut geprägt, doch seine Familie bot ihm eine Atmosphäre des Vertrauens und der Sicherheit.

Es entstand bei Otto eine starke Bindung zur Mutter. Nach 1945 wird er ihr ein langes Gedicht widmen, das wohl unter dem Eindruck des vergangenen Krieges und der langen Trennung von der Mutter entstand. Die letzte der vier Strophen lautet:

> Mutter! Welch zauberhaftes Wort.
> Dieses Wort, man hört es da, man hört es dort.
> Die Töchter und Söhne, ob schwarz, weiß oder gelb,
> Sie alle sprechen zu den Müttern der Welt:
> Laßt Eure Söhne nicht mehr an die Gewehre,
> Wir wollen den Frieden und keine Heere
> Seid einig und gegen den Krieg vereint,
> damit niemals mehr eine Mutter ihren Sohn beweint.

Erst nach dem Tod der Mutter im Jahr 1961 wird er, der als Bub Ministrant in der Pfarrei Dom Pedro war, aus der Kirche austreten. Ihr das sagen zu müssen, hätte er nicht übers Herz gebracht.

Schon früh entwickelte er einen starken Sinn für Gerechtigkeit und eine besondere Neugierde und Beobachtungsgabe, die ihn genauer hinschauen ließ. So erzählte er immer wieder eine Geschichte, die sich offensichtlich stark in seine frühe Erinnerung eingeprägt hatte: Im Haus in der Leonrodstraße waren die Treppen um einen viereckigen Lichtschacht angeordnet. Sie gehörten natürlich, wie bei vielen Kindern, damals zum Spielbereich und Treppengeländerrutschen war eine beliebte Beschäftigung. Ein Nachbarsbub, der Baldhuber Kaspar, fiel dabei einmal aus einem der oberen Stockwerke auf den Steinfußboden im Lichtschacht. Er hatte ein unwahrscheinliches Glück und überlebte ohne größere Verletzungen. Der Vater des Buben jedoch schlug, wohl in seinem ersten Schock, blind auf seinen Sohn ein. Otto war entsetzt darüber und vergaß dieses Bild sein Lebtag nicht.

Diese beiden ausgeprägten Eigenschaften, Gerechtigkeitssinn und Beobachtungsgabe, ließen im Laufe seiner weiteren Entwicklung die Fähigkeit in ihm reifen, Widersprüche zu erkennen und zu analysieren. Gerade diese Fähigkeiten halfen ihm später, sich in der extremen Situation der KZ-Haft zurechtzufinden.

In seiner schulischen Laufbahn dagegen schienen diese Eigenschaften nicht besonders gefragt. Er besuchte die Volksschule an der Alfonsstraße.

Seiner eigenen Aussage nach empfahl ihm ein Lehrer, aufs Gymnasium zu gehen, was aber aufgrund der Armut des Elternhauses nicht möglich war. Ein Fragebogen des Zuchthauses Amberg, der nach Ottos Einlieferung an die Schulleitung ging, zeichnet allerdings ein anderes Bild des Schülers: »Kohlhofer ist 1928/29 aus der 8. Klasse entlassen worden. Benotung durchweg 3 entsprechend, Betragen 2, Fleiß 2. Schlussbemerkung 1929: Guter Rechner, sonst phlegmatisch, aber ordentlich. München, 22.4.36, Schulleitung Brandstetter.« Es folgte der Zusatz: »Es soll Schwierigkeiten mit dem Schulbesuch gegeben haben nach Aussagen Dritter.« Offensichtlich hatte besagter Lehrer damals andere Fähigkeiten in ihm erkannt als das offizielle Schulsystem.

Lehrjahre

Mit 13 ½ Jahren, im Frühjahr 1929, begann Otto eine Lehre als Feinmechaniker bei der Firma Rodenstock, einem alten Münchner Unternehmen für optische Geräte in der Isarvorstadt.[3] Steinheil in Giesing war ein anderes, in dieser Stadt waren solche feinmechanischen Betriebe nicht selten.

Deutschland befand sich zu der Zeit in einer tiefen Wirtschaftskrise. Doch bei Rodenstock schien sich dies noch nicht auszuwirken. Der Firmenchronik zu Folge musste das Unternehmen ein »Nachlassen des Nachkriegswachstums« verzeichnen – von 1923 bis 1929 hatte sich der Umsatz vervierfacht. 1500 Beschäftigte in fünf Werken sicherten vorerst, dass es so weiterging.[4] Otto hatte wohl durch diese relative Prosperität eine Lehrstelle bekommen. Im April 1929 waren bei Rodenstock insgesamt 50 Lehrlinge beschäftigt.[5]

Am Beginn der 30er-Jahre wird auch Rodenstock von der andauernden Krise erfasst. Im ganzen Reich stehen sechs Millionen Erwerbslose auf der Straße – jeder zweite Arbeiter. 1932 werden im Münchner Stammwerk von 900 Beschäftigten 500 abgebaut, der Umsatz hatte sich halbiert.[6]

Wie es den Lehrlingen ging, berichtete Otto folgendermaßen:

Diese Firma hat, wie viele andere Firmen, die Stammarbeiter nur jeweils einen Tag in der Woche beschäftigt; alles andere wurde entlassen. Aber von den Lehrlingen wurde Akkordarbeit verlangt. Und dagegen haben wir, einige Lehrlinge, uns aufgelehnt. Wir wurden unterstützt, aber nur verbal, von diesen

---

[3] Die Angaben sind nicht ganz einheitlich; lt. Bericht des Zuchthauses Amberg begann Otto seine Lehre im Februar 1929, lt. Rentenunterlagen am 2.5.1929, Pflichtbeiträge wurden ab 1.4.1929 gezahlt. Kopien der Quittungskarten der Versicherungsanstalt Oberbayern im Nachlass.

[4] Dirk Reder, Severin Roeseling: »Augenblicke. Die Geschichte der Optischen Werke G. Rodenstock«. München/Zürich, 2003.

[5] Aus: »Lokale Mitteilungen an die Mitglieder des DMV, Verwaltungsstelle München«, Juni 1929. (Archiv der Münchner Arbeiterbewegung).

[6] Vgl. Reder, Roeseling: Augenblicke.
Aus aktueller Sicht ist interessant, dass Rodenstock in dieser Zeit unter den Kostensenkungsanstrengungen der Krankenkassen litt und zusammen mit anderen Industriellen der Branche dagegen Sturm lief – mit Erfolg, denn das Reichswirtschaftsministerium führte zu Gunsten der optischen Industrie einen Festpreis für Kassenbrillen ein.

Stammarbeitern, sogar vom Betriebsleiter.[7] *Wir haben versucht, das irgendwie zu ändern, nach unseren eigenen Vorstellungen, und sind gescheitert. Wir haben einen Lehrlingsstreik organisiert und durchzuführen versucht, aber wir sind gescheitert, weil wir keine Unterstützung hatten. Schon eine verbale, aber sonst keine Unterstützung von den Stammarbeitern und auch nicht vom Betriebsrat. Die haben alle Angst gehabt um ihre eigene Stelle. Das war damals so. Die haben echt Angst gehabt um den einen Tag, den sie noch arbeiten konnten, also diese Arbeitsstelle noch zu verlieren. Also, wir sind gescheitert. Die Lehrlinge, die mitgemacht haben, das waren ungefähr sieben von unserer Abteilung. Wir haben ja nicht alle erfasst. Und von diesen sieben sind wiederum nur zwei übrig geblieben, das waren die so genannten Rädelsführer, und da war ich auch dabei. Es gab dann mit dem Werkmeister ziemlich viele Schwierigkeiten. Der hat uns schwer angegriffen, sogar tätlich angegriffen deshalb. Dagegen hat man sich natürlich auch wieder gewehrt.*[8]

Otto und sein Kollege flogen natürlich raus, ohne die bevorstehenden Prüfungen ablegen zu können. Dass sie nach der Lehre auf der Straße stehen würden, hatten sie vorher schon gewusst. Es ging nur um drei Wochen. Ein Betriebsingenieur half den beiden immerhin, indem er ihnen ein Zeugnis ausstellte. Das war im Jahr 1933, die Rentenunterlagen weisen ab März Erwerbslosigkeit aus.

Aus Wut und Enttäuschung trat Otto aus dem Deutschen Metallarbeiterverband aus, dem er ganz selbstverständlich seit Lehrbeginn angehörte. Später sagte er, das sei ein falscher Schritt gewesen.[9] Er muss sich von seinem Vater

---

[7] Der »Betriebsleiter«, den Otto hier als Unterstützer anführt, war wohl ein Betriebsingenieur.

[8] Otto Kohlhofer im Interview mit Angelika Pisarski am 18.12.1986. In Auszügen veröffentlicht in: »Um nicht schweigend zu sterben«, Profilverlag, München 1989. Passagen aus diesem Interview sind kursiv gesetzt und in der Folge am Ende des Zitats jeweils mit dem Kürzel (Psk) gekennzeichnet.

[9] Protokoll der Tagung »Das Vermächtnis der Opfer des Nationalsozialismus« in der Evangelischen Akademie Bad Boll, Mai 1984.
Der Deutsche Metallarbeiterverband (DMV) war der Vorgänger der IG Metall. Es sind keine Karteien mehr vorhanden. Bei der Besetzung der Gewerkschaftshäuser am 2.5.1933 wurden alle Dokumente vernichtet oder verschleppt. Die Nazis haben sie teilweise für die NSBO (NS Betriebszellenorganisation) genutzt. Es darf angenommen werden, dass sie auch zur Verfolgung von Funktionären missbraucht wurden. Das Münchner Gewerkschaftshaus in der Pestalozzistraße wurde allerdings schon am 9.3.1933 von SA-Banden gestürmt.
Ottos Austritt aus dem DMV war später nicht mehr relevant, alle Jahre seit Eintritt – inklusive der Zeit des Dritten Reichs – wurden später von der Gewerkschaft Öffentliche Dienste, Transport und Verkehr (ÖTV, heute Verdi) angerechnet. Im Nachlass fand sich eine Urkunde der ÖTV von 1979 über »dankbare Anerkennung für 50-jährige treue Mitgliedschaft in der Gewerkschaftsbewegung«.

einiges anhören wegen seines Handelns, auch wegen des Austritts aus dem Verband. Aber Otto sagte auch, dass er damals fest dazu gestanden habe.

Und »schnurgerade« ging er von der Gewerkschaftsjugend zum Kommunistischen Jugendverband.[10]

Otto war damals 17 Jahre und bezeichnete das selbst als seine »Sturm- und Drangzeit«. Schon Ende 1932 hatte er mit anderen Gleichgesinnten Kontakt zum Kommunistischen Jugendverband geknüpft. Er war aufmüpfig und wohl auch draufgängerisch, wie eine andere Episode aus seiner Berufsschulzeit belegt:

Da wurde ein Vortrag angesetzt, damals schon, das war 1932, da waren die Nazis schon ziemlich etabliert in den Schulen, also ein Vortrag vom »Nationalsozialistischen Fliegerkorps«, so hieß das damals; und den Vortrag haben wir natürlich sabotiert. Und zwar so mit dem damaligen Verständnis. Wir haben da Krach gemacht. Dann sollte man auch das Horst-Wessel-Lied und das Deutschlandlied singen, und dagegen haben wir Krach gemacht und haben diesen Vortrag völlig zerstört und kaputtgemacht, der konnte nicht stattfinden. Da haben wir natürlich gleich wieder Schwierigkeiten gehabt mit der Schulleitung,

Mit Freunden an der Isar, Juli 1932

[10] Der Kommunistische Jugendverband Deutschlands (KJVD) war eine Massenorganisation der KPD, 1931 mit ca. 50.000 Mitgliedern. Er organisierte junge Arbeiter vor allem in Betriebszellen. Es ging nicht nur um Mark und Pfennig, sondern eine Forderung war z. B. die Abschaffung der Prügelstrafe für Lehrlinge. Der KJVD erzog seine Mitglieder im Sinne des Marxismus-Leninismus und führte einen aktiven Kampf gegen die Ausbeutung der jugendlichen Arbeiter, gegen Militarismus und Kriegsvorbereitung.

das war also die Fachschule, und das ging so weit, dass sie uns sogar angeklagt haben. Aber ich bin gar nicht hingegangen in den Prozess, und der ist dann nichts geworden, der wurde niedergeschlagen. (Psk)[11]

Seit dieser Zeit ist Otto politisch tätig. Seine Erwerbslosigkeit dauert bis zum Mai 1934. Er begibt sich auf Wanderschaft, was damals noch üblich ist. Nach drei Monaten wird er in Elberfeld im Bergischen Land festgehalten und per Schub nach München gebracht.[12] Im März 1934 ist er für kurze Zeit im Straßenbau bei Murnau beschäftigt (vermutlich teerte er Hitlers Olympiastraße). Im Juni findet er eine Anstellung als »Ausgeher«, als Bote also, in der Großhandlung für Sanitäre Einrichtungen Hoffmann in Sendling. Er erhält einen Wochenlohn von 20 Mark und es wird ihm ermöglicht, den Führerschein der Klasse 3 zu erwerben. Nach Beendigung des Kurses, noch bevor er seine Laufbahn als Chauffeur beginnen kann, wird Otto am 29. Juni 1935 in der elterlichen Wohnung verhaftet.

[11] Es muss angenommen werden, dass der Vortrag, bei dem das Kampflied der Nazis angestimmt wurde, im Frühjahr 1933 stattfand. Die »Etablierung« der Nazis dauerte im katholisch-konservativen Bayern länger. So wurde in München am 9.3.1933 gar eine »zweite Machtergreifung« durchgeführt, um die Bayerische Volkspartei (BVP) zu demütigen.
[12] Akten des Zuchthauses Amberg, Gefb. Nr. 1026; im Staatsarchiv Amberg, Signatur »JVA Amberg 416«.
Elberfeld war seit 1930 ein Teil Wuppertals. Zwei Gründe sind denkbar für Ottos Aufenthalt dort: Arbeitssuche in der ansässigen Beschlagindustrie oder Visite von Friedrich Engels Geburtshaus im nahen Barmen.

2. »Betti Gerber« – Frühe politische Prägung

Zurück ins Jahr 1933. Der Lehrlingsstreik war Ottos »erste einschneidende politische Erfahrung«.¹³ Drei Wochen vor Abschluss der Lehre, im Frühjahr 1933 also, flog er wegen politischer Aktivitäten von der Berufsschule. Otto war ein politischer Mensch geworden. In seiner Lehrzeit hatte er Erwerbslosigkeit, Kurzarbeit, Elend der Arbeiter erlebt. Schon im Winter 1932/33 war er in Neuhausen unterwegs und verteilte Flugblätter des KJVD. Allerdings bemängelte er später, dass damals keine Zeit für theoretische Schulungen und Diskussionen war. Ja, sie hatten oft nicht einmal die Zeit, die Flugblätter auch selbst zu lesen.

Am 30. Januar 1933 wurde mit der Machtübertragung an Hitler die faschistische Diktatur in Deutschland errichtet.

Otto, 1933

Nach dem Reichstagsbrand am 27. Februar 1933 begann eine Verhaftungswelle im Reich, die gegen die Parteien der Arbeiterbewegung gerichtet war.¹⁴ Nach vorbereiteten Listen wurden etwa 10.000 Funktionäre – Kommunisten, Sozialdemokraten, Gewerkschafter – verhaftet.

Illegalität

Am 23. März wurde auf dem Gelände einer ehemaligen Munitionsfabrik in Dachau das erste KZ für politische Gefangene in Bayern errichtet.

Binnen einiger Monate waren viele Genossen um Otto herum verschwunden. »Die übrigen kamen zu mir«, erinnerte er sich. Sie waren jung, Otto war 18, der Älteste 23, und alle kamen aus dem Viertel um den Leonrodplatz. Otto war noch nicht bekannt und so fiel es ihm zu, die Verbreitung von Schrif-

---

13 Protokoll der Tagung »Das Vermächtnis der Opfer des Nationalsozialismus« in der Evangelischen Akademie Bad Boll, Mai 1984.
14 Es deutet vieles darauf hin, dass die Nazis den Reichstag in Berlin angezündet hatten. Der Brand wurde jedenfalls zum »Fanal« eines angeblichen kommunistischen Aufstands erklärt.

ten und Flugblättern weiter zu organisieren. Im Herbst 1933 stand er vor der Aufgabe, die KPD in Neuhausen organisatorisch zu erneuern. Er nahm auch Verbindungen zu illegal arbeitenden Mitgliedern des »Reichsbanners« auf, der Wehrorganisation der SPD. Diese Zeit setzte Otto später als den Beginn seiner »Illegalität« an. Und er gab sich einen Decknamen: »Betti Gerber«. Als Karl Riedel, der Leiter der Gruppe, im Mai 1934 schwer erkrankte, bestimmte er Otto zu seinem Nachfolger.[15]

Über die Verbreitung illegaler Schriften berichtete dieser: »Nachts um zwei Uhr sind wir da rein in Turnschuhen und haben in jeden Briefkasten bis rauf zum dritten Stock die Flugblätter verteilt, bis 1935.«[16] Sie haben, wie andere erzählten, dabei immer im obersten Stockwerk begonnen. Sie legten ihre Flugblätter in Wohnblöcken, Baustellen und Telefonzellen ab, steckten sie Bauarbeitern in die Hosentaschen – »... da waren wir ganz gewissenhaft!«[17] Sie waren stolz darauf, wenn die Leute über ihre Aktionen redeten. »Hitler bedeutet Krieg!« war die wichtige Losung, die sie mit großem Einfallsreichtum unter die Leute brachten.

Eine der ersten Schriften, die sie verbreiteten, war die Broschüre »Im Mörderlager Dachau«. Der Münchner Hans Beimler, der als Reichstagsabgeordneter der KPD nach Dachau verschleppt worden war, hatte sie verfasst. Mit Unterstützung von außen hatte er im Mai 1933 fliehen können, was späterhin fast unmöglich wurde. Sein Bericht machte zum ersten Mal die Zustände in dem KZ vor den Toren Münchens öffentlich bekannt. Beimler kam 1936 im Spanischen Bürgerkrieg ums Leben.

Andere Broschüren kamen aus der Schweiz, wie das »Braunbuch« über die Hintergründe des Reichstagsbrands. Ihre Umschläge trugen zur Tarnung unverfängliche Titel, wie etwa von Klassikerausgaben, Groschenromanen oder Naziaufrufen. Flugblätter wurden durch Kuriere von Emigrantenorganisationen aus Prag eingeschmuggelt. Natürlich wurden das KPD-Organ »Rote Fahne« und die Arbeiter Illustrierte Zeitung, die A.I.Z., vertrieben.

»Im Mörderlager Dachau« –
Titelbild der Originalausgabe von 1933

[15] Marion Detjen: »Zum Staatsfeind ernannt. Widerstand, Resistenz und Verweigerung gegen das NS-Regime in München«, 1998. Vgl. auch Heike Brettschneider: »Der Widerstand gegen den Nationalsozialismus in München 1933–1945«. Neue Schriftenreihe des Staatsarchivs München, 1968.
[16] Interview in »Das Münchner Stadtzeitungsbuch«, 1984, Seite 240.
[17] Ebd.

Im »Fasaneriegarten« war der Umschlagplatz für das Material. Diese Wirtschaft gibt es heute noch in der Fasaneriestraße, einer Seitenstraße der Leonrodstraße. Von einem Funktionär mit dem Decknamen »Schorsch« erhielten sie monatlich ihre illegale Literatur zur Weiterverteilung. Doch es wurde nicht nur konspiriert, hier tranken die jungen Widerständler auch ihr Bier und verabredeten schon mal eine Bergtour.

Bei diesen Gelegenheiten entstandene Fotos von 1933 zeigen Otto als auffallend ernsten jungen Mann. Er war sportlich, sein Boxtraining brachte ihm die Fitness, die ihm im Lager helfen sollte, SS-Schikanen wie »Häschenhüpfen« und Dauerlaufschritt durchzustehen. Otto erzählte später, mit welchem heute unvorstellbaren Aufwand damals eine Skitour vor sich ging: »Am Samstagnachmittag die Ski aufs Radl geschnallt, in die Berge reingefahren, mit einem Rucksack voll Kartoffeln rauf auf die Hütte, dreimal einen Hang runtergerutscht und am Sonntag Nachmittag zurück in die Stadt geradelt.«

Otto (ganz links) mit Freunden in den Bergen, 1932/33

Otto war erwerbslos, doch seine Tage waren mit illegalen Aktivitäten ausgefüllt – die Anklageschrift wird ihn als »einen der Besten« kennzeichnen. Dabei gab es aber auch dunkle Momente. Er hatte zusehen müssen, wie SA durch sein Viertel marschierte: In den verhassten Braunhemden steckte der eine oder andere Arbeiter, den Otto persönlich kannte. Mit warmem Essen, einer adretten Bluse und ein paar Mark hat sich so mancher Erwerbslose einfangen lassen.

Die so genannte Sturmabteilung (SA) war 1921 nach einer Schlägerei im Münchner Hofbräuhaus als »Saalschutz« der NSDAP gegründet worden. Sie besorgte den Terror gegen die Lokale, wo sich die sozialdemokratischen oder kommunistischen Arbeiter versammelten.

Otto erinnerte sich an einen Überfall der SA auf die »Volkartsbierhalle« am 5. März 1933. Es war der Abend der letzten »freien« Reichstagswahlen, bei denen die Nazis trotz aller Propaganda und Terror nur 38,7 Prozent der Stimmen bekamen.[18] In diese Arbeiterwirtschaft, in deren Hinterzimmer sich die

---

[18] Obwohl in den Wahllokalen SA-Leute den Wählern auf die Finger schauten, erhielt Hitler keine absolute Mehrheit: NSDAP 38,7, SPD 16,1, KPD 10,8, Zentrum/BVP 12,3 %.

KPD-Zelle traf, stürmte die SA mit vorgehaltenen Pistolen und stellte die Personalien der Anwesenden fest.[19]

Zur politischen Entwicklung gab es in diesem Frühjahr 1933 verschiedene Einschätzungen. Sozialdemokratische Funktionäre und auch die SPD-Genossen vertraten die Meinung, der Spuk sei spätestens im Herbst vorbei. Otto erinnerte sich: *Irgendwie hat man die Gefahr durchaus schon gesehen, aber man hat sie einfach ignoriert ... Das war die Entwicklung, die sehr schnell vor sich ging, also die Veränderung in der Öffentlichkeit von '33 bis '35. (Psk)*

Als am 16. März 1935 die Allgemeine Wehrpflicht eingeführt wird (ein Verstoß gegen den Versailler Vertrag!), hört Otto von den älteren Viertelbewohnern: »Das ist recht, jetzt kommt ihr wieder zum Militär! Wir waren auch noch dabei.« Er ist zutiefst enttäuscht von den Arbeitern. Auf sie hat er doch seine Hoffnungen gesetzt.

Ich habe da immer diese blauäugige Vorstellung gehabt vom ... na ja, vom deutschen Arbeiter. Bis dahin habe ich dann schon einiges gehört und gelesen. Das, was auch in den illegalen Schriften drin war, das habe ich also absolut geglaubt, und auf einmal erlebe ich das dann ... In einem Arbeiterviertel wie Neuhausen konnte man sich kaum getrauen, dagegen etwas zu sagen. Das hat mich besonders betroffen gemacht als junger Mensch. (Psk)

Am 18. März 1935 kehrt Hitler aus Berlin nach München zurück, um einen unterbrochenen »Erholungsurlaub« fortzusetzen. Er hatte in der Reichshauptstadt die fällige Parade anlässlich des neuen Gesetzes abgenommen. Die Münchner Bevölkerung – zumindest jener Teil, der sich unter dem Naziregime bisher wohl fühlte – bereitet Hitler einen jubelnden Empfang.[20] Otto, der den Blumenschmuck und die Hakenkreuzfahnen gesehen hat, hat genug. Er schwingt sich aufs Fahrrad und fährt in seiner Verzweiflung – nach Dachau, zum KZ. Er steht am Zaun, wohl in gebührendem Abstand, und allen Ernstes denkt er: *Menschenskind, da haben's die da drinnen eigentlich schöner als hier heraußen wir, wenn wir uns da mit dieser öffentlichen Meinung herumschlagen ... (Psk)* Er konnte sich ja damals nicht vorstellen, was ihn dann später dort erwartete.

Die Möglichkeit der Emigration bestand für ihn nicht. Auch solche Gedanken mag er gewälzt haben, aber er weiß von dem ungeschriebenen Gesetz, dass nur Genossen, die eine Verurteilung von mehr als drei Jahre zu erwarten hat-

---

[19] Vgl. Neuhauser Geschichtswerkstatt. Aus deren gleichnamiger Publikation (2001) ist zu entnehmen, dass Alfred Andersch, der als KPD-Mitglied in diesem Lokal verkehrte, einige Tage später verhaftet und nach Dachau gebracht wurde. Die SA handelte bereits als Hilfspolizei, obwohl die »Vereidigung« erst am 11.3.1933 erfolgte. Alfred Andersch: »Die Kirschen der Freiheit«. Diogenes, 2002.

[20] »Völkischer Beobachter« vom 17.3.1935.

ten, außer Landes durften. Otto berichtete, dass er selbst einen jungen Genossen in die Emigration gebracht hatte.

Staatsfeind

Schon 1934 vermutete Otto eine »undichte Stelle« in seiner Gruppe. Es war bekannt, dass die Gestapo V-Leute in die Widerstandsgruppen einschleuste. Diese arbeiteten meist so lange, bis ein großer Teil der Organisation und der Verbindungen ausgespäht war, um dann einen möglichst großen Kreis hochgehen zu lassen.

Der spektakulärste Fall war der des Spitzels »Theo«, der 1934 im KZ Dachau von der Gestapo angeworben wurde. Max Troll, wie er eigentlich hieß, konnte sich in wichtige Münchner Schaltstellen einschleichen und so auch das Umfeld von KPD und Roter Hilfe bis in bürgerliche Kreise hinein bespitzeln. Die Gestapo war also über die Widerstandstätigkeit immer im Bild. 1935 und 1936 wurde eine Stadtteilgruppe nach der anderen aufgerollt.[21]

Die Neuhauser Gruppe wurde zu der Zeit ebenfalls von diesem »Theo« beliefert. Otto ahnte zwar, dass auch seine Gruppe ausgespäht wurde, verdächtigte jedoch nicht den Lieferanten. Mit ihm vereinbarte er sogar, dass sie sich, wenn sie sich einmal verfehlten, im Gasthof »Zum Fasaneriegarten« treffen könnten. Zur konspirativen Absicherung gab er ihm ein abgerissenes Stück Zigarettenschachtel, dessen passendes Gegenstück er bei der Wirtin deponierte und das er unter dem Decknamen Betti Gerber von ihr ausgehändigt bekommen würde.

Im Juni 1935 wird die Gruppe und mit ihr auch Otto verhaftet. Otto kommt sofort in Einzelhaft. Er lernt einige Polizeigefängnisse Münchens kennen: Die Amberger Akten nennen nur das Gefängnis Am Neudeck.

Otto war aber laut Anklageschrift zuletzt im Corneliusgefängnis, an dessen Stelle heute das Europäische Patentamt steht. (Er konnte seiner Tochter beim Vorbeigehen später das Fenster zeigen, hinter dem er gesessen hatte.) Mit ihm wurden weitere sieben Personen verhaftet, darunter die Wirtin des Fasaneriegartens wie auch Karl Riedel.[22]

In der Gestapohaft im Münchner Polizeipräsidium in der Ettstraße wird er vom Vernehmungsleiter »hart angefasst«. Mehr als diese karge Umschreibung ist aus Ottos Berichten nicht zu entnehmen. Weil er niemanden über seine Gruppe hinaus kannte, konnte er auch nichts aussagen.

---

[21] Sehr ausführlich in Nikolaus Brauns Buch: »Schafft Rote Hilfe! Geschichte und Aktivitäten der proletarischen Hilfsorganisation für politische Gefangene in Deutschland (1919–1938)«. Bonn: Pahl-Rugenstein Verlag, 2003.
Vgl. auch Mehringer: »Die KPD in Bayern 1919–1945«. In: Bayern in der NS-Zeit, Bd. V, München 1983.
[22] Anklageschrift vom 24.1.1936 an den 2. Strafsenat am OLG München.

Corneliusgefängnis (rechts im Hintergrund an der Stelle des heutigen Europäischen Patentamts), 1910

Während der Gestapohaft haben sie mir – ich weiß nicht, ob sie's ernst gemeint haben – angeboten, sie geben mir einen Strick in die Zelle, ich kann mich aufhängen. Sicher ist das nicht so einfach, man ist ja ein junger Mensch gewesen und – ich komme wieder darauf zurück – ich war nicht so stark. Das war von mir eigentlich mehr eine Trotzhaltung, ohne echte politische Motivation. Tagsüber haben sie mir das angeboten, in der gleichen Nacht haben sie mich geholt zur Nachtvernehmung. Ja, ich habe also da recht ... befürchtet; aber ich habe nie an Selbstmord gedacht. Also auch nicht da. Später natürlich schon gleich gar nicht. Ich habe an so etwas nie gedacht, nein. (Psk) [23]

Anklage und Urteil

In dem Prozess, der Anfang 1936 begann, war Otto der Hauptangeklagte. Der Generalstaatsanwalt beim Oberlandesgericht (OLG) München schrieb in seiner Anklageschrift: »... ist verdächtigt, in bewusstem und gewolltem Zusammenwirken mit Anderen ein hochverräterisches Unternehmen vorbereitet zu haben, wobei die Tat des Angeschuldigten K. auf Beeinflussung der Massen durch Vorbereitung von Schriften sowie darauf gerichtet war, zur Vorbereitung des Hochverrats einen organisatorischen Zusammenhang herzustellen oder aufrecht zu erhalten.«

Am Tag von Ottos Verhaftung war der § 83 des Strafgesetzbuches, der sich auf das beschriebene Handeln bezieht, verschärft worden.

[23] Ähnliches berichtete auch Bertl Lörcher (1913–1997), der mit Otto später befreundet war. Er war als Mitglied der Sozialistischen Arbeiterjugend (SAJ) 1933 in Gestapohaft. KZ Dachau 1934–35, »Bewährungseinheit 999«, US-Kriegsgefangener 1943–45.
Vgl. auch Broschüre zur Ausstellung »Deckname Betti« des Kreisjugendrings (KJR) und der DGB-Jugend München, 1997.

-13-

legalen Roten Hilfe zugeführt werden. Kohlhofer erklärte sich zur Übernahme der ihm angetragenen Tätigkeit bereit (Bl.53).

II.

1. **K o h l h o f e r** nahm die ihm übertragene illegale Aufgabe mit grosser Energie in Angriff. Er hatte in der Zeit von Mai 1934 bis Januar 1935 mit Schorsch regelmässige Zusammenkünfte, bei denen er etwa allmonatlich -insgesamt mindestens 6mal (Bl.16 R)- Lieferungen von mindestens 7 bis 8 Stück (Bl.225 R) kommunistischer Druckschriften („Rote Fahne" „Jnprekorr" „Tribunal" „A.J.Z." u.a.) zur Weiterverbreitung erhielt und die Verkaufserlöse aus der vorausgegangenen Lieferung an Schorsch abführte.

Bei einer dieser Zusammenkünfte machte Schorsch den Kohlhofer auch mit seinem Nachfolger bekannt, der dann -nach einer kurzen Unterbrechung in der Lieferung- ab März 1935 die Tätigkeit des Schorsch übernahm und bis Juni 1935 den Kohlhofer mit etwa 6 Lieferungen in der gleichen Stärke versorgte (Bl.17).

K o h l h o f e r setzte die erhaltenen hochverräterischen Schriften jeweils alsbald gegen Entgelt ab. Dabei war er ständig darauf bedacht, den Kreis der regelmässigen Abnehmer nach Möglichkeit zu erweitern und neue Gesinnungsgenossen für den Schriftenbezug zu gewinnen.

Die Tätigkeit Kohlhofers fand erst mit seiner Verhaftung am 29.Juni 1935 (Bl.13) ihr Ende.

Kopie aus dem Bundesarchiv

Auszug aus der Anklageschrift
Kopie aus dem Bundesarchiv (Quelle: Stadtarchiv Amberg)

Im Prozess war Otto keine Mitgliedschaft in der KPD nachzuweisen, er sagte nur aus, dass er der Roten Hilfe angehörte. Die Anklageschrift beschwert sich darüber, dass es einer ganzen Reihe von Vernehmungen bedurfte, um Kohlhofer zu »stückweisen« weiteren Angaben zu veranlassen.

Otto erinnerte sich, wie er im Gerichtssaal den Richter anschrie, weil ein offensichtlich Unschuldiger verurteilt wurde, nur weil die Gestapo das verlangte (erst später erfuhr er, dass es sich dabei um einen V-Mann gehandelt hatte). Er beschrieb auch, wie er dessen Pflichtverteidiger beobachtet hatte und dass der es als alter Hase mit festem Glauben an die bürgerliche Justiz nicht fassen konnte, wie schnell sich der Richter an die Vorgaben der Gestapo anpasste. Otto lernte dabei viel über das Verhalten von angeblichen Autoritäten.

Wegen Vorbereitung zum Hochverrat wurde er »im Namen des Deutschen Volkes« am 19. März 1936 um 11.43 Uhr zu zwei Jahren und sechs Monaten Zuchthaus und fünf Jahren »Ehrverlust« verurteilt. Die Untersuchungshaft wurde angerechnet. Das war eine sehr hohe Strafe, weil Otto ja noch als Jugendlicher verurteilt wurde.

Zuchthaus

Bevor sich die Tore des Zuchthauses hinter ihm schlossen, wurde er ins Polizeigefängnis München/Stadelheim verbracht, wie aus dem Eintrag vom 20. März 1936 hervorgeht. Am 30. März wird ihm die Aberkennung der Bürgerlichen Ehrenrechte mitgeteilt. Am 13. April um 3.36 Uhr Nachmittag wird seine Ankunft im Amberger Gefängnis registriert.

»1 Hut grün gut – 1 Joppe grau gut – 1 Wollweste blau mit Ärmel gut – 1 Hose grau Knie gut – 1 Hemd blau weiß kariert m. Kragen gut – 1 p.

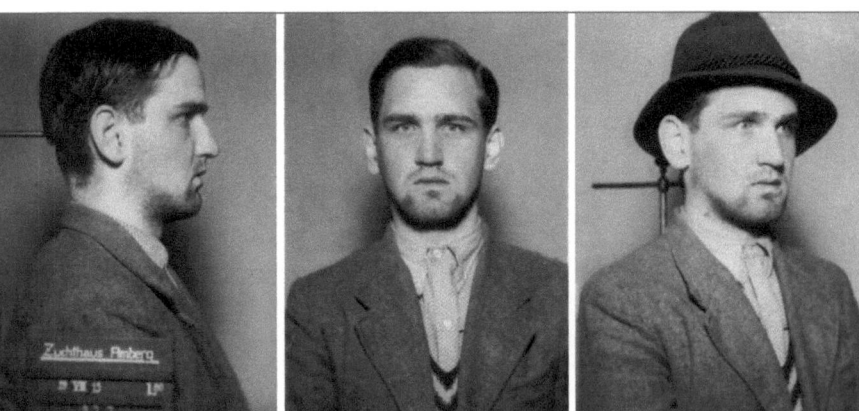

Eingangserfassung Zuchthaus Amberg, 1936

Strümpfe dunkelgrau Wolle zerr. – 1 Taschentuch weiß – 1 Riemen Stoff – 1 p. Schuhe braun halb gut – 1 p. Sockenhalter, 1 Börse, 1 Schlüssel, 1 Kamm, 1 Zahnbürste, 1 Spiegel, 1 Seifenrest, 2 Lehrbücher, Gerichtspapiere.«[24]

Damit alles seine Ordnung hat, unterschreibt ein Oberwachtmeister.

Am 23. April 1935 erhält Otto den »Ausschließungsschein«, der den Dienst in der Wehrmacht »im Frieden« ausschließt. Er ist als »Hochverräter« abgestempelt.

Otto musste die gesamte Zeit in Einzelhaft absitzen. Er war damals 20 Jahre alt. Seine eigenen Aussagen geben einen Eindruck davon, wie schwer für ihn gerade diese Zeit war.

... so eine Einzelhaft stellt an einen jungen Menschen schon ungeheure psychische Anforderungen. Man muss ja das durchstehen. Man muss sich vorstellen, der Tag ist ziemlich lang, wenn man allein ist, ... eine Woche, ein Monat, ein Jahr, und dann hat man noch ein Jahr! Das ist schon eine unheimliche Belastung. (Psk)

Schwer war die Einzelhaft für ihn, weil er, wie er immer wieder betonte, »kein Wissen und kein politisches Fundament« gehabt hat, »um so etwas durchzustehen«. Er musste ganz allein damit fertig werden, als ihm die Gestapo eröffnete, dass er sofort nach dem Zuchthaus nach Dachau transportiert werden wird. Er schrieb das an seine Eltern, die das nicht glauben wollten. *Für sie war es ziemlich hart, härter als für mich selber ... ich musste einfach damit fertig werden. (Psk)*

Zuchthaus Amberg, 1920

[24] Akten des Zuchthauses Amberg.

Den einzigen Kontakt zu Mitgefangenen hat Otto beim Hofgang. Diese Situation nutzt er sofort für einen sinnvollen Zweck: Jeden Freitag gibt es Fisch. Trotz seiner seit Kindheitstagen bestehenden Abneigung lässt Otto die Mahlzeit aber nicht zurückgehen, sondern verbirgt den Fisch im Ärmel und bringt ihn beim Hofgang einem Mitgefangenen.

Schlimm war für ihn, dass er kaum etwas zu lesen bekam. Er bekam ein Mal im Monat die Zeitschrift »Reclam Universum« von 1885. *Da habe ich dann alles gelesen bis zu den Heiratsanzeigen, habe mich mit einer Zeit beschäftigt, die längst passé war... (Psk)* Nur manchmal war etwas dabei, das ihn interessierte.

Um sich zu beschäftigen, betrieb Otto Selbststudien. Er hatte dabei nur eine Schiefertafel zur Verfügung, die natürlich bei einem Rapport angefordert werden musste.[25] Mit Hilfe seiner mathematischen Kenntnisse aus der Fachschulzeit stellte er sich selbst mathematische Aufgaben und Gleichungen und löste sie, er erfand Kreuzworträtsel und Bilderrätsel und zeichnete sie auf.

In einem Fragebogen des Zuchthauses Amberg wünschte er sich »belehrende Bücher über Naturkunde« und strebte an, sich auf technischem Gebiet weiterzubilden. Ob er sie erhalten hat, ist nicht bekannt. Ein Antrag vom 2. August 1937 auf ein Lehrbuch der englischen Sprache wurde mit der Begründung abgewiesen: »Nein, ist ohne Vorkenntnisse.« Eine Eintragung in das Verzeichnis seiner Habseligkeiten vom 7. April 1937 weist aus, dass er »1 Lehrgang für Kurzschrift, 2 Schreibhefte, 1 Bleistift, 1 Radiergummi« erhalten hat.

Ansonsten war er eingeteilt, für die Korbflechterei zu arbeiten, was er in der Zelle tun musste. Der Wunsch nach Gemeinschaftsarbeit wurde zweimal abgewiesen.

Durch die Einzelhaft entwickelten sich gesundheitliche Probleme, die sich in schweren vegetativen Störungen bemerkbar machten.

Ich kam völlig aus dem Gleichgewicht. Es begann mit Nervosität, Schlaflosigkeit, Atemnot. Man kann es kaum erklären... ich rannte in der Zelle herum und glaubte einen Tobsuchtsanfall zu bekommen... Das war dann eine Störung, die ich bis Mitte der fünfziger Jahre noch gehabt habe. Dann allerdings nicht mehr, weil das so ein Prozess ist, dass man damit auch fertig wird. Man kann sich kontrollieren. (Psk)

Der Befund eines Dr. Walther konstatierte »neurasthenische Beschwerden« und entschied: »weiter in Einzelhaft belassen«.[26]

Bei der Eingangserfassung hatten sich die Amberger Zuchthausbetreiber noch alle Mühe gegeben, Ottos Befindlichkeit zu beschreiben: »Trägt Strafe leicht, Charak-

---

[25] Eintrag vom 15. Oktober 1936: »Erhält Schiefertafel« (ebd.).
[26] Befund des Gefängnisarztes vom 26.9.36, Akten des Zuchthauses Amberg.
Neurasthenie: nervöse Erschöpfung; vgl. Vegetative Dystonie, dokumentiert 1953 beim Bayer. Landesamt für Entschädigung, AZ 1454/I/1024; Angina-Pectoris-Beschwerden erstmals 1978, ein ursächlicher Zusammenhang mit der Haft wird verneint EG 1454-23-.

ter lebhaft, Fleiß mittel. Zitherspielen; wünscht belehrende Bücher über Naturkunde, strebt an Selbstunterricht auf technischem Gebiet und Sprachenkunde …«

In einem modern anmutenden Test löst Otto alle Aufgaben in Geschichte, Deutsch und Rechnen richtig. Brav beantwortet er auch die Fragen zur Erdkunde, wie etwa nach der »Hauptstadt der Bewegung« und der »Stadt der Reichsparteitage«. Der Strafanstaltslehrer benotet dann mit »gut«. In einem Aufsatz zeigt er vordergründig Einsicht. Die Frage nach der Ursache seines »Fehltritts« beantwortet er mit »jugendlicher Dummheit«.

War er zu der Zeit deprimiert? Hat er sich verstellt? Keine Spur mehr von aufmüpfiger, trotziger Haltung ist in diesem Gutachten verzeichnet. Es schließt mit der Prognose »besserungsfähig«. Da wird das Elend der Gefängnispsychologie offenbar, denn wir wissen, welchen Weg Otto genommen hat. Sicher ist, dass er durch die Haft keine Besserung im Sinne des verurteilenden Staates erfuhr.

Entgegen der Beschreibung in dem staatlichen Gutachten erzählte Otto, dass es wieder *eine bestimmte Trotzhaltung war*, die ihm half, die Zeit der Einzelhaft zu überstehen, und mit einem gewissen Stolz berichtete er: *Ich bin auch nicht – obwohl das ganz unbewusst war – ich bin nie zu Kreuze gekrochen.* (Psk)

Er sagte später, dass er die Zeit der Einzelhaft nur durchstehen konnte, weil er wusste, dass er anschließend im KZ Dachau die Freunde und Genossen wiedertreffen wird. Allerdings konnte er sich damals in Amberg sicher nicht vorstellen, was ihn tatsächlich im KZ erwartete. Andererseits betrachtete er im Nachhinein die Zeit der Einzelhaft als Schulung und Vorbereitung für die Zeit in Dachau. Er meinte damit die harte Erfahrung, ganz alleine, ohne jegliche Hilfe mit einer Extremsituation fertig geworden zu sein.

Am 24. Oktober 1937 geht bei der Zuchthausdirektion ein Schreiben der Gestapo München ein, dass »Kohlhofer nach Strafverbüßung mittels Sammelschubs zwecks Prüfung der Schutzhaftfrage anher zu überstellen ist«. Am nächsten Tag muss Otto durch Unterschrift die Kenntnisnahme bestätigen.

Ein Oberregierungsrat schickt am 30. November an die Gestapo eine Notiz mit dem Inhalt: »Der Gef. führt sich hausordnungsgemäß. Sein Benehmen ist anständig. Der Fleiß entspricht. Politisch hat sich der Gef. nie zu betätigen versucht.«[27]

Wenige Tage vor der Entlassung aus dem Zuchthaus versucht Otto am 12. Januar 1938 beim Rapport eine Strickjacke aus seinem Besitz dem Gefangenen Minhofer zukommen zu lassen. Das wird aber abgelehnt.

Am 19. Januar 1938 um 11.43 Uhr wird Otto entlassen und in die Gestapohaft nach München überstellt, vermutlich ins Wittelsbacher Palais. Am 2. Februar wird er ins KZ Dachau gebracht.

---

[27] Akten des Zuchthauses Amberg.

3. KZ Dachau

Am 21. März 1933 gab Heinrich Himmler[28] die Errichtung eines Konzentrationslagers in Dachau in Auftrag. Bereits am 22. März 1933 wurde auf dem Gelände einer stillgelegten Munitionsfabrik aus dem Ersten Weltkrieg das KZ Dachau eingerichtet.

Mit diesem ersten Konzentrationslager nahm ein Terrorsystem seinen Anfang, das mit keinem anderen staatlichen Verfolgungs- und Strafsystem vergleichbar ist.

Luftbild KZ Dachau nach dem Umbau 1938

---

[28] Heinrich Himmler, »Reichsführer SS«, wurde 1933 Polizeipräsident von München, ab 1936 kontrollierte er den gesamten Polizeiapparat. Mit der Gründung der »Inspektion der Konzentrationslager« förderte er die Zentralisierung der Konzentrationslager unter der Führung der SS. Himmler war einer der Hauptverantwortlichen für die Verfolgung der politischen Gegner in Deutschland und in den besetzten Gebieten und für den millionenfachen Mord an den europäischen Juden.

Am 11. April übernahm die SS[29] an Stelle der bayerischen Landespolizei das Kommando über das KZ Dachau. Wenige Tage danach starben die ersten Häftlinge. »Auf der Flucht«, »in Notwehr erschossen« oder »Selbstmord«, gab die SS als Todesursache an. Die Morde blieben straflos und die Gefangenen des KZ im zerstörten Rechtsstaats ohne jeglichen juristischen Schutz.

Das war der Beginn einer Entwicklung, in deren Verlauf über 200.000 Menschen aus ganz Europa im Konzentrationslager Dachau und seinen Außenlagern ihrer Freiheit beraubt, gequält und ausgebeutet wurden. Etwa 40.000 Häftlinge starben unter dem Terror der SS an Hunger und Erschöpfung, an Misshandlungen, an mangelnder medizinischer Hilfe und an Seuchen. Über 3.000 Häftlinge wurden in die Gaskammern des Schloss Hartheim bei Linz transportiert und dort ermordet.

Im Laufe des Krieges wurde das Konzentrationslager Dachau zunehmend zu einer Stätte des Massenmordes: So wurden ab Oktober 1941 mehrere tausend sowjetische Kriegsgefangene nach Dachau gebracht und dort erschossen. Auch andere von der Gestapo zur Exekution bestimmte Gefangene transportierte man nach Dachau und ließ sie dort hinrichten. Eine große Zahl von Häftlingen wurde von SS-Ärzten für medizinische Experimente missbraucht: Bei Unterdruckversuchen, Unterkühlungsversuchen, Versuchen mit Malaria und bei vielen anderen Experimenten starb eine unbekannte Zahl von Häftlingen einen qualvollen Tod. – Und all das war nur ein Bruchteil der mörderischen Dynamik, die das NS-Regime in den 12 Jahren seiner Existenz entfaltete.

Dachau – Modell für alle weiteren Konzentrationslager

Das Konzentrationslager Dachau war das einzige Lager, das vom Beginn bis zum Ende der 12-jährigen NS-Herrschaft bestand. In den ersten Jahren war es das größte und bekannteste KZ. Bereits ab dem Jahr 1933 hieß es: »Halt's Maul, sonst kommst' nach Dachau«. So wurde Dachau zum Synonym für den Naziterror, obwohl man wenig darüber wusste, was den Menschen hinter dem Stacheldraht geschah. Aber es war eine wirkungsvolle Drohung.

[29] Als »Schutzstaffel« (SS) 1925 zum persönlichen Schutz des »Führers« gegründet. Anfangs der »Sturmabteilung« (SA) unterstellt, entwickelte sie sich zunehmend zur eigenständigen »Elitetruppe«. Sie ermordete 1934 die Führungsriege der SA anlässlich des so genannten Röhm-Putsches. Zur Bewachung der KZ wurden die »SS-Wachverbände« aufgestellt, die 1936 in »SS-Totenkopfverbände« umbenannt wurden. Ein mehrere tausend Mann umfassender kasernierter Kampfverband (»Verfügungstruppe«) bildete zusammen mit den »Totenkopfverbänden« den Kern der späteren Waffen-SS. Als kämpfende Truppe hatte die SS maßgeblichen Anteil an der industriellen Vernichtung von Millionen Menschenleben. In den Nürnberger Kriegsverbrecherprozessen 1945 wurde die SS mit allen ihren Untergliederungen als verbrecherische Organisation eingestuft.

Eingangstor KZ Dachau

Die ersten Häftlinge waren politische Gegner des NS-Regimes: Kommunisten, Sozialdemokraten, Gewerkschafter, vereinzelt auch Mitglieder konservativer und liberaler Parteien. Auch die ersten jüdischen Häftlinge wurden auf Grund ihrer politischen Gegnerschaft in das Konzentrationslager Dachau eingeliefert. In den folgenden Jahren wurden immer neue Gruppen nach Dachau verschleppt: Juden, Homosexuelle, Zeugen Jehovas, Geistliche und andere. Allein als Folge des Novemberpogroms, der so genannten Reichskristallnacht, wurden mehr als 10.000 Juden in das Konzentrationslager Dachau gebracht.

Wie die Juden, wurden auch die Sinti und Roma vom NS-Regime verfolgt. Die »Nürnberger Rassegesetze« von 1935 galten auch für sie. 1938/39 wurden zahlreiche Sinti und Roma verhaftet und in KZ deportiert.

Ab 1938 spiegelte sich in der Zusammensetzung der Häftlingsgesellschaft des Lagers außerdem die Aggression der Hitlerwehrmacht nach außen wider: Nach dem »Anschluss« im Frühjahr 1938 kamen österreichische Gefangene nach Dachau, es folgten im selben Jahr Häftlinge aus den sudetendeutschen Gebieten, 1939 tschechische Häftlinge und nach Kriegsbeginn Häftlinge aus Polen, dann aus Norwegen, aus Belgien und den Niederlanden, aus Frankreich usw. Die deutschen Gefangenen wurden schließlich zu einer Minderheit. Die größte nationale Gruppe waren die polnischen Häftlinge, gefolgt von den Häftlingen aus der Sowjetunion. Insgesamt waren über 200.000 Häftlinge aus mehr als 30 Staaten in Dachau inhaftiert.

In Dachau entwickelte der Lagerkommandant Theodor Eicke ab Juni 1933 ein Konzept für die Herrschaft der SS, das für alle Konzentrationslager zum Modell wurde

Er führte eine straff gegliederte Organisationsstruktur ein und schuf damit die Voraussetzung für die lückenlose Reglementierung, Unterdrückung und Ausbeutung der Gefangenen. Als Inspekteur der Konzentrationslager übertrug er die Dachauer Vorschriften auf alle bestehenden und neu gegründeten Lager. Er prägte die menschenverachtende Ausbildung der SS vor Ort, die später in den besetzten Gebieten morden und brandschatzen sollte. Antisemitismus, Rassismus und der Hass auf alle politischen Gegner waren zentrale Grundlage dieser Ausbildung.

Fast alle Karrieren anderer KZ-Kommandanten begannen in der »Schule von Dachau«.[30]

Alltag im Lager

Um eine Vorstellung zu vermitteln, wie das alltägliche Leben der Häftlinge im Lager ausgesehen hat, soll hier aus einem Textentwurf von Otto zitiert werden:[31]

»Das Lagergelände: Auf dem Gelände innerhalb des Lagers befand sich außer den Häftlingsbaracken gewöhnlich ein sogenanntes Wirtschaftsgebäude mit Küche, Kleiderkammer, Wäscherei und verschiedenen Werkstätten. Als einziger Ein- bzw. Ausgang des Lagers diente ein Wachgebäude mit Durchgang, das allgemein Jourhaus genannt worden ist. Ein riesiger freier Platz vor dem Jourhaus diente als Appellplatz, von dem eine breite, aufgekieste Straße (die Lagerstraße) zu den Baracken führte. Das ganze Lager war umgeben von einem mit Starkstrom geladenen Zaun, oft noch einem Wassergraben und mehreren Wachtürmen mit Maschinengewehren. Von diesen Türmen aus konnte nachts das Lager mit starken Scheinwerfern nach allen Seiten ausgeleuchtet werden. Außerdem war die Lagerbegrenzung taghell beleuchtet. Innerhalb des Lagers konnte man sich nur mit einem

---

[30] Vgl. Rede Max Mannheimers auf der Gedenkfeier der bayerischen Staatsregierung zur Befreiung der Konzentrationslager Dachau und Flossenbürg am 27. April 2005; Katalog zur Ausstellung der KZ-Gedenkstätte Dachau, 2005; www.kz-gedenkstaette-dachau.de Dr. Max Mannheimer, geb. 6.2.1920 in Neutitschein, ČSR; wiedergeboren 30.4.45 in einem Güterwaggon in der Nähe von Tutzing. 1954 erste Malversuche, die Vergangenheit zu übermalen. 1975 erste Ausstellung. Als ben jakov gibt M. seinen Bildern keine Namen. Seit 1985 ist M. unermüdlich in Schulen unterwegs. Vorsitzender der Lagergemeinschaft Dachau (LGD) seit 1990.
»Spätes Tagebuch. Theresienstadt – Auschwitz – Warschau – Dachau«. Zürich, 2000.

[31] Otto Kohlhofer: Auszug aus einem 8-seitigen maschinengeschriebenen Text. Er kann aufgrund eines gleich lautenden Manuskripts eindeutig Otto zugeordnet werden. Entstanden ist der Text im Zusammenhang mit der Konzipierung der Ausstellung, die 1965 in der KZ-Gedenkstätte eröffnet wurde (siehe auch Manuskript »Tagesablauf« im Anhang).

Abstand von 10 m vom Drahtzaun entfernt bewegen. Beim Überschreiten dieser Zone wurde vom Turmposten sofort geschossen. Nachts – gewöhnlich nach einem Sirenenton – durfte sich kein Häftling und kein SS-Mann außerhalb der Baracken aufhalten oder auf der Lagerstraße gehen. Die Posten hatten Befehl, zu dieser Zeit auf alles, was sich im Lager bewegte, zu schießen. […] Eine Flucht aus dem Lager war dadurch unmöglich.

UNTERKUNFT: Die Gefangenen waren in Baracken untergebracht, die besonders während des Krieges so überfüllt waren, daß kaum ein ausreichender Platz zur Nachtruhe vorhanden war. Gab es ursprünglich noch Betten – wenn auch drei übereinander aufgestellt – so mußten in der Kriegszeit in den meisten Fällen die Häftlinge eng aneinandergereiht auf durchgehenden Holzpritschen schlafen. In Baracken, die für ca. 200 Häftlinge vorgesehen und eingerichtet waren, sind bis zu 1600 untergebracht worden. Die sanitären Einrichtungen waren vielfach so unzureichend, daß die Seuchengefahr permanent war und wenn eine Seuche ausgebrochen ist, sie zu katastrophalen Verhältnissen geführt hat.

NAHRUNG: Die größte Belastung in jeder Hinsicht war die ungenügende Ernährung. War sie bis zum Beginn des Krieges noch einigermaßen ausreichend, so war sie ab diesem Zeitpunkt in den meisten Fällen die Hauptursache für das Massensterben. Mit einem kleinen Stück Brot, einem schwarzen Rübenkaffee, zweimal täglich, einer dünnen Suppe mit einigen Gramm Fleisch zu Mittag mußte man bei vielfach schwerer Arbeit und einer täglichen Arbeitszeit von 12 Stunden auskommen.

KLEIDER: Besonders im Winter und in der kälteren Jahreszeit war die Kleidung [zu wenig], bestehend aus Rock und Hose aus winddurchlässigem, minderwertigen Stoff, einer dürftigen Unterwäsche (in den meisten Fällen keine) und während des Krieges vielfach aus Holzschuhen. Wer Glück hatte, konnte im Winter noch einen Mantel – der bei der Arbeit nicht getragen werden durfte – bekommen. Socken gab es meistens nicht, die Häftlinge behalfen sich stattdessen mit Lappen, die sie irgendwie gefunden haben. Als Kopfbedeckung diente eine Mütze aus dem gleichen Stoff.

TAGESABLAUF: Je nach Jahreszeit um vier Uhr morgens oder um fünf Uhr wurde man von einer Sirene geweckt. Wer nicht unmittelbar darauf aufstand, konnte vom Blockführer maßlos geprügelt werden und bekam eine Strafmeldung, die ihm 25 Stockhiebe oder eine Stunde Hängen einbrachte. Soweit noch Betten (Strohsäcke mit Karoüberzug) vorhanden waren, musste das Bett in aller Eile nach militärischem Vorbild ›gebaut‹ werden. – Ein schiefes Karo oder eine zusammengefallene Kante war oft der Anlaß für eine Strafmeldung. Sofort nach der Einnahme des Kaffees waren die Baracken zu verlassen, denn die Stuben mußten von einem turnusmäßig eingeteilten Zimmerdienst in einen peinlich sauberen Zustand gebracht werden, damit der Blockführer bei der täglichen Visitation nichts zu beanstanden hatte – wenigstens nichts ohne Willkür. Die geringste Beanstandung bedeutete für den einzelnen oder die Gemeinschaft oft schwere Schikanen und Strafen. Bis zum Aufmarsch zum Zählappell um ca. 5 Uhr durften die Baracken nicht mehr betreten werden. Nach dem Appell formierten sich die Arbeitskommandos – wer noch keinem Kommando angehörte, wurde einem zugeteilt und der zuständige Kapo führte seine Gruppe zur Arbeitsstelle. Befand sie sich außerhalb des Lagers, wurde das Kommando am Lagerausgang noch einmal gezählt und einem Kommandoführer, bzw. Wachposten übergeben. Gearbeitet wurde im Sommer von 6 Uhr bis 19 Uhr und im Winter bei Tageslicht, mit einer Stunde Unterbrechung zum Einmarsch ins Lager, Essenseinnahme und Rückkehr zum Arbeitsplatz. Nach dem Abendzählappell, der ca. eine Stunde dauerte, konnte man in die Baracken zurückkehren, wenn sich nicht Strafstehen bzw. Strafarbeit oder Strafexerzieren für den ganzen Block oder ein Arbeitskommando anschloß. Nach dem Abendessen blieb wenig Zeit für kleine private Interessen. Soweit erhältlich, las man die Zeitung, tauschte im engsten Kreis Meinungen aus, reinigte seine Kleider, flickte an Handschuhen, Socken oder Lumpen (davon war oft das Überleben abhängig, da bei erfrorenen Gliedern die Chance gering war) und legte sich nieder. Die meisten allerdings hatten keine Interessen mehr, sie waren so erschöpft und hungrig, dass sie die kleinen bescheidenen Dinge nicht mehr wahrnehmen konnten. Sie vermochten an nichts anderes mehr zu denken, als sich noch einmal ausgiebig satt zu essen. Nur wenige, meist junge Menschen, die die Kraft dazu aufbrachten, oder solche, die keine körperliche Arbeit verrichteten und daher ihre Kräfte schonen konnten, waren fähig, die geringe Freizeit zu nutzen.«

»13438«

Am 2. Februar 1938 wurde Otto in Dachau eingeliefert. Sein Zugang ist im Eingangsbuch mit der Nummer 13438 vermerkt.

Er kam zunächst noch in das alte Lager. Etwa sechs Wochen später ist er in das neue Lager (Block 6 oder 8) umgezogen. Es wurde im Sommer 1938 fertig gestellt. Die alten Baracken wurden abgerissen.

Bei seiner Ankunft im Lager wurde er bereits von Freunden aus seiner Widerstandstätigkeit erwartet. Für ihn war das zunächst ein freudiges Ereignis, denn schon während der Zeit der Einzelhaft hatte er sich nach dem Kontakt mit seinen Freunden gesehnt.

Ja, Dachau war für mich damals ein Lichtblick, obwohl die Verhältnisse viel härter waren als in der Zelle. Da waren meine Freunde natürlich schon da, haben auf mich gewartet. Wir haben uns immerhin einige Jahre nicht gesehen, und so wie wir draußen zusammen waren, in Neuhausen, so sind wir teilweise auch wieder hier beieinander gewesen. Und wir haben wieder neue Freunde bekommen, die sich um uns angenommen haben. (Psk)

»13438 Kohlhofer, Otto« – Eingangsbuch KZ Dachau

Aber er bekam gleich nach seiner Ankunft in Dachau auch einen ersten Eindruck von den Verhältnissen im Lager und vom Terror der SS.

Die neu angekommenen Häftlinge wurden mit einer Ansprache des Lagerführers empfangen, in der er ihnen gleich zu Beginn mitteilte, *wie es im Lager zugeht und welche ungeschriebenen Gesetze dort herrschen.* Zum Beispiel erklärte er, dass es durchaus keine Gräuelpropaganda sei, wenn die Kommunisten draußen verbreiteten, dass es im Lager die Prügelstrafe gäbe. Das sei richtig.[32]

Otto hatte Glück, er war noch nicht bekannt. Andere, vor allem Juden, bekannte Persönlichkeiten und diejenigen, die zum zweiten Mal nach Dachau kamen, wurden sofort geprügelt. Ebenso kam ihm seine gute sportliche Kondition zugute, die er sich in der Einzelhaft erhalten hatte. Er war kräftig genug, Schikanen, wie das »Häschenhüpfen« durchzustehen.

Man musste so in der Kniebeuge durch das ganze Lager hüpfen, und das war

---

[32] Otto Kohlhofer im Interview mit Ludwig Stark am 26.1.1981. Wörtliche Zitate aus diesem Interview sind ebenfalls kursiv gesetzt und werden in der Folge mit dem Kürzel (Stk) gekennzeichnet.
Ludwig Stark (1911–1988, München). Er stellte in einer kommunistischen Widerstandsgruppe die illegale »Neue Zeitung« her. Erster Zugang im KZ Dachau 1935–36, 1939 Wehrmacht, zweiter Zugang in Dachau 1944, dann KZ Mauthausen. Er begleitete später viele Jahre lang unermüdlich Besucher durch die Gedenkstätte Dachau.

damals eine Baustelle ... Das ist für einen jungen kräftigen Menschen schon eine Anstrengung, die Älteren, die keine so gute Kondition hatten, schafften es nicht. Die sind zusammengebrochen, wurden wieder hochgeschlagen und so fort. (Psk)

Otto erkannte schnell, dass es absolut notwendig war, den Terror der SS einschätzen zu lernen. Er musste lernen, dass es am besten war, wenn man möglichst nicht auffällt.

Die erste Zeit war er beim Ausbau des neuen Lagers beschäftigt. Die Arbeiten dort waren, im Gegensatz zu Arbeiten in den Werkstätten oder in der Kantine, gefährlich. Die Häftlinge waren ständig unter Aufsicht der SS und waren ihrer Willkür am meisten ausgesetzt. Sie durften sich kein unbedachtes Verhalten erlauben. Otto berichtete von einem Vorfall, der ihn durch eine spontane Reaktion in größte Schwierigkeiten hätte bringen können:

Das Lager war eine Baustelle und wir haben ein Gleis verlegen müssen. Wir stehen als Gruppe da und haben das Gleis gehalten – ein Gleis ist ja nicht leicht – und plötzlich krieg ich ein paar Fußtritte von hinten. Im Moment habe ich falsch reagiert und den SS-Mann beschimpft. Zum Glück hat er das nicht gehört, denn er war so aufgeregt bei seiner Beschäftigung. (Psk)

Der »individuelle Terror«, wie ihn Otto bezeichnete, war ein Ventil für die SS, sich abzureagieren. *Die haben sich gegenseitig angetrieben. Und wenn sie Lust hatten, haben sie einen Mann niedergeschlagen. Dies war damals oft der Fall. Man musste ständig auf der Hut sein, durfte sich keine Fehler erlauben, denn das hätte äußerst gefährlich werden können. (Psk)*

Otto hat schnell gelernt, schwache Stellen im System zu entdecken und für sich zu nutzen: *Den Prozess habe ich schnell durchgemacht, sehr schnell gelernt, wie man sich verhält in einem KZ, wo es andere Gesetze gibt, die nicht niedergeschrieben sind. (Psk)*

Dieses »immer auf Draht sein« war eine »Bedingung des Überlebens«, wie es Stanislav Zámečník in seinem Buch »Das war Dachau« beschreibt. Weitere »Überlebensregeln« waren, möglichst nicht aufzufallen und jederzeit in guter körperlicher Verfassung zu sein.[33]

Wie erwähnt half Ottos Kondition ihm, Schikanen durchzuhalten, wie sie im Folgenden beschrieben werden:

Das waren so besondere Tage in Dachau, die ich noch in Erinnerung habe, denn an dem Tag wurde auch das Baulager vom Südteil des Lagers in den Nordteil umgezogen. Da mussten alle im Lager bleiben und jeder musste irgend-

---

[33] Stanislav Zámečník: »Das war Dachau«, Hrsg.: Stiftung Comité International de Dachau, 2002, S. 150 f.
Dr. S. Zámečník (geb. 1922, Mähren) war Häftling in Dachau von 1941 bis zur Befreiung. Geschichtsstudium in Prag, Militärhistoriker. Forschungen zur Geschichte des KZ Dachau. Mitglied der Historischen Kommission des »Comité International de Dachau« (C.I.D.), Mitglied im Fachbeirat zur Neukonzeption der Gedenkstätte.

etwas tragen. Meistens Zementsäcke, und das war nicht leicht, so ein Zementsack hatte einen Zentner. Und grundsätzlich zu der Zeit, auch während des Lageraufbaus, gab es während der Arbeitszeit nur Laufschritt, ganz gleich was man getragen hat, es gab nur Laufschritt. Man musste also 500 Meter mit einem Zementsack laufen und die Folge davon war, dass viele Häftlinge das physisch nicht machen konnten, mit dem Zementsack zusammengebrochen sind. Nur die Jüngeren, die haben es machen können. Und an dem Tag hat man sehr viele Erschöpfte und Tote zu beklagen gehabt. (Stk)

Strafen

Die Häftlinge lebten in ständiger Angst vor dem Terror und den Übergriffen der SS-Bewacher. Die »Disziplinar- und Strafordnung« für das Gefangenenlager des KZ Dachau vom 1. Oktober 1933, die später auch für die anderen Konzentrationslager Gültigkeit erhielt, täuscht ein geregeltes Strafsystem vor. In Wirklichkeit lag es im Ermessen des einzelnen SS-Mannes, willkürliche Strafmeldungen zu verhängen. Jederzeit konnte ein einzelner Gefangener, aber auch eine Gruppe von Häftlingen, bestraft werden.[34]

Zu den häufigsten Sanktionen gehörten die Prügelstrafe, das so genannte Baum- oder Pfahlhängen[35] und das Strafstehen. Es gab individuellen oder kollektiven Essensentzug sowie die Arreststrafe im Lagergefängnis, dem so genannten Bunker. Neben den in der Lagerordnung vorgesehenen Strafen wurden vielfache Quälereien und Foltermethoden gegen die Häftlinge angewendet, auch die Todesstrafe drohte ihnen.[36]

Zu der Zeit, als Otto 1938 in Dachau eintraf, war der damalige SS-Oberführer Loritz Lagerkommandant. Er übte diese Funktion von April 1936 bis Juli 1939 aus. Schutzhaftlagerführer war ab September 1938 Piorkowski. Dieser übernahm ab Februar 1940 im Anschluss an Loritz die Aufgabe des Lagerkommandanten. Beide standen bei den Häftlingen in einem sehr schlechten Ruf. Loritz befahl den SS-Wachmannschaften, die Häftlinge mit äußerster Brutalität zu behandeln. Die ungezügelten Ausschreitungen beförderten sein Ansehen beim

---

[34] »Konzentrationslager Dachau 1933 bis 1945«, Katalog zur Ausstellung, 2005, S. 107.
[35] »Der Gefangene musste sich auf Fußspitzen und mit nach hinten erhobenen Armen mit dem Rücken an einen Baum stellen. In dieser Stellung wurden die Arme festgebunden. Die Strafe konnte bis zu sechs Stunden dauern. Später wurde die Strafe im Hof des Bunkers an eigens dafür aufgestellten Säulen durchgeführt. Der Häftling konnte nun den Boden nicht mehr mit den Füßen berühren und sich mit dem Rücken nicht mehr abstützen. Die Hände wurden nicht mehr mit einem Strick, sondern mit einer Kette gefesselt, deren Glieder unter dem Gewicht des Körpers die Handgelenke zerdrückten.« (Zámečník: Das war Dachau, S. 150 f.)
[36] Katalog 2005, S. 107.

Inspekteur der Konzentrationslager, Theodor Eicke.

In die Verantwortung von Piorkowski fiel nicht nur die stetige Verschlechterung der Lebensbedingungen der Häftlinge, sondern auch der Massenmord an den sowjetischen Kriegsgefangenen, die Selektion für die »Invalidentransporte« nach Hartheim und eine ausufernde Brutalität der SS-Führer und Unterführer im Lager gegenüber den Häftlingen.[38]

Loritz war nach Aussage von Otto derjenige, der die allgemeine Lagerstrafe »Baumhängen« eingeführt hatte und er war es auch, der die öffentlichen Auspeitschungen im Lager angeordnet hatte, die in Anwesenheit aller Häftlinge durchgeführt wurden.

Lagerstrafe »Eine Stunde Baum«, Zeichnung Bruno Furch[37]

Das war eine öffentliche Exekution. Das gesamte Lager musste im Viereck antreten, dann wurde der Bock, das war das Gerät, auf das der Häftling sich legen musste, in die Mitte des Vierecks gestellt und dann ist eine Gruppe SS, ein SS-Kommando mit Stahlhelm und Karabiner, im Stechschritt aufmarschiert, hin zu dem Bock und hat sich dort aufgestellt. Es kam dann der Lagerkommandant, auch der Arzt war zugegen. Und dann kamen die Häftlinge, die an der Reihe waren, um ausgepeitscht zu werden. Sie kamen einer nach dem anderen und mussten sich auf den Bock legen. Dann wurde geschlagen und zwar mit Ochsenziemern. Die SS hat eine echte sportliche Zeremonie daraus gemacht. Sie sind einige Schritte zurück, hochgesprungen und haben dann draufgehauen und der Häftling musste jeden Schlag zählen. Wenn er geschrien hat vor Schmerz und er nicht zählen konnte, wurde dieser Schlag nicht gerechnet. Und so konnte es vorkommen, dass mancher Häftling nicht 25, sondern 30 und mehr Schläge gekriegt hat. Das war die so genannte 25. Diese Lagerstrafe wurde jeden Tag durchgeführt, aber von Zeit zu Zeit, von Fall zu Fall auch öffentlich. (Stk)

---

[37] Bruno Furch (1913–2000, Wien). Nach Besetzung Österreichs 1938 nach Spanien zu den Internationalen Brigaden. Internierung in Frankreich, 1941 KZ Dachau, 1944 bis zur Befreiung im KZ Flossenbürg. Redakteur der »Volksstimme« (KPÖ).
[38] Vgl. Katalog 2005, S. 98 und Johannes Tuchel: »Die Kommandanten des Konzentrationslagers Dachau«. In: Dachauer Hefte 10, 1994, S. 82–86.

Lagerstrafe »Bock«, Zeichnung Bruno Furch

Ob Otto selbst während seiner Lagerzeit einer solchen Behandlung ausgesetzt war, wissen wir nicht, zumindest hat er es nie erwähnt.

Über das stundenlange Stehen auf dem Appellplatz dagegen erzählte Otto immer wieder. Es war auch die Ursache für sein späteres schweres Venenleiden. Bei Fluchtversuchen von Häftlingen mussten alle Häftlinge des Lagers auf dem Appellplatz antreten und in Reih und Glied so lange unbeweglich stehen, bis der Entflohene gefasst wurde. »So mussten zum Beispiel am 23./24. Januar 1939 die Häftlinge bei Frost und Schneetreiben alle ihre Mäntel, Handschuhe und Mützen abgeben und regungslos von 18 Uhr bis 6 Uhr morgens auf der Stelle stehen. Viele fielen vor Erschöpfung und Kälte um, einige starben.«[39]

Otto erzählte auch immer, dass besonders um Weihnachten Häftlinge zu fliehen versuchten. Er erinnerte sich an ein Strafstehen, wo während der ganzen Zeit in einem Lautsprecher »Stille Nacht, Heilige Nacht« über den Appellplatz dröhnte. Er verließ deshalb später, wenn im Verwandtenkreis Weihnachtslieder gesungen wurden, immer das Zimmer. Er konnte es einfach nicht hören.

»Universität Dachau«

Für Otto wurde Dachau aber auch ein Ort des Lernens: *Da begann eigentlich die Zeit meiner politischen Entwicklung, hier in Dachau.* (Psk)

Der Kontakt zu den Freunden, die er im Lager wieder trifft, hilft ihm, die neuen Eindrücke zu verarbeiten, gibt ihm Kraft, sich in der neuen Situation zurechtzufinden.

Die haben mir viel übermittelt, was sie in der Zwischenzeit an Erfahrungen gesammelt haben in Dachau, was sie selber, trotz der Umstände im Lager, versucht haben, sich an Wissen anzueignen. Und das war für mich natürlich alles neu und interessant; wenn dann wieder eine freie Stunde war, dann haben wir uns, besonders die Jungen, irgendwo auf der Lagerstraße getroffen. Und

[39] Zámečník: Das war Dachau, S. 130.

das war dann irgendwie so ein privater Bereich, wo wir dann auch Gespräche führen konnten, die natürlich einmal zu unserer Entwicklung beigetragen haben, wenn man jetzt politische Entwicklung auch in Richtung Bildung, sich mehr Wissen anzueignen, denkt. Alles das ist ja die Voraussetzung, um einfach begreifen zu können, warum das alles so ist. In dem Moment, wo man das nicht begreift, da wird's gefährlich, weil man ja nicht die Kraft hat, um das dann durchzustehen. Da verzweifelt man.

Und da schützt einen gar nichts. Auch meinetwegen eine akademische Vorbildung oder eine intellektuelle Bildung nützt einem nichts, wenn man das nicht begreift. Ich habe das oft beobachtet, bei Menschen, die in der Freiheit draußen eine ziemlich hohe gesellschaftliche Stellung gehabt haben und im Laufe der Zeit mit dem Naziregime in Konflikt kamen und aus irgendeinem Grund verhaftet wurden und nach Dachau kamen. Für die begann dort ein Prozess, der viel schlimmer war, als das für mich gewesen ist, weil die das nicht haben begreifen können. Zum Beispiel kam ein Jurist, der Senatspräsident war, zu uns auf die Stube, der ist völlig zusammengebrochen. Und es war schwer, dem überhaupt zu helfen. Der hat das nicht begreifen können, dass er hier so behandelt wird. Vor allem auch, dass das von Staats wegen möglich war. Das muss man mal so jemandem begreiflich machen. Da haben wir uns wieder leichter getan.

Auch später gab's sehr viele Zusammenbrüche im Lager; das haben wir beobachten können, zum Beispiel die ganzen Selbstmorde ... Das war immer gefährlich. Und die Ursache war, dass diejenigen einfach zu wenig wussten, warum sie in Dachau waren, und sie es nicht wahrhaben wollten. Es gab da welche ... ich denke an die Juden, die 1938 kamen, deutsche Offiziere der kaiserlichen Armee, mit Orden sind sie ins Lager gekommen. Die haben das nicht begreifen wollen, dass das möglich ist, dass ein Pour-le-mérite-Träger[40] im Lager von einem einfachen SS-Mann brutal zusammengeschlagen wird, obwohl er ihm sein Pour-le-mérite – das habe ich selber gesehen – gezeigt hat. Das hat ihnen nichts genützt. Die haben sich mit dem nicht abfinden können. (Psk)

Das Begreifen seiner Situation im Zusammenhang mit der gesellschaftlichen Entwicklung wurde für Otto zur wesentlichsten Voraussetzung, um die Jahre der KZ-Haft durchstehen zu können und sowohl physisch wie auch psychisch nicht kaputtzugehen.

Es war notwendig, immer wieder zu analysieren, warum jetzt diese Situation so ist, was dazu geführt hat. Wenn man das einmal begreifen konnte, dann war es ausgeschlossen, dass man glaubte, man müsse einen Tobsuchtsanfall bekommen oder man könne das alles nicht mehr durchstehen. Ich hab's begriffen, mit Hilfe anderer natürlich, nicht allein, es war eine Zusammen-

---

[40] Preußischer Militärorden aus der Zeit Friedrich II., der im Ersten Weltkrieg als besondere Auszeichnung verliehen wurde.

Lagerstraße im KZ Dachau 1938

arbeit, eine Kooperation zwischen den einzelnen Menschen, die im Lager waren, jeder auf seine Art. Und wir haben auch Leute gehabt, die intellektuell fähig waren, uns Jüngeren das alles zu übermitteln. Und dann waren wir in der Lage zu verstehen, warum wir da sind, warum das so ist. Wir haben das gesellschaftlich einschätzen können.

Es war uns bewusst, warum der Krieg kam. Wir haben ja damals draußen schon die richtige Einschätzung gehabt. Als Junge haben wir Flugblätter verteilt, wo draufstand »Hitler bedeutet Krieg«, ohne dass wir das damals begründen konnten – aber später konnte man das begründen. Und das war wiederum für uns der Grund dafür, dass wir das durchstehen konnten, den ganzen Krieg. Es war ja da viel, viel schlimmer als vorher. Aber es war eben dann möglich, mit Hilfe – das muss ich immer wieder sagen – anderer Freunde und, wie man's heute nennt, mit Solidarität, was natürlich ein weiter Begriff ist. (Psk)

Für Otto begann in Dachau ein persönlicher und allgemeiner Reifungs- und Bildungsprozess. Über die Kontakte zu anderen Häftlingen konnte er sich all das Wissen aneignen, zu dem ihm seit seinem Einstieg in die Widerstandstätigkeit der Zugang verschlossen gewesen war. Darüber hinaus hat er im Lager wertvolle Menschen kennen gelernt, die ihm Vorbild für seine persönliche Entwicklung wurden. Von ihnen lernte er auch »eine bestimmte Einstellung Menschen gegenüber«. Er konnte so nicht nur mit »vielem fertig werden«, sondern seine Erfahrung wieder an andere weitergeben.

Barbara Distel bezeichnete Otto daher als »Graduierten der Universität KZ«: »Er hat sozusagen am eigenen Leib erfahren, wozu Menschen in Extremsituationen fähig sind, im Positiven wie im Negativen. Und er hat dort für den Rest seines Lebens gelernt, daß weder eine gehobene soziale Stellung noch ein politisches Amt oder eine Hochschulbildung die Gewähr für anständiges Verhalten unter Druck bieten. Er hat gelernt, Fassaden und schöne Worte zu durchschauen und die Menschen in erster Linie nach ihrem Handeln zu beurteilen. Und trotz allem hat er sich einen nahezu naiven Glauben an die Lernfähigkeit der Menschen bewahrt.

Otto Kohlhofer wurde in den Jahren der KZ-Haft darüber hinaus zu einem überzeugten Internationalisten. So wie die verschiedenen nationalen Gruppen im Lager lernen mußten, miteinander zu leben, so lernte er dort die Politik des Ausgleichs, des Dialogs und der Verständigung im Respekt vor der unterschiedlichen Meinung und Haltung des Gegenübers. Vielleicht war dies die wichtigste Lektion seiner Zeit in Dachau, die er auch in späteren Jahren niemals vergessen hat: Immer stand sein Versuch, den Standpunkt des anderen kennenzulernen und zu verstehen, am Anfang einer Auseinandersetzung und die Hoffnung auf die Überzeugungskraft der besseren Argumente hat ihn nie verlassen. Das hat nichts mit Kompromißlertum zu tun. War er auch noch jung und politisch unerfahren, als er in die Hände der Gestapo fiel, so entwickelten sich sein politisches Bewußtsein und seine Überzeugungen um so stärker, je länger er das ›tausendjährige Reich‹ hinter Stacheldraht erlebte.«[41]

Arbeiten und Überleben

Die Solidaritätsgemeinschaft der politischen Häftlinge hat Otto geholfen, in anderen Arbeitsbereichen eingesetzt zu werden, in denen es größere Chancen gab, zu überleben. Denn neben dem notwendigen psychischen Anpassungsprozess war es entscheidend, in welchem Arbeitskommando man beschäftigt war. *Das Wichtigste ist schon, was arbeitet man in so einer Situation? Am Anfang war ich genauso wie viele andere beim Lagerbau tätig, in der Kiesgrube, beim Barackenbau, als Anstreicher. (Psk)*

Die Häftlinge waren, wie schon erwähnt, bei der Arbeit im Freien den Schikanen der SS ziemlich wehrlos ausgesetzt. Und so suchte Otto nach Wegen, in ein anderes Arbeitskommando zu gelangen. Auch hier erfährt er Unterstützung durch Freunde. Zunächst wird er eingesetzt im Kleiderlager der SS und auch mal in der Küche. »Ich weiß, dass es Otto einmal schlecht ging. Da hat er in der SS-Küche gearbeitet. Dann hat er freiwillig gesagt: ›Jetzt geht's mir wieder gut, das brauche ich nicht mehr. Da soll jemand rein, der körperlich schlechter beieinander ist.‹«[42]

Im Herbst 1938 wurde in der Zahnstation im Krankenrevier ein Feinmechaniker gesucht. Über die Vermittlung von Freunden wurde Otto dort zur Wartung von Instrumenten und zur Assistenz bei Behandlungen eingesetzt. Wenn der Arzt nicht da war, musste er hin und wieder auch selbst Behandlungen durchführen.

---

[41] Barbara Distel: »Otto Kohlhofer in memoriam«. In: Dachauer Hefte 5, 1989, S. 278.
[42] Gespräch mit Barbara Distel am 29.11.2004.

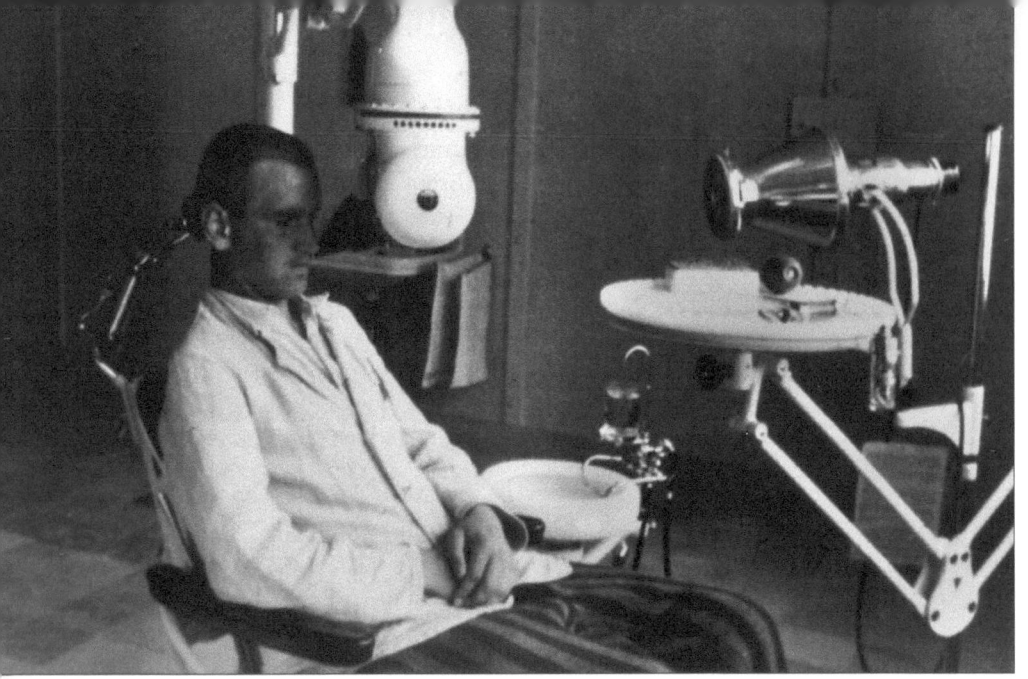

Otto im Zahnarztstuhl, 1941 anlässlich eines Besuchs von Heinrich Himmler und dem holländischen SS-Führer Mussert

Wiederum durch die Vermittlung von Freunden kam er später in die Sicherheitswerkstatt.

»Die Sicherheitswerkstatt war zuständig für die Sicherheit des KZ, auch zum Beispiel für die Wartung des elektrischen Zauns. Hier waren nur Facharbeiter beschäftigt. Zum Beispiel waren hier Karl Röder und der Gustl Gattinger als Elektriker eingesetzt. Der Gattinger war für den elektrischen Zaun verantwortlich, dass niemand rauskommt. Es war ein allgemein beliebtes Kommando, die sind alle drüben gesessen im Westflügel, in Trockenheit und Wärme. Das waren alles alte Hasen, die es verstanden haben, sich auch Essen zu organisieren. Es war sicher eines der guten Kommandos, weil die SS auf sie angewiesen war.«[43]

Viktor Matejka, mit dem Otto eine langjährige Freundschaft verband, bezeichnete die vier Kameraden aus der Sicherheitswerkstatt, Karl Röder, Gustl Gat-

---

[43] Distel, Gespräch 2004.
Karl Röder (geb. 1911 in Nürnberg). KZ Dachau: 1933–44. Entlassen zur SS-Brigade Dirlewanger. In russischer Gefangenschaft bis 1945.
August Gattinger (geb. 1905 in München). KZ Dachau: 1937–44. Entlassen zur SS-Brigade Dirlewanger.
Hans Kaltenbacher (geb. 1905 in München). KZ Dachau 1933, erneut 1937, Blockältester. KZ Mauthausen 1939–40, KZ Natzweiler 1944 bis zur Befreiung.

tinger, Hans Kaltenbacher und Otto Kohlhofer als »das Kleeblatt«, die ihm in »größter Not Freund und Helfer waren«.[44]

Otto konnte seine Beschäftigungen in den Werkstätten sogar nutzen, um sich fortzubilden.

Es war eben nicht einerlei, ob man in seinem Beruf gearbeitet hat. Ich habe auch mal als Maschinenschlosser in Dachau gearbeitet. Da habe ich auch gelernt dabei. Es waren doch immerhin Ältere, die qualifizierte Facharbeiter waren, von denen ich lernen konnte und auch wollte. Ich habe ja nur meine Lehrzeit gehabt ohne Erfahrung. Ich bin nach der Lehre sofort entlassen worden und habe dann nicht mehr gearbeitet. Und da konnte ich wieder in meinem Beruf arbeiten. Das war für mich eine kolossale Hilfe. (Psk)

Freie Zeit

Die Arbeit in den Werkstätten war für Otto auch eine Erleichterung, die es ihm ermöglichte, die wenige freie Zeit zu nutzen, um zu lernen:

Ja, sicher, das war eine körperliche Erleichterung, obwohl man schon stehen musste den ganzen Tag, von der Früh bis in die Nacht. Es war trotzdem eine Erleichterung, weil das keine so starke physische Arbeit war. Man war ja noch fähig, dass man in der Freizeit ein bisschen was unternehmen konnte, zum Beispiel auf der Lagerstraße spazieren gehen, sich mit anderen Freunden, Häftlingen zu treffen usw. Und da war es schon entscheidend, welche Arbeit man gemacht hat.

Ja, die ›Freizeit‹ muss man jetzt schon ein bisschen erläutern. Gleich am Anfang, wie ich ins Lager kam, das war im Februar 38, gab's überhaupt keine Freizeit, oder nur ganz gering. Da gab's kein Wochenende. Da wurde gearbeitet von Sonntag bis Sonntag. Nur ausnahmsweise am Sonntagnachmittag um vier war Schluss. So ungefähr ab Herbst oder Spätsommer 38, als das zweite, das neue Lager fertig war, hatten wir sogar ein Wochenende. Also den Samstagnachmittag und den Sonntag frei.

Wenn man nicht durch die Schikane der SS den Nachmittag oder das ganze Wochenende wieder verpfuscht bekommen hat, indem man, einfach so, eine

---

44 Matejkas Kondolenzschreiben zum Tode Ottos, 20.8.1988.
Viktor Matejka (1901–1993, Wien). Als Funktionär der Arbeiterkammer setzte er sich für Volksbildung ein. Denunziert wegen seiner Nazigegnerschaft, kam er mit dem so genannten Prominententransport am 1. April 1938 nach Dachau. Er baute dort neben Kurt Schumacher die Lagerbibliothek auf und verwaltete sie. Im KZ bis 1944, schloss er sich den Kommunisten an. 1945–49 für die Kommunistische Partei Österreichs (KPÖ) Wiener Stadtrat für Kultur und Volksbildung.
Bei der Buchvorstellung von Matejkas »Widerstand ist alles – Notizen eines Unorthodoxen« im Jahre 1984 hat Otto auf einem Werbeblatt ein typisches Matejka-Wort notiert: »Bei so viel Lobgehudlkudlmudldadldudl – sag' ich mit Nestroy: Das is' alles Chimäre, aber mich unterhalt's.« Solcher Umgang mit Ehrungen hat Otto gefallen.

Großreinigung machen musste, das heißt, die ganze Baracke ausräumen, das ganze Stroh aus den Strohsäcken und so weiter, und wieder reinbringen. Da war natürlich alles drin.

Trotzdem, wenn dann wieder eine freie Stunde war, dann haben wir uns, besonders die Jungen, irgendwo auf der Lagerstraße getroffen. (Psk)

Die Häftlinge haben trotz der äußerst schwierigen Bedingungen den Versuch unternommen, die winzigen Freiräume für geistige Auseinandersetzung zu nutzen. Diese kleinen Freiräume waren es, die die Überlebensbedingungen für die Häftlinge entscheidend verbesserten. »Vor allem während der Kriegsjahre haben die Häftlinge in ihren spärlichen Freistunden des Gefangenenlebens das Lager auch zu einem Diskussionsforum der geistigen Elite Europas gemacht.«[45]

»Nicht entlassen!«

Am 20. April 1939, zu Hitlers 50. Geburtstag, erlässt dieser eine Amnestie. Eine große Zahl von Häftlingen wird aus den Konzentrationslagern entlassen, darunter alle von Ottos Freunden aus Neuhausen.

Das war das einzige Mal, wo ich selber fest mit meiner Entlassung gerechnet habe. Ja, und dann kam der 20. April, und dann sind die aufgerufen worden, die entlassen werden sollten. Reihenweise sind sie draußen gestanden. Das war der erste Tag, ich war nicht dabei. Am zweiten Tag, noch einmal. Und so ging das einige Tage. Jeden Tag sind da massenweise Häftlinge entlassen worden, und zwar lauter politische. Ja, und ich war noch nicht dabei. Und dann war's aus mit der Entlassung. Das war im Moment schon eine große Enttäuschung, das muss ich schon sagen. Aber dann hat man sich wiederum einfach abgefunden damit. Man hat dann auch da wieder versucht – dazu war man dann schon fähig – zu verstehen, warum wir jetzt nicht entlassen wurden.

Ja, und dieses Verständnis war dann auch wieder der Grund dafür, dass man sich quasi so eine Rolle zugelegt hat, die dann auch unabänderlich war. Ich meine jetzt die Rolle, dass sie uns jetzt eben entsprechend einschätzen, dass sie uns nicht entlassen wollten, weil wir für sie zu gefährlich waren. Und dieses Verständnis hat uns dann auch wieder – wie man so sagt – den Rücken gestärkt. Das war einfach für uns dann auch so ein Selbstverständnis. (Psk)

Widerstand und Solidarität

Nach der Enttäuschung, nicht entlassen zu werden, ist es das Netz der Solidarität, das Otto erneut Kraft gibt – eine Erfahrung, die ihm als eine seiner wertvollsten Erinnerungen geblieben ist.

---

[45] Distel: »Otto Kohlhofer in memoriam«, S. 278.

Und da habe ich wieder neue Freunde kennen gelernt. Ich muss ja sagen, ich habe im Lager die besten Menschen kennen gelernt. Wenn ich nicht im Lager gewesen wäre, wenn ich nicht diese Entwicklung hätte durchmachen müssen, ich hätte wahrscheinlich nie so wertvolle Menschen kennen gelernt. (Psk)

Zunehmend fühlt sich Otto auch für andere, denen es schlechter ging, und für Neuankömmlinge verantwortlich:

Und dann habe ich selber wieder das, was ich bekommen habe, an andere weitergegeben. Das war einfach für uns dann auch so ein Selbstverständnis. Und mit dem sind wir dann eigentlich in den Krieg reingegangen. Dann war der Sommer noch, und da hat man ja schon gemerkt, die Krise wird immer stärker. Und dann haben wir ja schon fest mit Krieg gerechnet ... Und mit der Zeit hat man, was man vorher weniger getan hat, allmählich an Widerstand gedacht. Um jetzt nicht falsch verstanden zu werden, nicht Widerstand, indem man eine Organisation aufbaut und an eine Befreiungsaktion denkt, so weit nicht. Da wende ich mich immer dagegen. Sondern zunächst einen Widerstand, dass man versucht hat, die Lage der einzelnen Häftlinge, soweit sie vom Ausland her kamen, zu verbessern. Wenn sie als Neuzugang kamen, sei es vom Gefängnis oder Zuchthaus oder eine Neuverhaftung, dass man denen in irgendeiner Weise nach Möglichkeit geholfen hat. (Psk)

Otto hat nach dem Krieg den Begriff »Widerstand im KZ« nur mit größter Zurückhaltung gebraucht. Jede Heroisierung war ihm fremd und er hat lieber von der »Solidarität der Gefangenen« gesprochen.[46]

Russisch lernen

Mit Kriegsbeginn kamen die Menschen, aus den verschiedenen Nationen, die von den Deutschen überfallen wurden, ins Lager. Man hat dort, ähnlich wie bei uns, die oppositionellen Kräfte verhaftet, denn wenn man ein Volk unterdrücken will oder wenn man's gar vernichten will, muss man zuerst die politische Opposition beseitigen. Das waren zunächst vor allem die Intellektuellen. Zum Beispiel hat man in Polen die Pfarrer, die Lehrer und ein kleinen Teil hoch qualifizierter Facharbeiter, Ingenieure, Ärzte verhaftet und nach Dachau gebracht.

Da haben wir uns natürlich zunächst einmal Gedanken gemacht, wie wir denen helfen können, soweit es möglich war. Das war ein ganz neues Feld für uns. Wir mussten uns da selbst zunächst orientieren, wie ist das möglich, was gibt's da zu machen? Das Gleiche galt auch in Bezug auf die russischen Gefangenen, die ins Lager kamen. Wir haben uns dann gesagt: Wir müssen die Sprache können. Also eine slawische Sprache muss man lernen. (Psk)

Otto und einige Kameraden beschlossen, Russisch zu lernen. Es gelang ihnen, sich illegal eine russische Grammatik zu besorgen. Da es nur ein ein-

---

[46] Distel: »Otto Kohlhofer in memoriam«, S. 278.

ziges Buch zum Lernen gab, mussten sie es schnellstens vervielfältigen. Die Zeit einer Quarantäne der Häftlinge anlässlich einer Typhusepidemie im Jahr 1942 – Otto selbst war nicht erkrankt – benutzte er, um die Grammatik abzuschreiben. Nun konnte er daraus Nutzen ziehen, dass er sich im Zuchthaus das Stenographieren beigebracht hatte.

Eine Seite aus der selbst geschriebenen russischen Grammatik

Ich habe da eine ganze russische Grammatik mit deutscher Übersetzung im Stenogramm abgeschrieben. Und ein paar von uns haben dann ganz intensiv Russisch gelernt. (Psk)

Irgendwie gelang es Otto, einen Teil dieser Grammatik aus dem Lager in die Freiheit zu retten.

Als deutscher Häftling übernahm Otto eine Vermittlerrolle gegenüber den ausländischen Mithäftlingen. »Denn um sich im ›Universum KZ‹ zurechtfinden zu können, sprich um eine Chance zum Überleben zu haben, mußte man auch als Nichtdeutscher die Befehle der SS verstehen und mußte so schnell wie nur irgend möglich die Grundbegriffe des Lagerlebens und der Lagersprache erlernen. Dabei waren die ausländischen Häftlinge auf die Hilfe und Solidarität ihrer deutschen Häftlingskameraden angewiesen.«[47]

47 Vgl. Distel: »Otto Kohlhofer in memoriam«, S. 278.

Lage verbessern, Positionen halten

Die SS-Lagerführung übertrug Häftlingen einen großen Teil der Aufsichts- und Organisationsaufgaben für das Häftlingslager. Die so genannte »Häftlingsselbstverwaltung« ermöglichte es der SS, ihre Schreckensherrschaft mittels der Funktionshäftlinge, also mittels der Lager-, Block- und Stubenältesten, der Kapos und des Revierpersonals auszuüben. Es war deshalb von entscheidender Bedeutung, wer diese Funktionshäftlinge waren. In Dachau lagen die meisten Funktionen – anders als in anderen Lagern – in der Hand von politischen Häftlingen. Viele von ihnen nutzten ihre Stellung zum Schutz der Mithäftlinge.[48]

Es gab in diesem Rahmen kleine Möglichkeiten, gegen das Terror- und Vernichtungssystem der SS zu wirken.

Ja, und so hat man eben versucht, im Lager – man muss immer sagen, soweit es möglich war – die Verhältnisse zu verbessern und auch die Positionen zu halten, die wichtigsten, wie Arbeitseinsatz, dann Lagerältester, Stubenältester, Kapo. Es war nicht einerlei, ob ein Krimineller oder ein Politischer an einer solchen Stelle war. Auch bei den Politischen gab es welche, die nicht mehr fähig waren, sich gegen die SS zu wehren, die dann allmählich missbraucht wurden. Es war deshalb entscheidend, ob ein solcher eine Funktion als Kapo gehabt hat, oder ein politischer Kopf oder sonst jemand, der menschlich anständig war und der auch beeinflussbar war. (Psk)

Die Initiative zum »kleinen Widerstand« wuchs, je schlimmer die Verhältnisse wurden.

Das war sehr wichtig. Und in der Richtung hat man dann schon viel mehr gemacht als vorher. Das hat sich einfach ergeben, weil vorher waren die Verhältnisse nicht so hart. Diese Solidarität, gerade in Bezug auf, zum Beispiel, die Übermittlung oder Sicherstellung von Nahrungsmitteln. Das heißt, dass man dafür sorgte, dass die Häftlinge die wenigen Nahrungsmittel, die ihnen zustanden, auch bekommen haben. Und da musste man sich durchsetzen. Das war vor dem Krieg alles nicht notwendig. Da konnte man ausweichen. Es gab eine Kantine, in der man etwas kaufen konnte, sofern man Geld hatte – und ein bissel etwas hat sich da immer ergeben, auch wenn man von Zuhause nicht viel bekommen hat. Und das gab's während des Krieges eben dann alles nicht mehr. (Psk)

Illegale Radios – Information von außen

Neben der Sicherstellung von Nahrungsmitteln gewann auch das Beschaffen von Information von draußen immer mehr an Bedeutung. Otto erzählte immer wieder mit Genugtuung, wie es den Häftlingen gelang, Radios zu bauen, um

---
[48] Katalog, 2005, S. 104/149.

Ein illegales Radio

an die überlebenswichtigen Informationen über den Frontverlauf zu kommen. Nur durch die Solidarität der Häftlinge war so etwas möglich.

Wo ich war, dort in der Sicherheitswerkstätte, war so gewissermaßen eine Zentrale. Da ist viel zusammengelaufen. Da konnte man sehr viel machen. Es waren lauter Handwerker, die im Lager rumkamen. Und so haben wir da drin ein Radio gebastelt, das versteckt wurde. Es war natürlich gefährlich. Aber das war nicht zu entdecken. Da haben wir in der Werkstatt einen Feilenhauer gehabt im Keller drunten, und der musste natürlich einen Härteofen haben. Und in dem Härteofen war der Radio drin. Da sind sie natürlich nie draufgekommen. Es war durchorganisiert. Da war immer einer da, ein Häftling, als Arbeiter getarnt, der nichts anderes zu machen hatte, als aufzupassen und wenn ein SS-Mann kam, sofort zu warnen. So ist da nie etwas passiert. Und wir haben jeden Tag unsere Nachrichten gehabt. (Psk)[49]

Die Informationen über den Kriegsverlauf waren von entscheidender Bedeutung für die Häftlinge. Vor allem im späteren Kriegsverlauf waren sie Quelle der Hoffnung auf ein Ende der Haftzeit.

Vor allem später, im Außenlager Kempten, also 1943, das war die Zeit, wo es unheimlich wichtig war, wo es einfach davon abhing, ob der eine oder andere noch fähig war, die Kraft aufzubringen zum Überleben. Aber wenn er jeden Tag gewusst hat: Aha, die Front, hauptsächlich im Osten, aber auch im Westen, die geht zurück, das Ziel der Deutschen ist nicht mehr zu verwirklichen, irgendwann geht der Krieg zu Ende – man konnte das dann schon übersehen. (Psk)

Beobachtung der SS

Mit der ihm eigenen Neugierde hat Otto die SS-Bewacher von Anfang an sehr genau beobachtet. Er reflektierte ihr Verhalten und lernte schnell, sie einschätzen zu können. Er durchschaute ihre Schwächen und Eigenheiten, ihre zuweilen äußerste Dummheit und Korruptheit und es gelang ihm immer mehr, diese für sich und später auch für andere Häftlinge auszunutzen.

[49] Vgl. auch Distel, Gespräch 2004: »Das war eine konspirative Gruppe. Da haben sie ein Radio versteckt. Dabei hat auch Karl Röder eine Rolle gespielt.« Vgl. auch Karl Röder: »Nachtwache – 10 Jahre KZ Dachau und Flossenbürg«. Wien: Böhlau Verlag, 1985.

Besonders in den letzten Kriegsjahren im Außenlager Kempten gelang es ihm, erstaunliche Kontakte zu SS-Bewachern zu knüpfen. Aber auch in Dachau, als er noch in der Sicherheitswerkstätte war, hatte Otto schon Begegnungen mit einzelnen SS-Männern.

Da kam plötzlich einer von der Wachmannschaft, der aber im Lager bereits der Häftlingsbewachung zugeteilt war, der stand so einige Zeit neben mir am Schraubstock, ich habe gearbeitet. Plötzlich sagt er dann zu mir: »Sag einmal, was denkt ihr eigentlich über uns?« Und es war zu der Zeit, da wussten wir, dass die Dachauer SS eingesetzt wird, teils in Frankreich, teils im Ruhrgebiet, dort wo Widerstand niederzuschlagen war, dort sind sie als Exekutionskommandos eingesetzt worden. Und da steht der neben mir und fragt mich das. Da hab' ich ihm gesagt: »Ja hören Sie mal, was wir über euch denken, das kann ich Ihnen ja nicht sagen. Das kann ich mir nicht erlauben.« Da sagt er: »Wenn du es mir nicht sagst, dann sag ich es dir. In euren Augen sind wir doch die größten Verbrecher.« Hab ich ihn natürlich so angeschaut, hab' nichts gesagt. Sagt er: »Brauchst jetzt gar nichts sagen. Ich erzähl jetzt weiter. Von wegen Urlaub in Südfrankreich, das stimmt ja gar nicht. Dort müssen wir Arbeiter erschießen. Ich bin dort bei einem Exekutionskommando. Und da haben wir jetzt die und die Gruppen liquidiert. Und da war ich dabei.«

Ich konnte weiterhin nichts sagen, weil das war sehr gefährlich. Und dann ging er wieder weg. Sicher, der hat damit gerechnet, dass er später irgendwie entlastet wird. Das war der einzige Grund. (Stk)

Wie ein roter Faden tauchen in Ottos Aussagen immer wieder Beobachtungen und Schilderungen über das Verhalten der SS auf. So beschreibt er deutlich den Prozess, den die SS vom individuellen Terror hin zur Massenvernichtung durchmachte. So wird auch am Beispiel des Lagerkommandanten Piorkowski noch gezeigt werden, dass dieser anfangs nicht bereit war, Massentötungen vorzunehmen, sie später aber ohne Zögern anordnete.

Transporte – im NS-System war alles geplant

In seinen Berichten über die verschiedenen Transporte, die nach Dachau kamen, hat Otto genau herausgearbeitet, dass bereits Monate vor jedem neuen großen Transport im Lager Vorbereitungen getroffen wurden. Daraus wird ersichtlich, dass alle Aktionen, sei es die Annexion von Österreich, der Tschechoslowakei, die Pogromnacht oder der Überfall auf Polen, systematisch vorbereitet worden sind.

Der erste große Transport, den Otto kurz nach seiner eigenen Ankunft in Dachau erlebte, war der so genannte Prominententransport aus Österreich. Am 12. März 1938 besetzt die deutsche Wehrmacht Österreich. Bekannt sind die Bilder vom Heldenplatz in Wien, auf dem Zehntausende Hitler zujubelten, als er sie »heim ins Reich« holte. Doch schon am 1. April rollte ein Zug mit Hitlergegnern Richtung Dachau. Es war Hitler ein besonderes Anliegen, jeglichen Widerstand in »seiner Heimat« zu eliminieren.

Der planmäßige D117, Abfahrt 23.00 Uhr in Wien-West, war voll mit Funktionären der Arbeiterbewegung, die nach vorbereiteten Listen verhaftet worden waren. Mit ihnen verschleppt wurden Repräsentanten der Christlich-Sozialen Partei sowie fortschrittliche Schriftsteller und Künstler.[50] Österreich hatte aufgehört zu existieren, der Name »Ostmark« beschrieb treffend, was die Nazis vorhatten. Das besetzte Land sollte ein Keil sein gegen die Völker im Osten.

Otto registrierte aufmerksam die politische Spannweite der neu Angekommenen: *»Von den Kommunisten bis zu den Starhembergleuten.«*[51] Gleichzeitig begann die Verfolgung der jüdischen Bürger. Am 3. Juni wurde ein Transport nach Dachau geführt, in dem sich auch der Wiener Kommunist, Lyriker und Dramatiker Jura Soyfer befand. Er hatte den Prominententransport »verpasst«, weil er versucht hatte, in die Schweiz zu entkommen. Er soll erwähnt werden, denn aus seiner Feder stammt das Dachau-Lied »Bleib ein Mensch, ... mach ganze Arbeit, pack an, Kamerad, denn Arbeit macht frei«. Soyfer kehrt das zynische Motto des Eingangstores in ein Bekenntnis zur Solidarität um. Im September 1938 wird er nach Buchenwald gebracht, wo er am 16.2.1939, erst 27-jährig an Typhus stirbt.

Im Transport waren Künstler wie die Wiener Kabarettisten Hermann Leopoldi und Fritz Grünbaum. Leopoldi schreibt später im KZ Buchenwald die Noten des Buchenwald-Liedes. Dazu Barbara Distel: »Hermann Leopoldi war hier und ist dann nach Buchenwald gekommen, Fritz Grünbaum ist umgekommen. Das war diese Gruppe, von deren Musik sie [die Häftlinge] dann alle so begeistert waren.«[52]

Noch im gleichen Herbst, September/Oktober 1938, war der Überfall der Deutschen auf das Sudetenland und gleich darauf kamen natürlich auch die politischen Gegner, die sie dort verhaftet haben.

---

[50] Im sog. Prominententransport befanden sich insgesamt 151 Personen, als Christsoziale z. B. Leopold Figl und namhafte Sozialdemokraten. Desider Friedmann, der Präsident der israelitischen Kultusgemeinde, wurde in Auschwitz ermordet.
Leopold Figl (1902–1965). Führer der »Ostmärkischen Sturmscharen«, Bauernfunktionär. Bis 1943 KZ Dachau und Flossenbürg. 1944–45 KZ Mauthausen. Nach der Befreiung Mitbegründer der ÖVP und stellv. Obmann, Nov. 1945–53 Bundeskanzler, 1953–59 Außenminister.

[51] Starhemberg war Innenminister und Führer der österreichischen »Heimwehr«, der bewaffneten Formation des Austrofaschismus. Maßgeblich an der blutigen Niederwerfung des Schutzbundaufstands 1934 beteiligt. S. setzte sich 1938 rechtzeitig zu Mussolini ab. Die christsozialen Funktionäre (wie z. B. Figl) ereilte Hitlers Rache, weil die »Heimwehr« im Juli 1934 einen Naziputsch niedergeschlagen hatte. S. war früher selbst Nazi und am Hitlerputsch 1923 in München beteiligt.

[52] Distel, Gespräch 2004.

Im März 1939 war der Einmarsch der deutschen Truppen in Prag, also in der übrigen Tschechoslowakei und als Folge davon wurden natürlich wiederum die politischen Gegner nach Dachau und in andere KZ gebracht.

1939 im Sommer kamen »Zigeuner«, besonders aus dem österreichischen Burgenland. Sie wurden eingewiesen im Namen der »Aktion Reich« und der Häftlingskategorie »Asoziale« zugeordnet, obwohl sehr viele von ihnen sesshaft waren und Arbeit hatten, sie waren sogar oft Geschäftsleute. Da gab es auch größere Familienstämme. Von ihnen haben nur sehr wenige überlebt. (Stk)

Reichspogrom

Am Abend des 9. November 1938 wurde im Alten Rathaus in München vor den versammelten »Alten Kämpfern«[53] von »Reichspropagandaminister« Goebbels zu Pogromen gegen die Juden im ganzen Reich aufgerufen. Als Anlass wurde ein spontanes Attentat eines jüdischen Bürgers gegen einen deutschen Gesandten in Paris vorgeschoben. Noch in der gleichen Nacht wurde mit Verhaftungen begonnen. Ungefähr 11.000 Juden wurden daraufhin nach Dachau transportiert.

Bereits etwa im August 1938 – also schon lange vor dem Attentat – hatten wir gewusst, dass irgend etwas im Lager vor sich gehen wird, dass sehr starke Zugänge kommen werden, denn sie haben das Lager, bis auf wenige Blöcke, fast geräumt und haben zum ersten Mal Notbetten aufgestellt. Bis dahin hatten wir ja nur 52 Betten für jede Stube. Aber ab da haben sie bereits so durchgehende Pritschen eingerichtet, ungefähr 205 pro Stube, und das hat noch nicht ausgereicht. Sie haben auf der Lagerstrasse noch große Zelte aufgebaut. Also wussten wir bereits im August, dass große Zugänge kommen werden.

Die ersten Zugänge waren Münchner Juden, die in einem furchtbaren Zustand ins Lager kamen, sie wurden buchstäblich ins Lager geschlagen.

Die nächsten waren Juden aus Wien. Die waren völlig durchgedreht, denn sie mussten auf der ganzen Reise von Wien nach München in ein Licht schauen und wenn sie versucht haben, die Augen zuzumachen oder bloß auf die Seite zu schauen, wurden sie fürchterlich geschlagen. Man hat bei denen keinen normalen Hautfleck mehr gesehen, sie waren ganz blau geschlagen. Für die Juden gab es keine Arbeit. Sie mussten den ganzen Tag im Lager marschieren oder stehen. Dabei waren sehr viele, die nicht so abgehärtet waren wie wir, die haben den ersten Winter nicht überlebt. Es gab sehr viele Erkrankungen wie Phlegmone, Erfrierungen usw., sie sind daran gestorben. Ihre einzige Chance, noch mal aus dem Lager entlassen zu werden, bestand für die Juden, wenn sie nachweisen

---

[53] Es waren die Teilnehmer am Hitlerputsch vom 9.11.1923, die sich an jedem Jahrestag versammelten. In der Münchner Residenzstraße war damals ein faschistischer Haufen von der Landespolizei aufgehalten worden. 12 Faschisten und vier Polizisten wurden getötet. Hitler hatte sich bei dem misslungenen Unternehmen die Schulter ausgerenkt.

konnten, dass sie genügend Geld hatten, um auszuwandern und sie sich sozusagen freikaufen konnten. Es geschah dies aufgrund von Abmachungen, von denen man später erfahren hat, dass es eine Erpressung der Nazis gegenüber manchen Juden gab, wonach sie horrende Summen dafür verlangt haben, dass sie entlassen wurden. Die armen Teufel allerdings, solche gab es hauptsächlich bei den Wiener Juden, die ja auch bereits 38 nach Dachau kamen, sind nicht entlassen worden. Ich kann mich erinnern, da ist einer gekommen, der hat den Malerkübel noch in der Hand gehabt – so ist er von Wien nach München gefahren – er wollte damit dokumentieren, dass er Arbeiter ist, aber es hat ihm nichts genützt. (Stk)

Kriegsbeginn

Über die Zeit unmittelbar vor Kriegsbeginn berichtet Otto:

Und nun allmählich 1939 hat sich bereits die außenpolitische Situation so zugespitzt, dass man rechnen musste, dass der Kriegsausbruch unmittelbar bevorsteht. Es gingen alle möglichen Parolen durch das Lager. Man wusste nicht, was passiert mit uns. Als dann im August 1939 der Nichtangriffspakt Deutschland und Sowjetunion abgeschlossen wurde, da haben wir uns überhaupt nicht mehr ausgekannt. Im Moment dachten wir, es würde unsere Lage erleichtern, aber das war nicht der Fall.

Als dann am 1. September mit dem Überfall auf Polen der Krieg begann, verschlechterte sich die Situation im Lager. Unter dem neuen Lagerführer Eisfeld verstärkte sich der Terror gegenüber den Häftlingen. Es gab keine Möglichkeit mehr zu diskutieren, die Häftlinge mussten nur mehr arbeiten und in der freien Zeit auf dem Appellplatz stehen.

Es war uns zu der Zeit auch gar nicht so recht bewusst, was mit uns jetzt eigentlich passiert. Jeden Tag sind wir gestanden, wir haben gar keine Zeit zum Nachdenken gehabt. Jeden Tag haben wir gearbeitet, und dann sind wir gestanden; auch nach dem Abendappell mussten wir noch auf dem Appellplatz ste-

Wirtschaftsgebäude mit der Aufschrift: »Es gibt einen Weg zur Freiheit. Seine Meilensteine heißen: Gehorsam, Fleiß, Ehrlichkeit, Ordnung, Sauberkeit, Nüchternheit, Wahrhaftigkeit, Opfersinn und Liebe zum Vaterlande!«

hen. Wir durften nicht zurückgehen in die Baracken. Und wir, das ganze Lager, mussten da immer im Chor schreien: »Es gibt einen Weg zur Freiheit. Seine Meilensteine heißen Fleiß, Sauberkeit, Liebe zum Vaterland …« und weiß der Teufel was noch alles. Die Parolen waren auf das Dach des Wirtschaftsgebäudes geschrieben. Das haben wir jeden Tag bis zum späten Abend, bis wir in die Baracken durften, geschrieen und dann mussten wir sofort rein in die Baracken und ins Bett. Das waren die ersten vier Wochen nach Kriegsbeginn, wir haben überhaupt keine mehr Zeit gehabt. (Psk)

Beginn der Massentötungen

Kurz vor Räumung des Lagers, Mitte September 1939 kamen noch Zugänge nach Dachau, und zwar die ersten Polen. Es waren ungefähr 70.[54] Alte, Junge – der Jüngste war ungefähr 16 Jahre alt. Und das ist sehr interessant, um auch die Entwicklung der SS zu kennzeichnen. Ich habe das genau beobachtet, denn ich war zu der Zeit im Revier. Konnte also alles beobachten, was da vor sich ging auf dem Appellplatz und habe die Übersicht gehabt auf das Jourhaus, also auf den Eingang des Lagers.

Es hat schon geheißen: »Jetzt kommen die Polen!« Es war eine Aufregung bei der SS. Man wusste nicht, was nun passiert, aber es hat sich dann Folgendes zugetragen:

Die Polen gingen hinter der mit Karabinern bewaffneten SS durch das Lagertor. Sie hatten die Hände erhoben, und unmittelbar hinter ihnen hat man die Särge auf dem so genannten Moorexpress[55] hereingefahren. Die Polen mussten sich dann am Wirtschaftsgebäude an der östlichen Ecke, wo die Wäscherei war, aufstellen und hinter jeden Polen wurde ein Sarg auf den Boden gestellt.

Wir hatten einige Erfahrungen und wir hatten ja die SS und das ganze System schon in etwa eingeschätzt, aber das war für uns im Moment zu viel. Das haben wir noch nicht erlebt, dass man die Häftlinge vor ihre eigenen Särge stellt. Und es war allgemein bekannt und das hat man auch uns gesagt: Die Polen werden erschossen. Nun, es verging ein Tag. Es war eine Spannung im Lager. Wir mussten ja auch vertraut werden mit dieser neuen Art von Terror. Denn vorher gab es ja nur den üblichen Terror im Lager, wo ein SS-Mann jemand niedergeschlagen oder einen Häftling auf der Flucht erschossen hat. Aber direkt und bewusst, mit Vorsatz jemand erschießen, nur weil er ein Pole ist, das war neu. Das haben wir noch nie erlebt.

---

[54] Vgl. Katalog 2005, S. 113: Nach dortigen Angaben waren es 99 Polen.
[55] Der Moorexpress war ein alter, schwerer Karren, mit dem die Transporte erledigt wurden. Dabei wurden die Häftlinge wie Pferde eingespannt und von hinten mussten noch welche schieben. Sie wurden wie Tiere behandelt, zum Galopp aufgerufen und mit einem Stock geschlagen.

Es verging ein Tag, es verging der zweite Tag. Und die mussten Tag und Nacht dort stehen, vor ihren eigenen Särgen. Es war im September zum Glück noch warm, sie standen ja die ganze Nacht. Am dritten Tag, es war kurz bevor wir [nach Flossenbürg] abtransportiert werden sollten, durften sie wegtreten und kamen ins Lager. (Stk)

Von dort kamen die polnischen Häftlinge nach Buchenwald in ein so genanntes Sonderlager, wo sie nach und nach an Hunger und Kälte und an den Schikanen der SS starben.

Wir haben dann erfahren – und es war nicht zu verheimlichen, hier und da gab es einen SS-Mann, der was erzählt hat: Die Ursache dafür, dass sie nicht erschossen wurden, war, dass der Lagerkommandant, der damalige Sturmbannführer Piorkowski, sich geweigert hat, die Unterschrift für die Exekution zu geben. Es ist ja interessant, denn dieser Piorkowski hat zwei Jahre später ohne jede Hemmung die Unterschrift für die Exekution der russischen Kriegsgefangenen gegeben.

Einige Tage darauf wurde das Lager geräumt. Zurück blieben etwa 100 Häftlinge, die eine besondere Verwendung, teils in der Plantage, teils in ganz wichtigen Kommandos hatten. Alle anderen wurden aufgeteilt und kamen nach Buchenwald, Flossenbürg und Mauthausen. Grund war, dass das Lager Dachau vorübergehend zur Ausbildungsstätte der SS-Division »Totenkopf« benutzt wurde. (Stk)

In einem anderen Zusammenhang analysierte Otto das Verhalten der SS: »Die Teilnahme an Massenerschießungen und Massenvernichtungen in den Gaskammern setzte bei jedem SS-Mann eine Entwicklung voraus, die systematisch die Achtung vor dem Leben des Mitmenschen beseitigt hatte. Langsam haben sie sich an das Leid und den körperlichen Schmerz der Häftlinge gewöhnt ... bis sie soweit waren, daß sie sich gewissenlos an der Vernichtung der Juden, an den Exekutionen der russischen Kriegsgefangenen und anderen Maßnahmen beteiligen konnten.«[56]

Flossenbürg – Dem Tode nahe

Toni Siegert beschreibt die wirtschaftlichen Hintergründe für die Errichtung bestimmter Konzentrationslager:

»Im Mai 1938 wurde im nördlichen Oberpfälzer Wald das KZ Flossenbürg errichtet. Entscheidend waren die reichen Granitvorkommen, die für den Bau der Autobahnen und die größenwahnsinnigen Monumentalbauten – wie das Nürnberger Parteitagsgelände – der Nazis gebraucht wurden (Albert Speer hatte sich wegen der nötigen Arbeitskräfte für den Granitabbau mit Himmler in Verbindung gesetzt).

Daraus war der Plan entstanden, bei Flossenbürg – wie fast gleichzeitig in

---

[56] Otto Kohlhofer: maschinengeschriebener Text zur Ausstellung von 1965 (siehe Fußnote 31).

Mauthausen bei Linz – in der Nähe lohnender Steinbrüche neue Konzentrationslager anzulegen und mit Hilfe der Arbeitskraft der Häftlinge eine SS-eigene Baustofffirma, die Deutschen Erd- und Steinwerke (DEST) ins Leben zu rufen.

Für die schweren Steinbrucharbeiten waren vor allem solche Häftlinge aus den schon bestehenden Konzentrationslagern (Dachau, Buchenwald, Sachsenhausen) vorgesehen, die in der SS-Terminologie pauschal als ›Kriminelle‹ und ›Asoziale‹ figurierten und für harte ›Erziehung durch Arbeit‹ den zynischen ›Pädagogen‹ der SS gerade das Rechte zu sein schienen.«[57]

Die unvorstellbaren Haftbedingungen, der Terror der Bewacher und der Kapos bestimmten den Lageralltag. Dennoch hatte das KZ Flossenbürg nicht den Charakter eines Vernichtungslagers. Vielmehr sollten die Häftlinge nach und nach durch Arbeit, die unzureichende Ernährung und Versorgung sowie durch die allgegenwärtigen Schikanen zugrunde gerichtet werden.

Als die etwa 1000 Dachauer Häftlinge (es waren vorwiegend politische Häftlinge) am 27. September mit dem Transport in Flossenbürg ankamen, wurden sie zwar getrennt von der Stammbelegschaft untergebracht. Ihre Kapos, die dafür bekannt waren, dass sie dem Terror des SS in nichts nachstanden, rekrutierte die SS jedoch ausschließlich aus Häftlingen mit grünem Winkel, im NS-Jargon »Berufsverbrecher«.[58]

Extrem schlecht waren die Zustände im strengen Winter 1939/40. Mit Ausnahme des Blockpersonals und einiger Häftlinge, die Lagerdienste leisteten, arbeiteten alle im Steinbruch. Trotz Temperaturen von bis zu minus 30 Grad wurde keine Winterbekleidung ausgegeben. Erst bei meterhohem Schnee bzw. dichtem Nebel wurden aus Sicherheitsgründen die Außen- und Steinbrucharbeiten eingestellt. Dann musste Schnee geräumt werden, oft im Laufschritt.[59]

Eine vierwöchige Quarantäne wegen einer schweren Ruhrepidemie zwischen Weihnachten und Jahreswechsel rettete, so unwahrscheinlich das klingt, nicht wenigen Gefangenen das Leben, denn während dieser Zeit ruhte der Steinbruchbetrieb. Darüber hinaus vermieden es die Bewacher, das Lager zu betreten, Schikanen blieben aus. Die Häftlinge hatten, sofern sie die Krankheit überstanden, eine Zeit der relativen Ruhe.[60]

Auch Otto kam am 27. September 1939 mit dem Transport aus Dachau nach Flossenbürg.

Wir kamen etwa um zwei Uhr Nachts an. Wir waren ahnungslos. Wir kamen in das Lager rein, die haben uns empfangen mit Suppe. Ich muss da jetzt einfügen, dass

---

[57] Toni Siegert: »Das Konzentrationslager Flossenbürg«. In: Martin Broszat/Elke Fröhlich (Hrsg.): Bayern in der NS-Zeit, 1979, Bd. II, S. 434.
[58] Internetseite der KZ-Gedenkstätte Flossenbürg, www.gedenkstaette-flossenbuerg.de
[59] Vgl. Siegert: Flossenbürg, S. 434.
[60] Vgl. Ludwig Göhring: »Dachau, Flossenbürg, Neuengamme. Eine antifaschistische Biographie«. GNN Verlag, 1999.

wir bis dahin in Dachau keinen Hunger hatten, anders als dann in der Zeit während des Krieges, wo etliche verhungert sind. Bis dahin ist niemand verhungert. Wir hatten, wenn auch das Essen nicht gut war, noch immer reichlich zu essen. Wir konnten auch in der Kantine einkaufen, wenn jemand von zu Hause Geld bekommen hat. Es gab natürlich auch viele, die hatten kein Geld. Aber es fiel dann von den anderen etwas ab, so dass man sagen kann, Hunger gab es bis Kriegsausbruch in Dachau nicht.

Es gab also eine Kartoffelsuppe, und es gab welche von uns, die haben die Suppe dann nicht gegessen. Es war für uns dann so eigenartig. Die Blockältesten und die Gruppenältesten von Flossenbürg und auch die SS, die haben so einige Andeutungen gemacht, die haben gesagt: »Na, in einigen Tagen wird's euch schon vergehen, da seid ihr dann froh um eine Kartoffelsuppe.«

Wir haben das nicht ernst genommen. Aber in einigen Tagen haben wir es bereits festgestellt. Wir hatten in Flossenbürg für uns damals die schlimmsten Verhältnisse, die wir je in einem KZ gehabt haben. Von der Arbeit, der Unterkunft und Verpflegung her kamen wir in Flossenbürg in eine viel, viel schlechtere Situation [als in Dachau]. Wir haben dann gedacht, aha, das ist jetzt das Ende. Da machen sie uns kaputt.

Man hat uns da fertig gemacht, mit Arbeit, Kälte und Hunger. Man hat zu wenig zu essen gehabt.

Im März 1940 kam ich mit 43 Kilo wieder nach Dachau zurück. Wenn's noch einige Wochen gedauert hätte, wären wir nicht zurückgekommen. Dann wären wir in Flossenbürg gestorben. Es sind ohnehin viele dort gestorben. Wir haben eben Glück gehabt, dass wir wieder zurückkamen. Wir haben zu der

Flossenbürg im Winter 1939. Im Vordergrund die bis zu diesem Zeitpunkt fertig gestellten Baracken für die Häftlinge, im Hintergrund jene für die SS-Wachmannschaften.

Zeit gar nicht an Entlassung gedacht. So absurd das klingt, wir haben bloß daran gedacht, wieder zurück nach Dachau zu kommen.

Man hat täglich erlebt, dass Häftlinge draußen im Steinbruch zusammengebrochen und gestorben sind. Die sind halt dann irgendwo hingelegt worden, man hat sie dann auf Karren geschmissen und ins Lager gefahren. Das hat man jeden Tag erlebt.

Und selber musste man in der Früh raus in den Steinbruch und es gab nur so eine Wassersuppe, das waren Totschen [Steckrüben] oder Weißkraut. Und man musste ohne Mittagszeit durcharbeiten, von früh bis abends, jeweils bis zur Dunkelheit. Das war im Winter ungefähr von halb acht – antreten musste man allerdings schon früh um sechs – und dann ohne Essen durcharbeiten bis zum Abend. Und am Abend gab's dann auch wieder nur eine Krautsuppe. Und so ging es sehr, sehr schnell, dass wir körperlich abgebaut haben.

»Flossenbürg: Arbeitskommando 2004 zur Nachtschicht«, Zeichnung Bruno Furch

Und es war kalt ... Schnee haben wir gehabt, bereits Ende Oktober. Der erste Winter im Krieg war unheimlich streng. Das Thermometer war immer unter 20 Grad minus. Jeder war mit sich selbst beschäftigt, auch die SS, die den ganzen Tag herumgestanden ist und uns beaufsichtigt hat ... denen hat's auch nicht gefallen dort. (Psk)

Aufgrund der extremen Witterungsverhältnisse, unter denen ja auch die SS-Bewacher zu leiden hatten, konnte es passieren, dass ein SS-Mann menschliche Regungen zeigte.

Aber in Flossenbürg ist mir mit einem SS-Mann, den ich in Dachau gar nicht so beachtet habe – er war eher so ein mittelmäßiger, nicht besonders brutal, aber ein Schläger war er auch –, Folgendes passiert: Plötzlich im Steinbruch kommt er zu mir her und gibt mir eine warme Kartoffel. Im Moment war ich halt schon ein bissel erstaunt. Und solange ich in Flossenbürg war, hat der mir immer wieder, wenn er gerade im Dienst war, eine warme Kartoffel gegeben. Der ist in die Küche gegangen, hat sich selbst an den Kartoffeln gewärmt, weil es war ja kalt, hat die Kartoffel in der Hand gehabt und ist dann raus und hat sie mir gegeben. Das war natürlich unheimlich viel. (Psk)

Ferdl Hackl, ein Wiener Freund und KZ-Kamerad von Otto, berichtete: »Otto hat später kaum von Flossenbürg erzählt.«[61] Nur aus wenigen Bemerkungen konnte man entnehmen, dass die Zeit dort für ihn die schlimmste war. Sinngemäß sagte er, dass er dem Tode nahe war.

Zurück in Dachau

Am 2. März 1940 kam der überwiegende Teil der Häftlinge, die nach Flossenbürg gebracht worden waren, wieder zurück nach Dachau.

Es hat sich dann tatsächlich bewahrheitet, was die SS selber – besonders diejenigen, die hier in den Werkstätten und der Verwaltung waren – erwartet haben, wonach sie sich auch selber gesehnt haben. Es wurde allmählich bekannt, wir kommen wieder zurück nach Dachau und zwar deshalb, es waren ja so viele Facharbeiter, die in den Werkstätten gearbeitet haben, in den so genannten Wirtschaftsbetrieben wie der Schlosserei, der Schreinerei usw. Sie haben für die SS, für den ganzen SS-Bereich Süd, alles, was Einrichtungen, Möbel, Betten usw. war, dort gefertigt. Das haben sie dringend gebraucht, weil sie überall Kasernen eingerichtet haben. Da haben sie uns einfach dringend gebraucht. Das ist der Grund gewesen, warum wir wieder nach Dachau zurückkamen. (Psk)

Trotzdem die Lebensbedingungen sich auch in Dachau mit Kriegsbeginn verschlechtert hatten – die Verpflegung wurde weniger, die Haftbedingungen verschärften sich, die Todesrate stieg ungeheuer an – waren die Häftlinge doch froh, wieder in Dachau zu sein.[62]

Es hat sich natürlich einiges verändert in Dachau gegenüber vorher, weil es war ja Krieg. Aber immerhin, es war wieder viel besser. Es ist ja nicht dasselbe, ob ich den ganzen Tag im Steinbruch arbeiten muss oder ob ich in einer Werkstätte arbeite. Das ist ja ein großer Unterschied. Man kann in der Werkstätte einfach viel eher überleben als im Steinbruch. Im Steinbruch war jeder Tag schwer, und jeder Tag war ein Lebensrisiko. (Psk)

Exekution sowjetischer Kriegsgefangener

1941/42 wurden über 4000 sowjetische Kriegsgefangene zur Exekution ins KZ Dachau gebracht, ohne offiziell registriert zu werden. Sowjetbürger, die als Häftlinge ins KZ Dachau deportiert wurden, kamen zum Teil direkt aus den besetzten Gebieten, wo Wehrmacht und SS ganze Landstriche entvölkerten, um der Partisanenbewegung die Grundlage zu entziehen. Ins Konzentrations-

---

[61] Ferdl Hackl, Mithäftling im Außenlager Kempten/Kottern, wo Otto ab 1944 war (zur Person Ferdl Hackl siehe auch Kapitel 4).
[62] Vgl. Katalog, 2005, S. 115.

lager eingewiesen wurden außerdem Kriegsgefangene und Zwangsarbeiter, die sich bereits im Reich befanden, wegen »Arbeitsverweigerung« oder »Fluchtversuchs«. Im Lager gehörten die sowjetischen Gefangenen zur untersten Stufe der Häftlingshierarchie. Neben den jüdischen Häftlingen hatten sie die geringsten Überlebenschancen. Insgesamt waren in den Jahren 1942 bis 1945 mindestens 25.000 Sowjetbürger im KZ Dachau inhaftiert.[63]

Im Sommer 1941, kurz nach dem Überfall der Deutschen auf die Sowjetunion, wurde in Dachau ein eigenes Lager errichtet. Es war allgemein bekannt, dass es für russische Kriegsgefangene geplant war. Die wollte man isolieren, denn nach der Genfer Konvention durften sie ja nicht in ein KZ. Die Nazis haben es trotzdem getan, haben eben einen Teil des Lagers isoliert. Sie haben ungefähr vom 14. Block bis runter [zu Block 30] die Baracken eingezäunt, mit Stacheldraht. Wir haben uns nicht viel dabei gedacht.

Aber nun kamen die ersten Kriegsgefangenen ins Lager und die ersten Transporte, die kamen, wurden im Hof vom Lagerarrest sofort erschossen.

Ich weiß das deshalb so genau, weil alle, die im Wirtschaftsgebäude gearbeitet haben – ich selbst habe ja nach Kriegsausbruch in der Sicherheitswerkstätte im Kommando Maschinenschlosserei gearbeitet – also da mussten sämtliche Kommandos ihren Arbeitsplatz verlassen und in die Baracken einrücken. Das ganze Wirtschaftsgebäude musste geräumt werden. Dann wurden die Häftlinge erschossen.

Wir haben am Anfang noch nicht gleich gewusst, wer die Häftlinge waren, aber die SS konnte ja auch nicht dicht halten. Wir haben immer alles erfahren, was vor sich geht, weil es gab immer wieder einige SS-Leute, die teils aus dem Grund, sich später rehabilitieren zu können oder aus reiner Angeberei uns etwas erzählt haben, so aus der Position der Stärke heraus: Ihr werdet ja sowieso alle kaputtgemacht.

Die Exekutionen der russischen Kriegsgefangenen wiederholten sich. Wir mussten raus aus dem Wirtschaftsgebäude und haben, als wir in den Baracken waren, die Salven gehört. Das hat jedes Mal ungefähr zwei Stunden gedauert. Erst dann durften wir wieder zurück zu unseren Arbeitsplätzen.

Diese Exekutionen haben uns natürlich sehr beschäftigt und wir waren sehr resigniert.

Eines Tages gingen die Transporte nicht mehr zum Bunkerhof, sondern sie gingen am Lager vorbei, raus nach Hebertshausen zum Schießplatz. (Stk)

»Etwa nach einer Stunde fuhren die Lastwagen wieder an den Sicherheitswerkstätten vorbei zum Jourhaus. Ich konnte erkennen, daß die Planen mit Blut bespritzt und verschmiert waren. Ich habe damals bei der Einfahrt und Ausfahrt der Lastwagen an einem Fenster der Sicherheitswerkstätten gestanden. Von diesem Fenster aus hatte man unmittelbaren Einblick auf die Straße,

---

[63] Vgl. Katalog, 2005, S. 156.

die vom Jourhaus zu den Bunkern geht. Ich vermute, daß die mit den Toten beladenen Lastwagen zum Krematorium gefahren sind.«[64]

Allmählich waren wir alle informiert, was da passiert. Es hat eine Zeit gedauert, dann hat sich die SS keine Mühe mehr gegeben, zu verheimlichen, was gemacht wurde. Die sind vom Schießplatz gekommen und haben sich in dem Bach neben dem Jourhaus [Würmkanal] von ihren Schuhen das Blut runtergewaschen.

Später bei den Prozessen haben die meisten SS-Leute, die belastet wurden, gesagt: »Ja, wir waren dabei bei den Exekutionen, aber ich selbst habe nicht geschossen, wir haben nur die Leichen auf die Wägen geladen. Mehr haben wir nicht getan.« (Stk)

Invalidentransporte

Im Laufe des Jahres 1940 kamen noch sehr viele Transporte ins Lager, insbesondere Transporte aus Polen, dann aus Frankreich, denn im April 1940 war die Besetzung Frankreichs bereits abgeschlossen.

Das Lager war voll, etwa 15.000 bis 20.000 Häftlinge waren im Lager, obwohl es ursprünglich für etwa 6.000 Häftlinge geplant war. Es war also weit überbelegt. Die Verpflegung war schlecht. Es ging zwar gegenüber anderen Lagern noch. Aber es gab doch sehr viele Häftlinge, die wegen schlechter Ernährung, harter Arbeit und unzureichender Kleidung bei schlechten Witterungsbedingungen und im Winter körperlich so abgebaut haben, dass sie nicht mehr arbeitseinsatzfähig waren.

Nun kommt ein Problem, das in Dachau allmählich bekannt wurde. Am Anfang wollte man es nicht glauben. Das Problem der Invalidentransporte.

Man hat die Häftlinge, die nicht mehr arbeitseinsatzfähig waren, in andere Lager abtransportiert. Ein Teil kam nach Schloss Hartheim bei Linz und wurde dort vergast.[65] Dass das so war, konnten wir im Moment nicht glauben. (Stk)

Ich kann mich erinnern an einen Vorfall, das war im Winter 1941: So kurz vor Weihnachten mussten sämtliche Häftlinge des Lagers nackt an einer Kommission vorbeimarschieren. Wir haben nicht gewusst, was das auf sich haben soll. Es wurden diejenigen ausgesucht, die nicht mehr arbeitseinsatzfähig waren. Man hat uns gesagt, die kommen weg in ein anderes Lager. Das Problem der Transporte war ja damals schon weit verbreitet, nicht nur bezogen auf das KZ Dachau, sondern auf

---

[64] Zeugenaussage von Otto Kohlhofer, Vernehmungsniederschrift vom 27.5.1969 der StA München II/13 Js 13/68.

[65] In Schloss Hartheim bei Linz wurden mehrere Tausend Häftlinge mit Giftgas ermordet. Nach der Einstellung der »Euthanasie« im August 1941 nutzte Himmler die mörderische Kapazität der Anstalt zur Massentötung der nicht mehr arbeitsfähigen KZ-Häftlinge.

Schloss Hartheim bei Linz

alle KZ in dem damaligen Gebiet. Der Arbeitseinsatz hat ja eine sehr bedeutende Rolle gespielt. Für die Häftlinge, die noch verhältnismäßig gesund und arbeitseinsatzfähig waren, für die war es die Rettung, für andere war es bereits der Tod. Denn wenn sie nicht mehr arbeitsfähig waren, dann wurden sie auf Transport geschickt. Entweder gleich auf Invalidentransport oder sie kamen in ein anderes Lager. So hatten die verschiedenen Lagerkommandanten mit ihren Arbeitseinsatzleitern die Häftlinge hin und her geschickt. Es gab Häftlinge, die waren nur mehr auf Transport. Die hatten meistens keinen Anschluss mehr gefunden, keine Freunde mehr im Lager, wurden nicht mehr in einem Lager sesshaft und kamen allmählich um und sind dann am Ende in einer Vergasungsanstalt gelandet. (Stk)

Weihnachten 1941

Anfangs hat man ja das Vergasen verheimlicht. Und dann zum Schluss hat man gesagt: »Du Kretinerl[66], wenn du nicht arbeiten kannst, schicken wir dich zum Vergasen.«

Einen Fall muss ich erwähnen. Mit dem ersten Transport, der zur Vergasung wegging, kurz vor Weihnachten, wurden die Invaliden von Dachau ausgesondert. Man hat ihnen gesagt, sie werden entlassen und sie kommen zunächst in ein Lager, wo sie rehabilitiert werden, nach Herzogsägmühle. Bei den betroffenen Häftlingen kam sichtlich Freude auf, denn sie glaubten, kurz vor Weih-

---

[66] Bayerisch, verkleinernd für Kretin. SS-Bezeichnung für Häftlinge, die aufgrund von körperlicher Behinderung oder Entkräftung nicht mehr arbeitsfähig waren.

nachten entlassen zu werden. Es war 1941. Es waren auch von mir Freunde dabei. Sie hatten eine riesige Freude. Es waren fast alle Invaliden dabei, bis auf einige, so Kurt Schuhmacher und Richard Schumann aus Nürnberg. Schuhmacher war Sozialdemokrat, Schumann war ein Kommunist.[67] *Warum die nicht auf Transport gekommen sind, das weiß man nicht. Die waren im Moment etwas enttäuscht, weil sie nicht entlassen wurden.*

Allerdings eines hat uns dann stutzig und sehr misstrauisch gemacht: Man hat diesen Invaliden alles abgenommen, sämtliche Prothesen. Und es war kalt, es war einen Tag vor Weihnachten, man hat sie ins Bad gesperrt, gefroren haben sie. Und das war für uns einfach nicht verständlich, das hat nicht in den Rahmen gepasst, wenn jemand entlassen wird, dass er dann zum Schluss noch einmal so behandelt wird.

Der Transport ging weg. Ungefähr nach vier Wochen hörten wir von einem Nürnberger, dem Willi Reinfrank, dessen Frau war befreundet mit der Mutter eines Häftlings, der da auch auf Transport kam, Frenzel hat er geheißen. Der war zwar arbeitseinsatzfähig, er hat nur so einen verkrüppelten Fuß gehabt. Aber der kam mit auf den Transport, der war ein Sportler gewesen, der war gesund. Der Willi Reinfrank bekam einen Brief von seiner Frau, in dem sie schreibt, sie hat von der Mutter vom Frenzel Hansi gehört, dass der jetzt auch leider gestorben ist. [...] Im Moment wollten wir das auch wieder nicht glauben. Aber nach kurzer Zeit wurden die Kleider der abtransportierten Häftlinge vom Schubraum weggeschickt an die Angehörigen und dann war klar, was passiert ist. Und es gab wieder einige SS-Leute, die auf dem Transport dabei waren, die uns gesagt haben, wo der Transport hinging. Mir hat persönlich ein SS-Mann – der war aus Königsberg, das war keiner von der alten Garde, schon einer, der eingezogen wurde – Folgendes erzählt: Er war bei der Begleitmannschaft dabei bis nach Linz. Dort sind die Häftlinge einer anderen Abteilung der SS übergeben worden und sie sind zurückgefahren. Sie wissen nicht, wo der Transport weiter hinging. Und allmählich haben wir erfahren, wo er hinging, nämlich nach Schloss Hartheim zum Vergasen. Soweit zu den Invalidentransporten. (Stk)

Baracke X

Mit dem Bau eines neuen Krematoriums wurde auch in Dachau eine Gaskammer errichtet. Zámečník schreibt dazu:

»Im Jahre 1940, als sich aufgrund des Zustroms ausländischer Häftlinge die

---

[67] Kurt Schumacher (1895–1952). Weltkriegsversehrter, MdR SPD, 1933–43 in verschiedenen KZ, zuletzt Dachau. Lehnte jede Zusammenarbeit mit Kommunisten ab, sowohl im KZ als auch nach 1945 als SPD-Vorsitzender. Otto erinnerte sich, dass er dem starken Raucher im KZ Zigaretten gedreht hat. Er war mit ihm im selben Block.
Richard Schumann (geb. 1898 Saalfeld). KZ Dachau 1933–44. Revierpfleger in TBC-Abteilung.

Sterblichkeit enorm erhöhte, wurden in allen Konzentrationslagern Krematorien eingerichtet. In Dachau wurde das Krematorium in den Sommermonaten neben dem Gefangenenlager errichtet. Es handelte sich um ein kleines Gebäude mit einem Krematoriumsofen, der zwei Öffnungen zum Einführen der Leichen besaß.

Bereits im Jahre 1941 reichte die Kapazität des Krematoriums nicht aus. Neben den 2576 verstorbenen Häftlingen mussten noch mehrere Tausend von hingerichteten sowjetischen Kriegsgefangenen verbrannt werden.

Seit Mai 1941 wurde für das Lager ein eigenes ›Standesamt‹ eingerichtet, das dazu diente, die katastrophale Sterblichkeit vor den zivilen Behörden geheim zu halten.

Mit dem Bau eines neuen Krematoriums wurde im Frühjahr 1942 begonnen. Im Vergleich zu dem ursprünglichen Krematorium, das nur zur Einäscherung diente, handelte es sich nun bereits um eine Art gut ausgerüsteter Todesfabrik von erheblicher Kapazität.

Das von der Zentralabteilung der Waffen-SS und der Polizei München/Dachau geplante Objekt wird als Gebäude X, später als Baracke X bezeichnet.

Neben dem Krematorium wurde auch eine Gaskammer eingerichtet, die allerdings in Dachau nie zur massenhaften Tötung benutzt wurde. Ob sie zur Erprobung der Funktionsfähigkeit benutzt wurde, ist ungeklärt. Vermutet wird auch, dass sie für Versuche des KZ-Arztes Dr. Sigmund Rascher diente.«[68]

Der Bau der Gaskammer ließ sich vor den Häftlingen nicht verheimlichen.

Wir haben gewusst, wir gehen auch einmal diesen Weg da rein. Aber wir wussten auch, bevor wir da reingehen, müssen wir was unternehmen.

Das war maßgeblich der Grund, dass man begonnen hat, daran zu denken, etwas zu organisieren. Es war sehr schwer, aber man hat allmählich daran gedacht. Denn was bis dahin als Widerstand anzusehen war, das war überwiegend Solidarität. Man hat sich gegenseitig geholfen, um überleben zu können.

Aber nun hat man überlegt, dass man etwas unternimmt, um sich im Ernstfall nicht einfach so ohne Widerstand da in diese Gaskammer hineintreiben zu lassen.

Zu der Zeit wussten wir noch nicht, dass diese Gaskammer nicht in Betrieb gesetzt wird. Denn wir hatten nicht immer die genauen Informationen, wie das steht mit der Baracke X. Aber wir haben gewusst, dass Häftlinge in anderen Lagern vergast werden. Und wir haben angenommen, nachdem man im Lager Dachau eine Gaskammer errichtet hat, dass sie auch da in Betrieb genommen wird. (Stk)

Weshalb die Gaskammer in Dachau nicht zur Massentötung benutzt wurde, ist nicht bekannt.

---

[68] Zámečník: Das war Dachau, S. 296 f.

Schreiben an Rascher 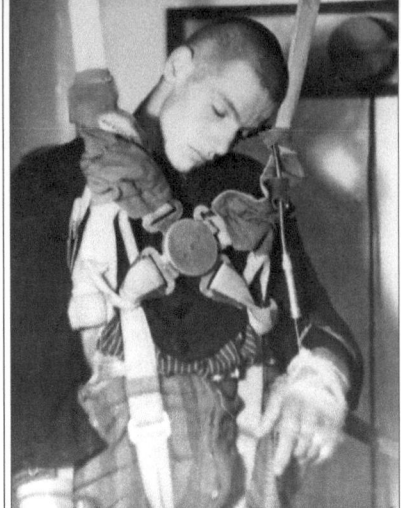 *Menschenversuche*

Medizinische Versuche

Während des Krieges wurden KZ-Häftlinge für mörderische Versuche der Militärmedizin missbraucht.

Ein weiteres Problem waren zu der Zeit im Lager die pseudowissenschaftlichen Versuche im Revier. Da gab es die Malaria-Versuche von Prof. Schilling,[69] die Meerwasserversuche des Dr. Beiglböck[70] und die Höhen- und Unterkühlungsversuche von Sigmund Rascher. (Stk)

Die Entwicklung von Düsenflugzeugen, die in große Höhen aufsteigen konnten, stellte die Luftwaffenmedizin vor die Frage, wie Menschen unter solchen Bedingungen arbeiten konnten und welche Rettungsmöglichkeiten es bei Druckabfall gäbe.

Bei den dazu angestellten Höhen- und Unterdruckversuchen kamen mehr als 70 Häftlinge qualvoll ums Leben.[71]

Viele über dem Meer abgeschossene Piloten starben im eisigen Meerwasser. Die Luftwaffe begann daher im August 1942, im KZ Dachau Menschenver-

[69] Professor Claus Schilling leitete die Versuche; der über 70-Jährige war ehemaliger Chef der Abteilung für Tropenkrankheiten am Robert-Koch-Institut in Berlin. Er infizierte 1100 Menschen mit Malaria. Die Versuche begannen im Februar 1942 im Zusammenhang mit der geplanten Besiedlung der südlichen Gebiete der Sowjetunion durch deutsche Kolonisten. (Vgl. Katalog 2005, S. 184.)

[70] Die Meerwasserversuche wurden erst ab Sommer 1944 durchgeführt. Sie sollten testen, welche Überlebensmöglichkeiten es beim Trinken von Meerwasser in Seenot gibt. Diese äußerst quälenden Versuche wurden an Sinti und Roma durchgeführt.

[71] Vgl. Katalog 2005, S. 182.

suche zur Untersuchung von Rettungsmöglichkeiten durchzuführen. Fast 90 Häftlinge starben bei Unterkühlungsversuchen.⁷²

Otto berichtet, dass auch er für Versuche des Dr. Rascher vorgesehen war.
Für die Versuche von Rascher brauchte man junge Leute, die physisch nicht so abgewirtschaftet waren. Ich war damals noch sehr jung und war auf Grund meiner beruflichen Arbeit im Lager physisch nicht so weit heruntergekommen. Ich war einmal im engsten Kreis so einer Überprüfung, bin aber dann mit Hilfe unseres Werkstättenleiters, weil ich ja Mechaniker war, wieder von der Liste gestrichen worden. (Stk)
Weitere medizinische Versuche, an denen zahlreiche Häftlinge starben, waren Versuche mit Medikamenten. Sie entsprangen den dilettantischen Phantastereien Himmlers, wonach ein universelles Arzneimittel, so genannte »biochemische« Tabletten, als Äquivalent zu Penizillin eingeführt werden sollte. Häftlinge wurden dazu mit Eiterinjektionen infiziert und anschließend teils mit »biochemischen« Tabletten, teils mit einer neuen Art von Sulfonamiden behandelt.⁷³

Liquidieren – dann Beethoven

Zur selben Zeit [1941], um die ganze Situation des Lagers zu charakterisieren, hatten wir einen Lagerführer, das war der Egon Zill. Er hat einerseits die Befehle der SS zur Liquidierung von Häftlingen und Kriegsgefangenen konsequent und mit äußerster Brutalität durchgeführt, aber er hatte eine Schwäche für Musik. Er hat gerne Beethoven gehört oder sonst klassische Musik. Und in der Zeit konnte ein polnischer Musikprofessor und Geigenvirtuose, Kulawik, ein philharmonisches Orchester zusammenstellen. Die Instrumente wurden teils gekauft oder wurden geschickt, das war alles unter dem Kommando von Zill. Da konnte man dann in der 2. Baracke, in der so genannten Schulungsbaracke regelrechte Konzerte durchführen. Zu gleicher Zeit waren die Exekutionen am Schießplatz und die Verbrennungen im Krematorium.
Eines Abends, als wir auch so ein Konzert anhörten, kam der Zill mit seinem 14-jährigen Sohn direkt vom Schießplatz in die Schulungsbaracke und hat sich das Konzert angehört. Für uns war das trotz der Umstände ein Augenblick der Entspannung, den wir genossen haben. Man kann das nur verstehen aus der Sicht des Lagers und auch im Hinblick darauf, dass man irgendwie überleben musste. Und man hat diese Möglichkeit wahrgenommen. Man hat zum Beispiel das Orchester aufgeteilt. Am Abend in den Baracken hat man dann so kleine Kammermusikstunden gemacht. (Stk)
Das »Kommando Lagermusik« spielte während der häufigen Besichtigungen

---

⁷² Vgl. Katalog 2005, S. 183.
⁷³ Vgl. Katalog 2005, S. 184.

des Lagers durch hohe Nazifunktionäre und ausländischen Delegationen vor der Kantine. Man wollte so auf die »guten Bedingungen« im Lager hinweisen. Die »Lagermusik« musste außerdem bei Folteraktionen spielen, um so die Gefolterten auch noch zu verhöhnen. Sonntags musizierte sie für die Mithäftlinge.[74]

Wenn der Zill in Urlaub war oder nicht Dienst gehabt hat, war zum Beispiel der Lagerführer Hoffmann im Einsatz, der so was nicht geduldet hat und so was nicht sehen konnte. Der kam dann, während auf der Baracke so ein Musikabend war, mit einem Kommando von SS-Leuten und SS-Blockführern und hat die Häftlinge rausgeprügelt und die Musikinstrumente zusammengeschlagen. Und dann haben wir sie wieder beschafft. (Stk)

Hoffnung – »Wenn der Krieg zu Ende ist ...«

1941/42 erreichten im KZ Dachau Mord und Terror einen Höhepunkt. Hunger und Krankheit, insbesondere die Typhusepidemie im Winter 1942/43, verschärften die Situation.

Aber eine Hoffnung haben wir gehabt, und das hat uns immer wieder Kraft gegeben: dass man dachte, wenn der Krieg zu Ende ist und wir das überleben, dann kommen wir wieder in die Freiheit. Die fehlende Perspektive vor dem Krieg und bis 1940 oder 41, wo die deutschen Truppen in wenigen Wochen Polen überrannt haben, dann Frankreich, Belgien usw., den Balkan, Skandinavien usw., und nirgends gab es einen Rückschlag, änderte sich, als der Krieg gegen die Sowjetunion begann und Moskau und Leningrad und dann später Stalingrad ... aber bis dahin gab es für viele einfach keine Perspektive mehr. Die sind verzweifelt und haben sich das Leben genommen. Darum kann man feststellen, dass vor dem Krieg oder bis dahin, wo die deutschen Truppen vormarschiert sind, es viel mehr Selbstmorde gab als später, obwohl die Verhältnisse während des Kriegs viel, viel schlimmer waren. Aber es gab Hoffnung, man hat einfach gewusst, wenn man überlebt, dann hat man eine Chance, dann kommt man in die Freiheit. Und das hat für viele natürlich den Ausschlag gegeben, dass sie das durchstehen konnten. (Psk)

Otto hatte in all diesen Jahren gelernt, nicht nur für sich selbst Überlebensstrategien zu entwickeln, sondern war durch die positive Erfahrung an Solidarität nun bereit, eine schwierige Aufgabe zu übernehmen. Er meldete sich freiwillig ins Außenlager Kempten/Kottern, um dort in verantwortlicher Position, so gut er konnte, die Lebensbedingungen der ausländischen Häftlinge zu verbessern.

---

[74] Vgl. Katalog 2005, S. 136.

4. In wichtiger Position – Außenlager Kempten

Während des Krieges, etwa ab 1942, spielte der Arbeitseinsatz im KZ eine große Rolle. Viele Facharbeiter waren zum Militärdienst eingezogen worden und fehlten bei der Rüstungsproduktion. Sie sollten durch verschleppte Arbeiter aus den besetzten Gebieten und durch KZ-Häftlinge ersetzt werden.

So wurde eine Reihe von Außenlagern unter der Regie der Rüstungsbetriebe errichtet. In Bayern waren das zunächst BMW, Messerschmitt und Dornier. In den KZ waren zwar einige kleinere Fertigungen in Baracken untergebracht. Es mussten aber nach den Anforderungen der Industrie, und vor allem der Luftwaffe, entsprechend große Betriebe aufgebaut werden.

Hier setzten sich die Rüstungsunternehmen gegen Himmler durch, der weiter in den KZ fertigen lassen wollte. Außenlager hatten aber den Vorteil, dass sie dezentral waren und den alliierten Bombern vorerst verborgen blieben. Bestehende Fabrikgebäude, die infolge des Krieges nicht genutzt wurden, wurden zu diesem Zweck umgebaut.

Vom Allgäu bis in den Raum Augsburg boten sich dafür Textilfabriken an. In Kempten wurde 1943 mit dem Aufbau von Rüstungsbetrieben begonnen.

1944 waren mehr Häftlinge in den Außenlagern Dachaus beschäftigt als im Stammlager selbst. Nun entstand bei den deutschen Häftlingen in Dachau ein Problem. Es handelte sich bei ihnen in der Regel um langjährige politische Häftlinge, die auf Grund ihrer beruflichen Qualifikationen feste Arbeitskommandos in den Werkstätten hatten. Und es war ein altes Gesetz im Lager: Sie waren hier bei weitem nicht so gefährdet wie bei Außenkommandos.

Es waren ihre Arbeit und ihre Fertigkeiten, die gebraucht wurden. Erfüllten die Häftlinge in den Werkstätten die Anforderungen, wurden sie besser behandelt als andere, die einfach ausgemergelt wurden, bis sie nicht mehr leistungsfähig waren.

Es soll nicht der Eindruck entstehen, Dachau und andere KZ seien nicht schlimm gewesen. In Dachau starb jeder fünfte Häftling.[75] Erinnert werden muss aber an Rüstungsbetriebe, wo die Häftlinge bis zur physischen Vernichtung arbeiten mussten. In Allach, ein Außenlager Dachaus im Stadtgebiet von München, wurden sie bis zum Tod ausgebeutet, um bei BMW Flugzeugmotoren herzustellen.

---

[75] Dr. Stanislaw Zámečník gab uns zur Todesrate folgenden Hinweis: »Geht man davon aus, dass jeder sechste Häftling starb, entspricht das den Zahlen der alten Ausstellung [bis 2002] in der KZ-Gedenkstätte Dachau. Dies sind jedoch nur die Toten, die durch

Die weitaus schlechtesten Lebensbedingungen herrschten in den Außenlagerkomplexen Landsberg/Kaufering und Mühldorf. Dort sollten ab Sommer 1944 unterirdische Fabrikhallen für den Bau von Flugzeugen errichtet werden. Von den etwa 45.000 nahezu ausschließlich jüdischen Häftlingen, die aus den Ghettos und Vernichtungslagern im Osten in dieses Lager gebracht wurden, kam bis zur Befreiung mindestens die Hälfte zu Tode.

Und Auschwitz und Birkenau müssen genannt werden, wo vor allem die chemische Industrie wie die IG Farben aus dem Programm »Vernichtung durch Arbeit« Profit geschlagen hat.

Ursprünglich gingen die politischen Häftlinge nicht in die Außenkommandos, die anfangs darin bestanden, Handwerksarbeiten in den SS-Kasernen oder in den Villen der SS-Bonzen zu verrichten. Durch die »Häftlingsselbstverwaltung«[76] hatten sie einen gewissen Einfluss auf die Zusammenstellung der Kommandos.

Häftlinge für die Rüstungsindustrie

Aber die politischen Häftlinge in Dachau erkannten nun, dass »das politische Element« nicht in die neu errichteten Rüstungskommandos ging. Die SS schickte Kriminelle oder solche Häftlinge, die kein politisches Bewusstsein hatten. Dadurch entstanden *verheerende Verhältnisse* (Stk), weil die Funktionen von Häftlingen besetzt wurden, die geneigt waren, mit der SS zusammenzuarbeiten, um ihre eigene Lage zu verbessern. Bei der ohnehin schon geringen Zuteilung von Nahrungsmitteln wurden die Häftlinge, gemeinsam mit der SS, bestohlen – eine der Kehrseiten der Selbstverwaltung.

> den ITS Arolsen [Suchdienst] namentlich beurkundet sind. Nicht eingereiht sind beispielsweise:
> a) die erschossenen sowjetischen Kriegsgefangenen [> 4000],
> b) die mehr als 2000 arbeitsunfähigen jüdischen Häftlinge, die aus Kaufering und Mühldorf nach Auschwitz zur Vergasung geschickt wurden,
> c) die mehr als 800 Toten aus dem Transport von Compiegne und
> d) einige Tausend Häftlinge, die Ende April und nach der Befreiung gestorben sind und nicht mehr registriert wurden.
> Nach den neuesten Forschungsresultaten wurden 9467 Todesfälle, die von Arolsen nicht registriert sind, durch Dokumente oder sterbliche Überreste in Massengräbern nachgewiesen. Insgesamt sind 41.566 Todesfälle nachgewiesen. Diese Zahl ist in der zweiten deutschen Auflage meines Buches angegeben und auch in dem neuen Katalog der Gedenkstätte, S. 206.«

[76] Otto benutzt den Begriff an dieser Stelle im Gespräch mit Ludwig Stark. Wie bereits erwähnt war diese Selbstverwaltung der Häftlinge ein Teil des KZ-Systems und umfasste Lagerälteste, Blockälteste, Kapos, Funktionshäftlinge. Ein enger Rahmen war gesteckt und es muss klar sein, das die SS weiter Herr über Leben und Tod der Häftlinge war!

Häftlingseinsatz für Zwecke der Luftfahrtindustrie

Lager und Betrieb	Anzahl der vorgesehen	Häftlinge eingesetzt	gel. Arb. Stunden im Monat Januar	Arbeitsleistung
Dachau: Rev. F. Hochfrequenzforschung	15	15	3290	Hochfrequenzentwicklungsarbeiten
BMW, München-Allach	12.000	3434	908.606	Flugzeugmotorenfertigung/Baumaßnahmen u. Stollenbau
Dornier-Werke GmbH Neuaubing	3000	60	9527	zunächst Aufbau des Arbeitslagers, später Flugzeugteilefertigung
Dr. Ing. Kimmel, München	25	23	7925	Fertigung von Funkmessgeräten Prod. Ergebnis Januar: 35 R C Generatoren
Luftfahrtforschungsanstalt, München	400	40		Errichtung der Luftfahrtforschungsanstalt Ottobrunn
Messerschmitt AG, Augsburg/Haunstetten	3400	2695	740.640	Flugzeugfertigung Me
Messerschmitt AG, Gablingen	600	352		Flugzeugfertigung Me
Messerschmitt AG, Dachau	600	192	35.766	Fertigung von Flugzeugeinzelteilen
Messerschmitt AG, Kottern	1000	341	57.050	zunächst Ausbau der Fertigungswerkstätten, später Flugzeugteilefertigung.
Planungsstelle der Luftwaffe, Sudelfeld	25	25	4660	Bau einer Versuchsanlage des Bev. für Hochfrequenz
Präzifix, Dachau	400	356	94.067	Anfertigung von Flugzeugnormteilen u. -schrauben
U. Sachse KG, Kempten	1000	374	91.630	zunächst Ausbau der Fertigungswerkstätten/Beginn der Fertigung von Luftschraubenverstellgeräten
Flossenbürg: Dt. Erd- u. Steinwerke GmbH, Flossenbürg	4000	1911	422.158	Flugzeugteilefertigung f. Messerschmitt, Prod. Ergebnis Januar: 900 Satz Nasenkasten u. Kühlerverkleidungen 120.000 Einzelteile

Der Chef des SS-Wirtschafts-Verwaltungshauptamtes Pohl
SS-Obergruppenführer und General der Waffen-SS
Berlin, den 21. Februar 1944

Auszug aus einer Liste des SS-Wirtschaftsverwaltungshauptamts, Katalog 1978, S. 112

Die politischen Häftlinge beschlossen also, *ein Teil muss raus*. Otto wurde in Dachau daraufhin als Lebensmittelverwalter ausgebildet. *Das war eine wichtige Position in einem Lager während des Krieges.* (Stk)

So wurden die Kameraden in die neu errichteten Rüstungsnebenlager geschickt, vom Bodensee bis nach Nürnberg und Mühldorf.

Die Häftlinge, die von der SS für einige Reichsmark pro Tag an die Rüstungsindustrie vermietet wurden, unterstanden nur mehr in Fragen der Verpflegung der SS. Das Kommando hatten die Luftwaffengenerale; seit 1941 war General Milch der »Generalluftzeugmeister«. Die Luftrüstung war infolge des »Blitzkrieges« ausgepowert, die Industrie war für eine Massenproduktion von Jagdflugzeugen nicht eingerichtet.[77] Rivalitäten zwischen Herstellern und Behörden, Nachschubprobleme und Rohstoffmangel taten ein Übriges. Trotz allem verlangte Hermann Göring eine Vervierfachung der Produktion. Milchs Anstrengungen konnten aber der spätestens ab 1944 offensichtlichen Luftüberlegenheit der Alliierten nichts mehr anhaben.

Otto führte noch einen Grund an, warum die Kameraden in die Außenlager gingen:

So grotesk wie das ist, aber damals war die Rüstungsindustrie unsere Rettung, sonst hätten wir nicht überleben können. Sie hätten uns nicht gebraucht. Sie hätten uns dann auch nicht durchgefüttert, sondern sie hätten uns dann vielleicht – wie man's mit den Juden gemacht hat – ausgequetscht bis zum Schluss, und danach hätten sie uns eben liquidiert. Aber das ging dann nicht mehr, weil sie uns einfach gebraucht haben. Und wir haben das sofort wahrgenommen. Das war auch wieder ein Grund, warum wir von Dachau raus sind in die verschiedenen Außenlager, einmal, um dort die Verhältnisse besser gestalten zu können, soweit es möglich war, und zum andern, dass wir einfach das wahrgenommen haben. (Psk)

Otto verließ seine relativ sichere Werkstätte im August 1943 und ging nach Kempten ins Außenlager. Wie alle Lager, in denen Häftlinge gefangen waren, war das Gelände der »Allgäuer Spinnerei und Weberei« am Ufer der Iller mit Stacheldraht umgeben, Wachtürme waren aufgestellt. Die Spinnmaschinen waren in den Keller hinabgelassen worden. 374 Häftlinge mussten hier seit 1943 für die Sachse KG, eine 50-prozentige Tochter der BMW AG, Luftschraubenverstellgeräte herstellen.

Otto schilderte seine Tätigkeit so: *Ich hab dann in dem Lager ziemlich viele Freiheiten gehabt. Ich konnte organisieren. Ich hab dann mit der Betriebsleitung von BMW in Kempten zusätzlich Lebensmittel organisiert, Wurst und Brot, hab*

---

[77] Facharbeit Stephan Ebert: »Das Massaker von Poing – Rekonstruktion des Evakuierungstransports aus dem KZ Mühldorf nach Tutzing bzw. Seeshaupt«. Franz-Marc-Gymnasium Markt Schwaben, 2002.

mit den Lieferanten gesprochen, mit so einer Großschlächterei in Kempten. Das war selber früher ein alter Nazi, aber bei dem traf das Gleiche zu, der hat auch versucht, sich da eine Rückendeckung bei einem Häftling zu verschaffen. Und das hab ich gewusst, und mit dem hab ich ganz offen geredet. Und das hat auch geklappt. Der hat mir bei jeder Lieferung an Fleisch und Wurst immer mehr gegeben – wir [Häftlinge] haben ja fast nichts gekriegt – aber bei den Lieferungen an die SS haben wir immer mehr an Wurst usw. bekommen. Das hat nicht für alle gereicht, aber es hat für die gereicht, die krank waren, also denen man zusätzlich etwas geben musste. Von der Milchfrau habe ich Milch bekommen für die Häftlinge, was seit Jahren bloß auf dem Papier stand und es nicht mehr gegeben hatte. Und die hat's wiederum über die Molkerei besorgt. (Psk)

Willi Rühle, ein Funktionshäftling des Installationskommandos mit niedriger Dachauer Nummer, berichtete: »Die Häftlinge bekamen in Kempten das, was ihnen zustand, zumindest, so lange Otto Kohlhofer da war.«[78]

Aus einem Interview mit Otto entstand das Kapitel »Kraftproben« in Gernot Römers verdienstvollem Buch über die Konzentrationslager in Schwaben. Daraus zitieren wir folgende Begebenheit:

»Otto Kohlhofer ist in Kempten noch nicht sehr lange als Häftling im Lebensmittelmagazin tätig, als er sich auf eine Kraftprobe mit dem SS-Küchenverwalter einläßt. Er sagt dabei Dinge, die er einige Jahre zuvor nicht hätte sagen können: ›Das wäre mein Todesurteil gewesen.‹

Es war – so Kohlhofer – in den Lagern nichts Ungewöhnliches, daß die für Häftlinge bestimmten Lebensmittel in die SS-Küchen wanderten, die ohnehin ganz kargen Rationen der Gefangenen also geschmälert wurden. In Kempten beobachtet Kohlhofer, wie der SS-Küchenverwalter aus dem Kühlschrank Lebensmittel herausnimmt. ›Ich sagte ihm: Das geht nicht. Ich bin verantwortlich für die Lebensmittel. Häftlinge und SS-Leute müssen jeweils ihren Teil bekommen.‹ Kohlhofer sieht den Mann noch wie damals vor sich: ›Der war wie vom Schlag getroffen, daß ein Häftling das zu sagen wagte.‹ Der Küchenverwalter meldet Kohlhofers unbotmäßiges Auftreten nach Dachau. Kohlhofer behält aber die Oberhand! Er kann sich darauf berufen, jene Dienstanweisung befolgt zu haben, nach der die Häftlinge im Interesse der Rüstungsproduktion die ihnen zustehenden Rationen auch bekommen müssen. Häftling Kohlhofer bekommt sogar den Kühlschrankschlüssel in Verwahrung, und aus Dachau schickt die SS einen eigenen Lebensmittelverwalter, laut Kohlhofer einen sehr korrekten Mann.

In der Hitze des Wortgefechts droht Kohlhofer damals dem SS-Küchenverwalter auch: ›Ob ich hier rauskomme, weiß ich nicht. Aber Sie reiß' ich mit. Sie

---

[78] Gernot Römer: »Für die Vergessenen. KZ-Außenlager in Schwaben – Schwaben in Konzentrationslagern«. Augsburg, 1984, S. 136.
Willi Rühle (geb. 1912 in Stuttgart). KZ Dachau 1938, Außenlager Kempten 1940–45.

kommen an die Front.‹ Kohlhofer ist sich klar darüber, daß er das nur sagen konnte, weil der Kriegsausgang um diese Zeit absehbar ist und auch mancher SS-Mann mit Sorge an die Zukunft denkt.«[79]

Eine andere Kraftprobe lieferte er sich mit dem Lagerführer von Kempten:
Ich war dort in Kempten die zentrale Figur als Deutscher, als Münchner, und das ging sogar so weit, dass mich der Lagerführer in Kempten, der unsicher wurde, oft aufgesucht hat. Und eines Tages steht er so da, und ich hab gedacht, na ja, jetzt kommt was.

Ich hab das Gleiche schon mal erlebt in der Sicherheitswerkstatt [in Dachau], ungefähr eineinhalb Jahre vorher; auch ein SS-Mann. Der kam nicht nur zu mir, auch zu anderen. Die haben sich da schon ihre Leute rausgesucht, langjährige Häftlinge, die möglichst von München waren, eben von Südbayern, weil sie damit gerechnet haben, so haben sie ja spekuliert, dass sie da mal eine Hilfe von denen haben. Sie müssen denken, das waren ja zum Teil welche, die Familien gehabt haben, haben Kinder gehabt, und waren da sogar oft recht sentimental. [...]

Ja, und der hat mich dann einmal gefragt: »Sagen Sie mal« – also das ist schon, wenn man nicht geduzt wurde, ein besonderes Verhältnis. »Sagen Sie mal, was meinen Sie, können wir den Krieg noch gewinnen?« Das war natürlich für mich eine Frage, die unter Umständen gefährlich geworden wäre. Aber ich hab ihn richtig eingeschätzt. Ich hatte ihn schon länger beobachtet ... Im Moment habe ich natürlich überlegt, wenn du jetzt sagst »Nein«, und der geht her und meldet das, dann ist das mein Ende. Aber dann, er hat mich angeschaut, und ich hab ihn angeschaut, und dann habe ich mir gedacht, wenn du's riskierst, dann hast du natürlich schon eine starke Position. Wenn du den Lagerführer im Griff hast, dann hast du eine ganz starke Position. Und dann habe ich gesagt: »Nein, der Krieg ist verloren.«

Dann hat er mich wieder eine Zeit lang angeschaut, da ging in dem auch was vor. Wir sind uns direkt gegenüber gestanden, und dann hat er gesagt nach einiger Zeit: »Und was macht ihr mit uns dann?« Dann war natürlich für mich die Antwort ein bissel leichter. Da hab ich gesagt: »Das kommt darauf an, wie Sie sich jetzt da benehmen, wie Sie sich bis zum Schluss hier als Lagerführer benehmen. Darauf kommt's an. Denken Sie daran, Sie haben drei Kinder.« Ja, und das war's dann. Da hat er gesagt: »Ja.« Und dann konnte ich sehr viel machen. (Psk)

Wachposten als Freunde

Schon während der Fahrt von Dachau nach Kempten lernte Otto einen Wachposten näher kennen. Die Fahrt im Viehwaggon dauerte einen ganzen Tag und eine Nacht, da gab es schon mal Gelegenheit zu einem Wortwechsel. Auch die Posten waren über die Abwechslung froh. Das waren keine SS-Leute vom

---

[79] Römer: Für die Vergessenen, S. 145.

Schlage der Dachauer Schergen mehr, sondern Soldaten der Luftwaffe, die wegen einer Verwundung nicht mehr fronttauglich waren und zwangsweise als Bewacher herangezogen wurden.

Otto sah seinen Auftrag nicht nur in der Sicherung der Ernährung der Häftlinge. Er wusste, dass er in seinem neuen Kommando wieder Nachrichten brauchen werde, denn die Zeit der gut informierten Sicherheitswerkstätte lag nun hinter ihm. Darum fing er sofort an, Kontakte herzustellen. Der Posten, bei dem sich auch Sympathie einzustellen schien, war ein Pfälzer. Mit ihm hatte Otto besonderes Glück, denn es stellte sich heraus, dass er früher ebenfalls im KJVD gewesen war.

In Kempten fand Otto noch einige Posten, die sich nicht nur von der SS distanzierten, sondern auch von den Nazis. Mit dem Pfälzer redete er dann im Lager sehr offen. Otto stellte ihn auf die Probe:

Habe ihn zuerst ein wenig warten lassen, habe ihn überprüft. Dann bin ich an ihn herangetreten: »Hör mal, wenn du schon auch da dabei warst, wenn wir uns in der Richtung so nahe kommen, jetzt könntest du uns eigentlich helfen«. Sagt er: »Ich bin sofort bereit.« Sag ich: »Jetzt musst du dir in Kempten eine Freundin suchen. Wo du jeden Tag hingehen kannst, wo du jeden Tag die Nachrichten hören kannst. Und am nächsten Tag sagst du mir, was los war.«

Und das hat der sofort gemacht, und nicht nur der, sondern auch andere. Ich hab da einige Freunde gehabt aus Wien. Die haben die Posten aus Österreich angesprochen, und von denen kam das Gleiche. Wir hatten also immer Nachrichten, man konnte sie überprüfen. (Stk)

Täglich lief nun die Frontberichterstattung bei Otto ein. Über Radio London und Radio Moskau war er ebenso informiert. Und jeden Abend, wenn er in die Unterkunft kam – die Häftlinge schliefen zwischen den Webstühlen – standen schon die Kameraden da: Was gibt es Neues?! Sein Russisch, das er in Dachau intensiv gelernt hatte, reichte aus, um auch die polnischen und russischen Kameraden zum Jubeln zu bringen über den Frontverlauf. Otto sagte über diese Aufgabe, dass er durch sie sehr viel Auftrieb bekommen hat.

Eheversprechen im Milchhäusl

Abends ab sechs musste Otto mit einem Posten die Milch holen. Der Dienst war schon zu Ende und Otto hatte beim Unteroffizier einen Posten zu seiner Bewachung anzufordern. Auf dessen Ruf »Freiwillige raus!« meldete sich regelmäßig der Posten, den er auf der Fahrt nach Kempten kennen gelernt hatte, seine Nachrichtenquelle also. Nach einem viertelstündigen Fußmarsch erreichten sie das Milchhäusl im Holzplatzviertel. Da stand Otto dann eine Stunde lang im Laden und passte auf, was die Leute redeten. Das war eine weitere wichtige Nachrichtenquelle.

Im Winter 1943 sah er dort zum ersten Mal eine hübsche, stämmige junge

Frau, die im Laden aushalf, die Resi Sichart. Die Tochter der Ladenbesitzerin war ihre Freundin. Die unübliche Situation – SS-Mann mit Häftling – verhinderte nicht, dass Resi und Otto aneinander Gefallen fanden und einige Worte wechseln konnten. Stumme Zeichen halfen wohl zusätzlich. Sie malte ihren Namen an die angelaufenen Scheiben und zu Weihnachten steckte sie Otto ein Bild zu. Auf die Rückseite hatte sie geschrieben: »Dem Bild ein Blick, dem Original ein öfteres Gedenken – Resi.« Otto hatte es von da an immer bei sich. Doch nicht nur er, alle Kameraden waren verliebt in das hübsche Mädchen.

 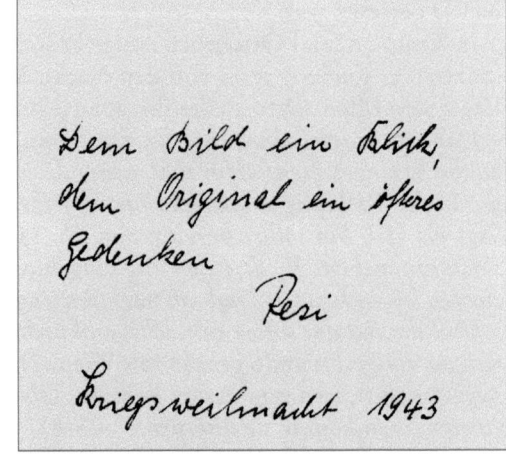

Resi Sichart, 1943   *Widmung auf der Rückseite*

Resi war damals erst 18 Jahre alt. Sie hat nach einem sehr guten Schulabschluss bei der Baufirma Bichteler als Lohnbuchhalterin gearbeitet. Ihre Liebe zum Rechnen war damals schon ausgeprägt. Sie hatte noch zwei Brüder, den jüngeren Sylvest und den älteren Toni. Ihr Vater war Eisenbieger und die Mutter arbeitete in einer Buchbinderei.

Nun wusste sie schon, wann der Häftling kam. Aus ihrem Fenster schaute sie in die Keselstraße hinauf. Wenn sie die beiden – den Posten mit dem Gewehr und den Häftling mit den Milchkannen – kommen sah, rannte sie in den Laden, wo sie sich wieder sehen konnten.

Der Pfälzer bot Otto an, ihm die Uniform zu leihen, um Resi besuchen zu können. Das lehnten beide aber ab. Es wäre zu gefährlich gewesen. Im Nebenhaus wohnte zudem die »NS-Frauenschaftsleiterin«, die Resi schon gedroht hatte, sie dürfe den Häftling nicht mehr treffen.

Im Milchhäusl war es auch, wo Otto der Resi sein Versprechen gab: »Wenn alles vorbei ist, hole ich dich und dann heiraten wir!«

Außenlager Kottern

Im März 1944 wurde Otto nach Kottern versetzt, einem kleinen Ort vor Kempten, einige Kilometer aufwärts der Iller gelegen. Auch für dieses Lager verwaltete er wieder die Lebensmittel. Die Messerschmitt AG hatte hier in einer Spinnerei bereits 1941 einen Betrieb mit 341 Häftlingen eingerichtet. Beim Lagerbau waren die Häftlinge oft mit Prügel angetrieben worden, Ingenieure von Messerschmitt hatten die Posten dazu angefeuert.[80]

Über die Verhältnisse in den Unterkünften berichtete Otto, dass sie »katastrophal« gewesen seien. »Wenn man nachts raus aufs Klo mußte, mußte man sich ausziehen. Es gab kein Licht, und der Schlamm war tief. Einige Häftlinge machten sich Stelzen und wateten darauf durch den Morast.«[81]

Ferdl Hackl[82], ein Mithäftling, erinnert sich an die ruhige Art Ottos, die sofort Eindruck machte, sowohl bei den Häftlingen wie auch bei der SS. Er war ja schon ein »alter« Häftling mit einer niederen Nummer. So lernte Ferdl ihn kennen. Er selbst war um einige Jahre jünger. Als 18-Jähriger war er 1936 wegen kommunistischer Betätigung in Wien verhaftet worden. Wie viele österreichische Linke kehrte er dem Land unter der Ständediktatur den Rücken und ging nach Spanien, um mit den Internationalen Brigaden gegen die Franco-Faschisten zu kämpfen. Nach Aufenthalten in französischen Internierungslagern wurde er an die Gestapo ausgeliefert und kam im Juni 1941 ins KZ Dachau, dann nach Kottern. Mit Otto verband ihn eine Freundschaft, die übers Lager hinaus andauerte.[83]

Sergeant der Interbrigaden Ferdinand Hackl, Spanien 1938

Der Kemptener Lagerführer, der Otto schon bekannt war, übte dieses Amt nun in Kottern aus. Eines Tages kam er zu Otto, nachdem er einen Häftling, einen russischen Offizier, verprügelt hatte. Entschuldigend sagte er, er habe sich »im Moment« nicht beherrschen können. Otto dazu später:

Im Großen und Ganzen waren sie alle gleich. Man kann niemanden absolut entlasten. Höss war auch mal in der Poststelle in Dachau. Da hätte man nie gedacht, dass der mal Kommandant würde in Auschwitz und so ein grausamer. (Stk)

Wahrscheinlich aus Platzmangel wurde später im nahen Weidach ein Sägewerk von der SS beschlagnahmt und darin das Lebensmittellager angelegt. Der

---

80 Vgl. Römer: Für die Vergessenen, S. 155.
81 Vgl. Römer: Für die Vergessenen, S. 144.
82 Ferdinand Hackl (geb. 1918 Wien). Spanienkämpfer, 1941 KZ Dachau, befreit 1945 in Fischen/Allgäu. Mitarbeiter des Dokumentationsarchivs des Österreichischen Widerstands (DÖW), Wien.
83 Gespräch mit Ferdl Hackl am 16.2.2004.

Besitzer war an der Front. Damit wurde auch Ottos Arbeitsstelle als Verwalter von Kottern nach Weidach verlegt. Zu der Frau des Besitzers hatte er ein herzliches Verhältnis und nach 1945 besuchten die Familien sich gegenseitig.

Vier Pistolen versteckt

Im Januar 1945 hatten Gestapoleitstellen auf Anweisung des Reichsführers-SS Himmler und des Gestapochefs Heinrich Müller vom Reichssicherheitshauptamt (RSHA) Berlin die Gestapokommandos und SS-Führungen angewiesen, umstürzlerischer Betätigungen deutscher Linker und ausländischer Arbeiter vorzubeugen. Sie wurden zur »Sonderbehandlung« ermächtigt. »Die Betreffenden sind zu vernichten«, hieß es in den Befehlen dazu.

Es war bereits bekannt, dass von der SS so genannte Überführungsmärsche geplant waren. Mit einem kleinen Kreis von Posten wurde daher darüber gesprochen, was in dem Fall zu tun sei, dass das Außenlager Kottern geräumt und die Häftlinge verlegt werden sollten. Man war sich einig, dass dieser Befehl nicht ausgeführt werden würde, stattdessen die Türme besetzt werden würden und ein Häftling das Kommando übernehmen sollte.

Es gab Verbindungen zu anderen Gruppen, die sich Waffen besorgt hatten. In Ottos Obhut waren vier Pistolen, die der SS im Chaos eines US-amerikanischen Luftangriffs gestohlen worden waren. Ferdl Hackl berichtet, dass er eine Pistole von einem russischen Häftling erhalten und diese an Otto weitergegeben hatte.

In dem Lebensmittellager gab es zwei Posten, einer davon war Ottos Vertrauter geworden. Es war ein Arbeiter aus Breslau (heute Wroclaw) und er war wie manch anderer als Luftwaffensoldat in die SS-Uniform gesteckt worden. Er warnte Otto, als bei der Suche nach den Pistolen auch das Sägewerk durchkämmt werden sollte. Otto sah schon den Lagerführer mit dessen Adjutanten herankommen. Er hatte die Waffen zwar gut versteckt, aber nun forderte er den befreundeten Posten auf, diese schnell wegzubringen. Die Durchsuchung war dann eher oberflächlich, Otto meinte später, man hätte nichts gefunden. Aber der Posten hatte mitgespielt und später die Waffen wiedergebracht.

Als die US-amerikanischen Truppen am 26. April 1945 auf Kempten anrückten, gab der Lagerführer den Befehl zum Abmarsch. Zu dem Kreis der Eingeweihten gehörte auch ein Wiener Spanienkämpfer.

Der ist zu ihm [dem Lagerführer] reingegangen in sein Zimmer und hat gesagt, der Befehl wird nicht durchgeführt. Er gibt ihm eine halbe Stunde Zeit. Da kann er seine Koffer packen und kann abhauen. Es ist Schluss. Und der hat wortlos seine Koffer genommen und ist abgehauen und es ist da gar nichts passiert. Am nächsten Tag kamen die Amerikaner. (Stk)

Otto selbst erlebte die Freiheit etwa in den gleichen Tagen, allerdings etliche hundert Kilometer weiter östlich – er war im Januar 1945 an die Front geschickt worden.

5. »Bewährungsbataillon« – Befreiung in Wien

Die langjährigen Dachauer Häftlinge wurden von 1944 an zur Waffen-SS eingezogen. Die Nazis wollten diese Mitwisser ihrer Gräuel an der Front verheizen.[84] Man versprach ihnen die Entlassung, wenn die Meldung freiwillig erfolgte. Otto war zu der Zeit schon im Außenlager Kempten, wusste aber von den Diskussionen unter den Häftlingen über dieses Thema. Sie standen vor einer schwerwiegenden Entscheidung: Sie hatten die Möglichkeit zu überleben. Hätten sie abgelehnt, wäre das unter Umständen das Ende gewesen. So schätzten sie die Situation ein. Die Freiwilligkeit war also relativ. Es haben sich die durchgesetzt, die für Annahme waren. Manche der kommunistischen Häftlinge rechneten damit, zur Roten Armee überlaufen zu können.

Es wurden SS-Uniformen ins KZ gefahren und die Häftlinge, die sich gemeldet hatten, wurden eingekleidet. *Man muss sich das vorstellen! Ein Mensch, der zehn Jahre hier sitzt, trägt plötzlich die Uniform, die ihn vorher so schikaniert und terrorisiert hat, und er soll jetzt für deren Ziele kämpfen! (Stk)*

Die Ausbildung erfolgte in Krakau, dann wurden sie nach Budapest und an die Front gebracht. Dort gelang es einer Reihe von Häftlingen tatsächlich, zur Roten Armee überzulaufen.[85]

In Hitlers Uniform

Otto hat es Jahre später als wahrscheinlich bezeichnet, dass er sich nicht freiwillig gemeldet hätte. Er führte das auf seine Erfahrungen im Umgang mit den SS-Leuten zurück. Er war der Überzeugung, dass die endgültige Liquidierung »doch nicht mehr so einfach« gewesen wäre. Es wären nicht mehr die Menschen zu finden gewesen, die das ausgeführt hätten.[86] Die Vorgänge um die Befreiung des Außenlagers Kempten gaben ihm Recht.

---

[84] Sehr ausführlich dazu Nico Rost: »Goethe in Dachau – Ein Tagebuch«, List Verlag, 2001. Vgl. auch E. Kupfer-Koberwitz: »Die Mächtigen und die Hilflosen«. Bd. II, Stuttgart: Vorwerk Verlag, 1957.
[85] Es war aber nicht so einfach. Vgl. dazu Karl Röder: Nachtwache.
[86] Zu bedenken ist an dieser Stelle, dass noch kurz vor der Befreiung von Krieg und Faschismus im Frühjahr 1945 Tausende von Häftlingen ermordet wurden. Die größte Zahl der letzten Opfer waren Juden. Diese Massenmorde wie auch die Massaker in den Konzentrationslagern und auf den Todesmärschen von den KZ nach Westen und nach Süden entsprachen dem Nachkriegs- und Überlebenskonzept des deutschen Faschismus. Gestapochef Müller hatte versichert: »Wir werden nicht den gleichen Fehler

Wehrausschließungsschein von 1936

Eines Tages im Januar 1945 wurde Otto von einem Posten in Kottern abgeholt und nach Dachau gebracht. Otto ahnte, dass er nun zum Militär kam. Schon am nächsten Tag lief die Entlassungsprozedur ab. Er hätte jetzt eine Chance, sich zu bewähren, wurde ihm gesagt – in einem so genannten Bewährungsbataillon der Wehrmacht. Eine Strafeinheit also, in die Soldaten wegen »Fahnenflucht« oder »Feigheit vor dem Feind« gesteckt wurden. Dafür waren sie vor 1944 hingerichtet worden.

Die Heeresleitung brauchte also Soldaten. Und sie kannte die Einstellung dieser Soldaten: *Es ist ja besonders eine deutsche Mentalität, zu kämpfen bis fünf nach zwölf, was sie ja dann auch gemacht haben ... (Stk)* Die Bataillone unterstanden nur dem Führerhauptquartier. Nicht umsonst hießen sie auch »Himmelfahrtskommandos«. Wenn eine Brücke zu sprengen war, wenn die Soldaten kaum eine Chance hatten, zu überleben, wurden diese Einheiten eingesetzt.

Es gibt einen Briefwechsel zwischen Heeresdienststellen und Gestapo, in dem festgestellt wird, dass der so genannte Wehrausschließungsschein des Kohlhofer im Jahre 1943 durch »Feindeinwirkung im KL«[87] verloren gegangen sei. Otto hatte den aber seit Amberg aufbewahrt, das Original befindet sich im Nachlass. Laut Wehrüberwachung war Otto zwar »wehrunwürdig«, aber nichtsdestotrotz »kv« (kriegsverwendungsfähig). Deutsche Gründlichkeit: damit alles seine Ordnung hat, wird erklärt, dass es kein amtliches Dokument gibt, das den Häftling O. K. vom Wehrdienst abhalten könnte.

Olomuc

Otto wurde also nicht gefragt, ob er freiwillig zur Wehrmacht wolle. Innerhalb eines Tages sah er sich auf dem Weg nach München, in Begleitung eines

---

[87] machen, der 1918 begangen wurde; wir werden unsere innerdeutschen Feinde nicht am Leben lassen.« Noch im März 1945 äußerte Himmler: »Sie werden mit uns verrecken.« Die offizielle Abkürzung der Nazis für Konzentrationslager lautete KL.

SS-Postens. Das Ziel war Olomuc (Olmütz) in Mähren, dort war das »Infanterie-Ersatz-Bataillon 500« kaserniert.[88] Das hieß, die Häftlinge, die nunmehr in Hitlers Uniform steckten, waren weiter bewacht.

Doch bereits in Allach bei München ging es nicht mehr weiter. Ein Fliegerangriff hatte die Bahnlinie unterbrochen. Otto war zwar mit den Verhältnissen außerhalb von Stacheldraht nicht vertraut. Doch ein Gedanke ließ ihn nicht mehr los. So nutzte er die Situation und sagte zu dem Posten:

»Hör mal, wenn du jetzt mit mir ...« – das war schon die Zeit, wo man auch die Posten schon geduzt hat, da hatte sich allmählich so ein Verhältnis entwickelt, die waren unsicher, mit wenigen Ausnahmen. Da hab ich also gesagt: »Wenn du jetzt mit mir da rüberfährst und mich da drüben ablieferst, dann kommst du mit Sicherheit nicht mehr zurück, sondern da wirst du irgendwo abgefangen und gehst an die Front und gehst nicht mehr nach Dachau. Und ich schlage dir jetzt vor, du hast mich abgeliefert, und wir trennen uns jetzt. Jetzt war ich nämlich zehn Jahre nicht mehr zu Hause, und jetzt will ich erst heim. Daran kannst du mich jetzt nicht mehr hindern.« (Psk)

Otto gab dem Posten noch ein Päckchen Zigaretten, die Kameraden in Dachau hatten ihn gut versorgt. Der Posten setzte sich ab und Otto stand da, in Zivilkleidung, die jüdische Häftlinge abgegeben hatten, bevor sie auf Transport gegangen waren. So ist Otto nach zehn Jahren heimgekommen.

Seine Mutter ist beinahe zusammengebrochen, als sie ihn sah. In einem ersten Reflex hatte sie die Tür wieder zugeschlagen. Drei Tage blieb Otto in der Leonrodstraße. Das war im Februar 1945, und er war in einer fürchterlichen Konfliktsituation. Denn zu der Zeit wurde bei politischen Häftlingen die so genannte Sippenhaft angewendet. Otto erinnerte sich an einen Nürnberger Kameraden, der auch bei der Wehrmacht gelandet war. Seine Mutter hatte ihm bloß geschrieben, er solle aufpassen. Als er desertierte, wurde die Mutter hingerichtet.

Das war für ihn der Grund, nicht unterzutauchen. Es war für Otto klar, dass er nach Olomuc gehen musste.

Bei einem kurzen Aufenthalt in Wien besuchte er die Mutter eines Kameraden, der mit ihm in Dachau gefangen war. Und wieder kam der Gedanke ans Untertauchen hoch, was in Wien leicht schien.

Aber Angst und Sorge um die Eltern trieben ihn weiter nach Olomuc. Dort angekommen, fand er die Einheit im Zustand der Auflösung. Er wurde von den Soldaten nicht für voll genommen; dass er sich noch meldete in dieser Situation. (Am 5. Mai 1945 ist die Front 50 Kilometer von Olomuc entfernt.)

---

[88] Erkennungsmarke: -3790- Eing. Kp. I. E. B. 500 (Eingangskompanie Infanterie-Ersatz-Bataillon 500) Truppenteil: lt. Meldung vom 1.2.45: 9. Kompanie II. Bataillon Infanterie-Ersatz- und Ausbildungsregiment 500; Standort Olmütz. (Auskunft der Deutschen Dienststelle für die Benachrichtigung der nächsten Angehörigen von Gefallenen der ehemaligen deutschen Wehrmacht in Berlin vom 30.9.2004).

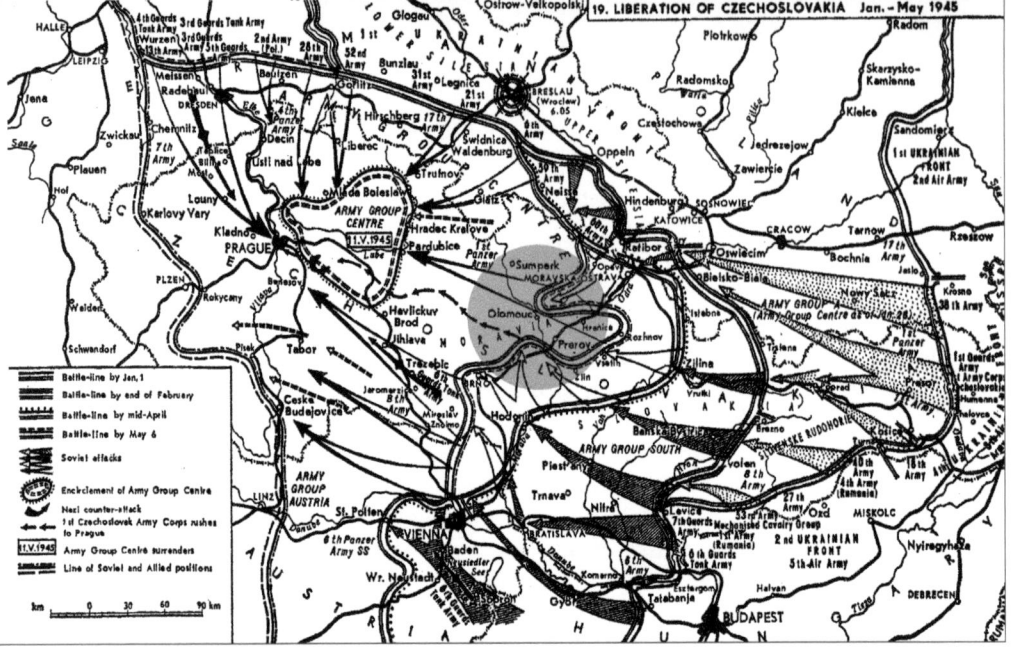

Frontverlauf Mai 1945 (Great Patriotic War of the Soviet Union, Moskau 1974)

Aber er musste in vorsichtigen Gesprächen auch feststellen, dass diese Soldaten davon überzeugt waren, dass sie sich bewähren müssten. Es waren auch höhere Chargen dabei, die degradiert worden waren, die Orden hatten.

Otto vermied es, davon zu sprechen, dass er aus dem KZ kam. Er sei erst eingezogen worden. Darauf wurde er verdächtigt, ein Krimineller zu sein. Das war ihm recht, und dabei beließ er es.

Er musste den ganzen Tag Panzergräben schaufeln. Und er wartete jeden Tag, dass er in ein Kommando kam, das an die Front geschickt wurde. Was das hieß, wusste er schon. Er hatte nie eine militärische Ausbildung erhalten, noch nie ein Gewehr in der Hand gehabt. Er würde mit einer Panzerfaust bewaffnet gegen die Rote Armee geworfen werden.

Als es tatsächlich so weit war, konnte sich Otto absetzen. Es war kurz vor der Verteidigung von Brno (Brünn); das ist der einzige zeitliche Hinweis in Ottos Erinnerungen und um dieses Datum müssen wir seine Erlebnisse daher anordnen.

Seine Desertion fiel also in die Tage vor dem 23. April, denn an diesem Tag haben die Kämpfe um Brno begonnen. Am 26. April wurde die Stadt von der Roten Armee besetzt.[89]

[89] Stanislav Zámečník gab uns freundlicherweise folgende Auskunft: Olomuc, welches nordöstlich von Brno liegt, wurde erst am 8. Mai befreit. Dieses Gebiet gehörte zum Raum der Armeegruppe »Mitte« (General Schörner); deren Einheiten wurden von dort am 7. und 8. Mai in Rückzug gesetzt. Otto, der im Gebiet von Olomuc untergetaucht war, gelangte mit ihnen in die US-amerikanische Gefangenschaft.

Wieder gefangen

Otto konnte bei der Schwester eines Kameraden unterkommen. In Kottern hatte er tschechische Freunde, deren Heimatadressen er im Kopf hatte. Die Kameraden hatten ihre Adressen ausgetauscht, um sich zu schreiben und sich zu besuchen, wenn alles vorbei wäre. Hier war er nun bis Kriegsende einige Wochen, wie er angab. Er schloss sich dann der zurückflutenden Schörner-Armee an, in der Hoffnung, mit dieser nach Bayern zu gelangen. Doch er kam vorerst in eine neue gefährliche Situation. Denn er war im US-amerikanischen Gefangenenlager gelandet, was die deutschen Truppen der Gefangennahme durch die Rote Armee natürlich vorgezogen hatten. Otto gehörte keiner Einheit an und hatte sich wieder Zivilbekleidung beschafft. Es durfte nicht bekannt werden, dass er desertiert war, das hätte standrechtliche Erschießung bedeutet. Denn in diesem Lager lief der militärische Dienst weiter, mit Antreten am Morgen und »Achtung!«, wenn der General erschien. Otto erinnerte sich:

Da habe ich dann den deutschen Soldaten kennen gelernt und konnte dann auch wiederum begreifen, warum die tatsächlich bis zum Schluss, bis zur letzten Patrone gekämpft haben. Bis nach Berlin und bis nach Wien. Die hätten ja alles kaputtgemacht, wenn die alliierten Truppen nicht gekommen wären und sie eben wirklich dann in jeder Hinsicht entwaffnet hätten. (Psk)

Im Lager machte Otto die Bekanntschaft eines jungen Mädchens, der Tochter von schlesischen Flüchtlingen. (»Bittschön, ich war da dreißig Jahre – irgendwie waren wir uns sympathisch.«) Sie trafen sich öfter in dem Riesenlager. Doch Ottos Beobachtungsgabe blieb trotz der angenehmen Unterhaltung hellwach. Er sah, dass Zivilisten im Lager aus und ein gingen, zum Teil mit Gewehren bewaffnet, an den US-Posten vorbei. Sie trugen eine tschechische Trikolore, blau-weiß-rot, mit einem Winkel drinnen.[90]

> Die Demarkationslinie zwischen US-amerikanischem und sowjetischem Besatzungsgebiet zog sich westlich von Karlovy Vary (Karlsbad) über Plzen (Pilsen) bis westlich von České Budějovice (Budweis). Die Armeegruppe »Mitte« zählte über eine Million Soldaten und zusammen mit den Einheiten, welche sich in Ostdeutschland und in den böhmischen Ländern befanden, war es eine Masse von Menschen. Einem großen Teil von ihnen ist es gelungen, in die US-amerikanische Gefangenschaft zu kommen. Dieser westliche Teil von Böhmen glich damals einem großen Gefangenenlager. Wie auch aus der Schilderung von Otto ersichtlich ist, waren es Gebiete, in denen sich die deutschen Einheiten versammelt hatten und die nur durch die amerikanischen Postenketten umkreist wurden. Über diese provisorischen »Lager« gibt es keine Übersicht und Otto machte keine Angabe dazu, wo sein Lager war.

[90] S. Zámečník zu den bewaffneten Zivilisten in einem Brief an die Autoren: »In Prag ist am 5. Mai der Aufstand ausgebrochen, der sich fast auf ganze Böhmen ausweitete. In Prag kam es zu schweren Barrikadenkämpfen, auf dem Lande haben die Aufständischen wichtige Objekte besetzt, die kleineren deutschen Einheiten entwaffnet und sich an den Kämpfen der Roten Armee und der US-Armee beteiligt.«

Er bat das Mädchen, ihm eine solche Trikolore anzufertigen. Nach herzlichem Abschied, mit der Binde am Ärmel, ging er an den Posten vorbei und war draußen.

Ihm war bekannt, dass die tschechischen Aufständischen mit deutschen Flüchtlingen nicht zimperlich umgingen. Zivilkleidung schützte nicht vor dem Verdacht, Wehrmachtsangehöriger zu sein. Er traute auch seiner Trikolore nicht so recht und mied jeden Kontakt. In der nächsten größeren Ortschaft ging er zur Polizei, in der Gewissheit, dass an ein Durchkommen nach Bayern nicht zu denken war.

Otto gab an, woher er kam, wer er war, den Entlassungsschein von Dachau behielt er aber bei sich. Es kam ihm nun zu Gute, dass er über eine ganze Reihe von bekannten Tschechen, mit denen er in Dachau gefangen war, Auskunft geben konnte. Gewerkschaftsführer, Kommunisten, Sozialdemokraten hatte er in der Sicherheitswerkstätte kennen gelernt. Über deren Schicksal war bisher, einige Tage nach Kriegsschluss, nichts bekannt. Man glaubte ihm und bestätigte zugleich, dass ein legaler Übertritt nach Bayern unmöglich sei.

Weg in die Freiheit

Zwei Möglichkeiten blieben: entweder zurück in die Gefangenschaft und wieder der Wehrmacht ausgeliefert sein – oder nach Wien, das ja im Bereich der sowjetischen Besatzung war.[91] Eine Übergabe an die Rote Armee an der Moldau, der Demarkationslinie, sei möglich, hieß es. Otto überlegte nicht lange. Es war mittlerweile bekannt, dass Böhmen und damit das Kriegsgefangenenlager sowjetische Besatzungszone werden würden. »Wenn ich da drin bin, komm' ich wieder nicht raus«, dachte er und willigte ein, nach Wien zu gehen. Für Otto war entscheidend, nicht als vermeintlicher Angehöriger der Wehrmacht in sowjetische Kriegsgefangenschaft zu geraten. Als Einzelner dagegen konnte er deutlich machen, wer er war. Seine russischen Sprachkenntnisse waren beim ersten Kontakt mit der Roten Armee in Gestalt der Militärpolizei nun sehr vorteilhaft. Er wurde zu einem Sanitätsoffizier in den Sanka gesetzt. Der hatte einen Fahrbefehl nach Stockerau, einem Ort am linken Donauufer kurz vor Wien.

Der Offizier sprach sehr gut deutsch, er war für den Einsatz ausgebildet worden. Otto musste alles erzählen und fand großes Interesse. Nun begann die Freiheit – mit deutschen Schweinefleischkonserven und Brot, die reichlich im Wagen verstaut waren.

Sie fuhren vorbei an Gefangenentransporten deutscher Soldaten. Otto drückte seine gemischten Gefühle so aus: *Ich hab gedacht, Menschenskind, das darf doch nicht wahr sein. Ich fahre jetzt als Deutscher da vorbei an diesen kilometerlangen Elendszügen ... (Psk)*

[91] Am 13.4.1945 ist Wien durch die Rote Armee befreit. Am 27.4. proklamiert die provisorische Regierung Renner die österreichische Unabhängigkeitserklärung.

Auch als er in Wien angekommen war, versuchte Otto alles, um nach München zu kommen. Da war wieder die Demarkation, diesmal die Ennslinie, die unüberwindlich schien. Seine Wiener Freunde aus dem Lager bedrängten ihn, doch zu bleiben. Auch Leopold Figl, Dachau-Häftling und späterer Bundeskanzler von Österreich, forderte Otto auf: »*Bleib doch da, du kriegst von uns die Staatsangehörigkeit, wirst halt ein Österreicher.*« *(Psk)*[92] Otto sagte rückblickend, dass er auch in Wien geblieben wäre, hätte er nicht das Versprechen gegeben, mit dem er der Resi die Heirat zugesagt hatte. Und er war, wie er selbst sagte, verliebt.

Auch die KPÖ wollte Ottos Fähigkeiten für sich nutzen. Die Rote Armee hatte ein größeres Palais nahe dem Schwarzenberg Platz im 3. Bezirk beschlagnahmt. Dort sollte er die Stelle eines Sektionschefs (Bezirksleiter) einnehmen. Das erzählte er anlässlich einer Wien-Fahrt im Jahre 1980 mit den Freidenkern.

Otto hatte seinen ersten Aufenthaltsort in Wien für kurze Zeit im Schloss Wilhelminenberg. Im 16. Bezirk an den Hängen des Wienerwalds gelegen, fanden hier KZ-Häftlinge ihre erste Bleibe und ärztliche Versorgung, wenn sie noch keine Wohnung hatten oder bevor sie in ihre Heimatgemeinden weiterreisten. Otto erzählte von Theateraufführungen, die dort stattfanden. Er erinnerte sich auch an Schauspieler, wie etwa an Paul Hörbiger, die im Schloss Wilhelminenberg versammelt waren.[93]

Seine nächste Unterkunft hatte er bei Maria Kornbauer, genannt Mizzi, in der Eisnergasse 24, im selben Bezirk. Mizzi war die Mutter seines Dachauer Kameraden Hans Kornbauer, einem Spanienkämpfer. Sie hatte er schon auf dem Weg nach Olomuc kurz aufgesucht.[94]

Otto erzählte davon, wie er sich auf ihr Geheiß im Hof ausziehen und sich waschen musste. »Wegen der Wuckerln«, wie Mizzi zur Begründung gesagt haben soll – wegen der Läuse eben. Auf den Pawlatschen standen die Frauen und schauten wohlgefällig hinunter auf den schlanken jungen Mann. Die umsichtige Mizzi verbrannte seine Kleider und die ganze Nachbarschaft beteiligte sich an der Neuausstattung Ottos.[95]

Mit Ferdl Hackl, seinem Freund aus dem Lager Kottern, gab es in der Eisner-

---

92 Zu Leopold Figl siehe Fußnote 50.
93 Paul Hörbiger war 1945 wegen Widerstandstätigkeit zum Tod verurteilt, er saß im Wiener Landesgerichtsgefängnis ein.
94 Hans Kornbauer (1913 Krems/N.Ö. bis 1966 Wien). Im Dez. 1936 als Kommunist nach Spanien zu den Interbrigaden. Interniert 1939 in Gurs, verhaftet 1940 in Paris. 1941 bis zur Befreiung im KZ Dachau. Seine Mutter, bei der Otto in Wien wohnte, war Kommunistin und Betriebsrätin bei Manner.
Leider steht das Haus Nr. 24 nicht mehr. An seiner Stelle ist heute eine Werbefläche bzw. das Betriebsgelände der Ottakringer Brauerei.
95 *Wuckerln*: wienerisch, eigentlich für gelocktes Haar. Naheliegend, dass in solchem die Läuse gerne nisten. *Pawlatschen*: hofseitig umlaufender Balkon, offener Hausgang; v. tschech. *pavlac* = Balkon.

gasse ein Wiedersehen. Ferdl kehrte im Juni 1945 nach Wien zurück, er war bis zur Befreiung in Fischen gewesen, einem Dachauer Außenlager bei Obersdorf. Nach dessen Auskunft suchten sie gemeinsam mit Hans Kornbauer viele Wiener Kameraden auf, darunter Karl Röder und Viktor Matejka, Josef Lauscher und Franz Freihaut.[96] Otto war bei diesen Treffen aber meist nur Zuhörer, man musste ihn drängen, über seine Erlebnisse im KZ zu sprechen.[97] Er sprach lieber von der Zukunft und beschäftigte sich mit aktuellen Problemen. Darüber, so Ferdl, konnte er auch streiten.

Ein eindrucksvolles Erlebnis war für Otto die Teilnahme an einer Demonstration von ehemaligen Häftlingen und Widerstandskämpfern im Juni. Leopold Figl sprach vor dem Parlamentsgebäude an der Ringstraße über die große antifaschistische Aufgabe der Versammelten: »… und auch wenn wir uns nicht mehr verstehen, wenn wir uns über die Parteisekretariate nicht mehr verstehen, dann werden wir symbolisch unsere Uniform, die Häftlingsuniform anziehen und wieder auf die Lagerstraße gehen wie früher und dann werden wir uns verstehen und dann werden wir auch in der Zukunft derartige Zustände mit vermeiden helfen!«[98]

Beim Beobachten eines Aufmarsches eines »Österreichischen Freiheitsbataillons« stand Otto am Straßenrand. Es gab deren mehrere, zum Beispiel zog das 2. Bataillon am 12. Mai in Wien ein. Aus dem Zug rief ihm plötzlich ein Dachauer Kamerad zu – Sepp Mörtl.[99] Er war zu den jugoslawischen Partisanen übergelaufen, nachdem er, ähnlich wie Otto, in die Wehrmachtsuniform gesteckt worden war. Später war Mörtl Polizeichef von Weiden in der Oberpfalz.[100]

Otto war bis August 1945 in Wien. Dann nahm er die Gelegenheit eines Transportes über Prag nach Berlin wahr. In Berlin bekam er zwar die Genehmigung zum Übertritt über die leidige Demarkationslinie bei Plauen. Der Kommandant dort hat den Wisch aber nur lässig gelesen und festgestellt, hier habe »der Berliner« nichts zu sagen.

[96] Zu Röder und Matejka siehe Fußnoten 43 und 44. Josef Lauscher war nach der Befreiung Stadtleiter der KPÖ in Wien. Möglicherweise hat er um Ottos Mitarbeit geworben. Franz Freihaut hatte mit Lauscher 1944 im KZ Flossenbürg die österr. Lagerorganisation begründet.

[97] Gespräch mit Ferdl Hackl, 16.2.2004: »Na, erzähl doch, wie ihr in Flossenbürg Durchfall gehabt habt und ins Bett gemacht habt …«

[98] Otto Kohlhofer: »›Der Geist der Lagerstraße‹ und seine Bedeutung für die gesellschaftlich-politische Entwicklung der Bundesrepublik heute«. In: Lernort Dachau, Schriftenreihe des Bayerischen Jugendrings, Bd. 19., 1987, S. 40. (Vgl. Abdruck des Aufsatzes im Anhang)

[99] Josef Mörtl, geb. 1915 in Weiden/By., Mitglied der Sozialistischen Arbeiterjugend. 1934 verhaftet, KZ Dachau 1937-41, zur Naziwehrmacht eingezogen.

[100] Ein Augenzeuge beschreibt einen solchen Aufmarsch so: »Um den 1. Mai herum traf plötzlich ein ganzes Bataillon aus Jugoslawien ein. Es war eine österreichische Brigade, die graugrüne Uniformen mit einem Sowjetstern trug, mit MP bewaffnet war und am Heldenplatz aufmarschierte.« Zit. nach Dr. Herbert Braunsteiner in: »Demokratie und Geschichte«, 1996, S. 77.

Ottos Geduld ist am Ende. Er geht geradewegs an die Grenze, auf seine Russischkenntnisse vertrauend. Er spricht einen Posten an und erklärt ihm alles. Der sagt »Charascho« und verständigt seinen Kameraden. Und Otto wird wieder über eine Grenze gebracht.

Mit dem Münchner Ludwig Wörl,[101] einem Dachauer Kameraden, den er aus Wien mitgenommen hat, versucht er sich ins bayerische Hof durchzuschlagen. Sie gehen einen Waldweg entlang, plötzlich beginnt eine Schießerei. Sie hören Schreie und dass jemand getroffen wird. Sie erreichen ein Bauernhaus, wollen sich darin verbergen und werden entdeckt. Als Deutsche erkannt, wird ihnen der Zutritt verwehrt. In vermeintlicher

Otto 1945

Lebensgefahr drängen sie ins Haus. Drinnen erfahren sie, dass sie sich nicht in Bayern befinden, sondern in der Tschechoslowakei. Sie können nicht bleiben, schleichen vorsichtig auf dem Waldweg weiter. In einiger Entfernung sehen sie einen Radfahrer herankommen. Je näher er kommt, desto gewisser ist Otto: »Den kennst du!« Es ist tatsächlich ein Häftling aus der Schlosserei. Ein Sudetendeutscher, der nach der Befreiung seines Heimatortes von der Roten Armee als Bürgermeister eingesetzt worden ist. Der kann zwischen tschechischen und russischen Grenzposten vermitteln. Zwei Tage später ist Otto in München.

Von München aus führte ihn sein erster Weg nach Kempten, zu seiner Resi. Er stand in der Tür und sagte nur: »Pack dich z'samm', wir heiraten!« Zurück in München, eröffnete er den Eltern ebenso knapp, er habe seine Frau gleich aus dem KZ mitgebracht. Im November 1945 heirateten die beiden.

---

[101] Ludwig Wörl (geb. 1906 in München). KZ Dachau 1934–42, anschließend in Auschwitz, befreit in Ebensee, einem Außenlager von Mauthausen.

6. »Wir sind gleich alt!« – Optimismus und Restauration

Am 24. November 1945, einem Samstag, war die Hochzeit von Resi und Otto. Sie hatten eigentlich nichts. Alle Kleider außer der Unterwäsche mussten sie leihen. Da Resi auf großem Fuß lebt – sie hat Schuhgröße 42 – musste sie in Herrenschuhen zur Hochzeit gehen. Ein Onkel von Otto, der ihn gerne mochte, der Onkel Otto, hatte in der Hofmannstraße in Sendling eine Wirtschaft, das »Eisenwerk«. Er konnte ein gutes Essen auftischen, das war sein Hochzeitsgeschenk. Ein Hochzeitsfoto gibt es nicht, denn wer hatte schon einen Fotoapparat? So begannen sie ein gemeinsames Leben, Resi war 20, Otto war 30 Jahre alt. »Wir sind gleich alt – die zehn Jahre Haft zählen nichts!«, sagte er in seiner optimistischen Art oft zu Resi. Sie weiß heute noch auf den Tag genau, wie lang es war: »9 Jahre, 6 Monate, 27 Tage.«

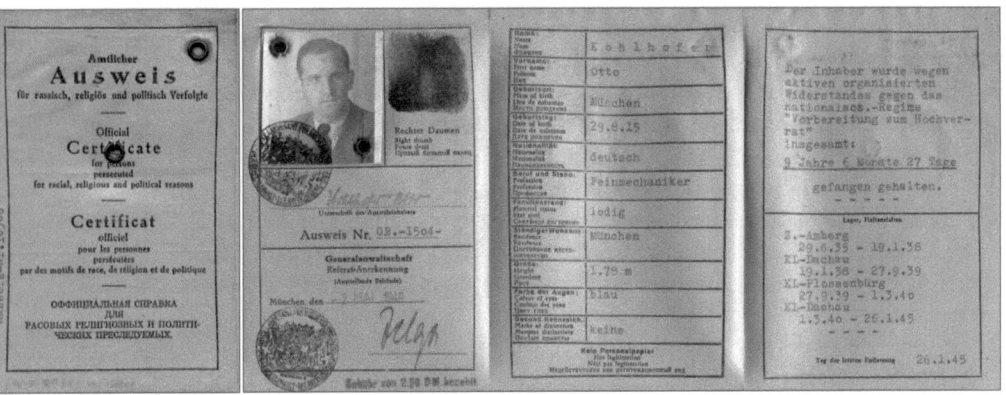

Verfolgtenausweis Ottos, ausgestellt 1949

Die erste Zeit in München wohnten sie bei einem Freund, dem Zinner Anderl, wo sie ein kleines Zimmer für sich hatten. Eine Verordnung zur Wohnraumbeschaffung ermöglichte ihnen bald, ihre erste Wohnung in der Reuterstraße in München-Laim zu beziehen. Das Zweifamilienhaus gehörte einer ehemaligen BDM-Führerin, die verhaftet worden war, wenn auch nur vorübergehend. Ottos Bruder Sepp und dessen Frau Wally zogen auch mit ein.

Otto konnte sich körperlich und psychisch sehr schnell erholen. Die Partnerschaft mit Resi half ihm dabei.

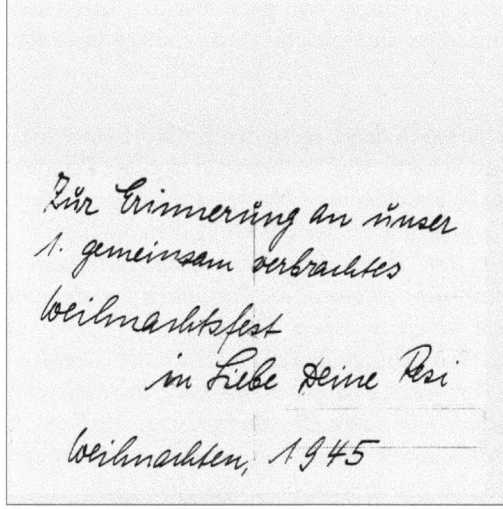 

Widmung auf der Rückseite *Resi, Weihnachten 1945*

Erst einmal schon das Zurückfinden in die Gesellschaft, eben über eine Frau, das war eine kolossale Hilfe. Ich muss sagen, gegenüber anderen ... ich weiß, die haben's überhaupt nicht geschafft. Die haben sich nie wieder einfinden können in die Gesellschaft. Wenn sie sich dann nicht irgendwie engagiert haben, also politisch engagiert haben, wo sie eine Aufgabe hatten, aber selbst da war das für die schwer. Für mich war das viel leichter. (Psk)

Eine »logische Folgerung« seiner Erfahrungen war für Otto, dass er sich an der Vorbereitung zur Konstituierung der KPD beteiligte und Mitglied wurde. Am 1. November 1945 erteilte die US-Militärregierung der KPD als erster Partei in München die vorläufige Anerkennung. 24 von den 25 Neugründern waren politisch Verfolgte. Ihr Parteihaus hatten sie in der Widenmayerstraße 25 – die Kommunisten wie auch die Sozialdemokraten hatten ihren organisatorischen Zusammenhang bewahrt, sie hatten zu arbeiten begonnen trotz des Verbots jeder politischen Betätigung durch die Besatzer.

Ebenso selbstverständlich war es für Otto, sich an der Gründung der »Vereinigung der Verfolgten des Naziregimes« (VVN) in München zu beteiligen. Diese fand am 27. Januar 1947 in der Schauburg in Schwabing statt.

Ottos politische Ambitionen waren für seine junge Frau etwas Neues. Sie war aufgewachsen in der Nazizeit und hat wie viele nichts gewusst, bis sie Otto als Häftling kennen lernte. Sie war interessiert und lernfähig, wie Otto bald feststellen konnte, und sie wurde nach einiger Zeit auch Mitglied der KPD. Im Parteihaus gab es immer viel zu tippen, also setzte Resi ihre Schreibmaschinenkenntnisse für die »Partei« ein. Otto berichtete von gemeinsamen Interessen und Engagement, was dazu beitrug, dass sie »gleich von vorneweg ein recht gutes Verhältnis« hatten.

Vor allem die politischen Häftlinge hatten in den Lagern den Entwurf einer sozialistischen Gesellschaft diskutiert. Im Schwur von Buchenwald ist diese Perspektive auf den Punkt gebracht: Nie wieder Faschismus – Nie wieder Krieg![102] Rückblickend betrachtete Otto diese ersten Jahre nach der Befreiung differenziert:
Ich hatte da natürlich eine ganz andere Perspektive ... man hat ganz andere Erwartungen gehabt. Das ist natürlich nicht eingetroffen. Persönlich war das eine herrliche Zeit. Einfach die Zeit, in Freiheit zu leben. Das hatte ich ja schon in Wien erlebt, das waren meine ersten Gehversuche in der Freiheit, nach zehn Jahren. Aber dann zu Hause, und eine Perspektive zu haben, die natürlich nicht eingetroffen ist, so im weiteren gesellschaftlichen Bereich, aber im engeren Bereich, innerhalb der Familie. Da haben wir einfach doch ... ja, eine Zukunft gehabt. Und das war für mich also neu. Und das war eine recht schöne Zeit. (Psk)
Diese Zeit musste aber auch Otto damit zubringen, für Essen zu sorgen. Vorerst erwerbslos, musste er wie viele andere »hamstern gehen«. Er erzählte von Fahrten auf den Puffern von überfüllten Eisenbahnwaggons, die ihn zur Verwandtschaft nach Reichertshofen trugen. Eine Tante von Resi hatte dort einen Bäckermeister geheiratet und war sehr hilfsbereit.

Ottos Rentenunterlagen ergeben, dass er im April 1946 Mitarbeiter im »Ministerium für Sonderaufgaben« wurde. Dieses war im September 1945 von den US-Besatzern eingerichtet worden, um Naziverbrecher aufzuspüren. Es liegt auf der Hand, dass dazu Antifaschisten rekrutiert wurden, darunter auch Otto. Als verantwortlicher Minister war Heinrich Schmitt eingesetzt worden, der der KPD angehörte und 12 Jahre in Nazikerkern hinter sich hatte. Er wollte die Entnazifizierung nach der antifaschistischen Devise durchsetzen: Die Großen hängen und die Kleinen laufen lassen![103]

Reaktionäre Kräfte, vor allem die in Aufbau befindliche CSU, taten alles, um diese Politik Schmitts zu hintertreiben: Nach dem Gesetz zur Befreiung von Nationalsozialismus und Militarismus mussten die Spruchkammern (»Entnazifizierungsgerichte«) aus Vertretern aller im Aufbau befindlichen Parteien zusammengesetzt sein. Die CSU-Kräfte forderten abwechselnd, sie nur mit »qua-

---

[102] »Wir schwören deshalb vor aller Welt auf diesem Appellplatz, an dieser Stätte des faschistischen Grauens: Wir stellen den Kampf erst ein, wenn auch der letzte Schuldige vor den Richtern der Völker steht! / Die Vernichtung des Nazismus mit seinen Wurzeln ist unsere Losung. / Der Aufbau einer neuen Welt des Friedens und der Freiheit ist unser Ziel.«

[103] Heinrich Schmitt (1895–1951). 1928–30 MdR (KPD), 1933–45 Zuchthaus. Sept. 1945–Juni 1946 Minister für Sonderaufgaben.

lifizierten Juristen« zu besetzen, oder nach dem Ergebnis der ersten Kreistagswahlen, die ihnen in den meisten Kreisen die Mehrheit gebracht hatten. Schließlich weigerten sie sich vielerorts überhaupt, Vorschlagslisten einzureichen oder schlugen Personen für die Spruchkammern vor, die selbst eine braune Vergangenheit hatten, und die das Ministerium ablehnte.

Gleichzeitig entfesselten sie eine Kampagne gegen die Ermittlungsbeauftragten des Sonderministeriums und sprachen von einer »Roten Gestapo« in Bayern. Sie intrigierten bei den Besatzungsbehörden und bewirkten, dass wichtige Mitarbeiter Schmitts abgesetzt wurden. Dem Minister wurde dann in die Schuhe geschoben, es ginge mit dem Aufbau des Spruchkammerwesens nicht voran. Im Juni 1946 wurde

Als »Investigator« im Auftrag des Sonderministeriums, 1945/46

Schmitt zum Rücktritt gezwungen. Anton Pfeiffer, ehemals BVP-Generalsekretär, inzwischen CSU, wurde sein Nachfolger.[104] Er ließ 60 Prozent der Spruchkammerentscheidungen, die unter Schmitt getroffen worden waren, als »falsch« aufheben. Ab dann ging es flott voran mit der »Entnazifizierung« nach dem reaktionären Motto: Die Kleinen hängen, die Großen laufen lassen! Sie wurden wieder gebraucht: Nach einer US-Untersuchung von 1949 waren bis dahin bereits 81 Prozent der höheren Justizbeamten in Bayern wieder ehemalige Nazis, im Landwirtschaftsministerium (wir kommen später darauf zurück) waren es 77 Prozent, im Finanzministerium 60 Prozent. Wilhelm Hoegner schreibt an einen Freund in New York: »Die Situation ist ungefähr die gleiche wie 1920/21, und das alte Spiel der bayerischen Reaktion kann von vorne beginnen.«[105]

Rauswurf und Neubeginn im Ministerium

Pfeiffers antikommunistische Säuberung im Sonderministerium trifft Otto und einige andere im September 1946. Ein damals sehr populärer Rundfunkkommentator, Herbert Gessner, nimmt den Skandal zum Anlass für eine scharfe Kritik,

---

[104] Anton Pfeiffer (1888–1957). 1920–1933 BVP-Generalsekretär; Mitbegründer der CSU, Traditionalistenflügel.
[105] Wilhelm Hoegner: »Die verratene Republik«. München, 1979.
Wilhelm Hoegner, Prof. Dr. (1887–1980). 1922 Fraktionsvors. der bayer. Landtags-SPD. 1933 MdR. Exil in Tirol, 1934 Schweiz. 1945 erster Ministerpräsident von Bayern, von US-Besatzern eingesetzt. Entwirft zusammen mit Alois Hundhammer (siehe Fußnote 122) die bayerische Verfassung. 1954–57 Ministerpräsident der Viererkoalition aus SPD, FDP, BP, BHW. MdL, ab 1961 MdB.

die in der »Schwäbischen Landeszeitung« vom 2. November 1946 abgedruckt ist. Otto Kohlhofer und sieben weitere Ermittler sind darin genannt, die trotz Personalmangels entlassen wurden. Gessner lässt die Ermittlerin Maria Rahm, die 34 Monate in Gefängnis und KZ verbracht hatte, berichten, wie sie den Personalchef des Sonderministeriums, Dr. Hertel, nach dem Kündigungsgrund gefragt hatte. Die Antwort habe gelautet: »Es muss nicht immer ein Grund vorhanden sein, um ein Dienstverhältnis zu lösen. Wenn ich meine Dienstboten nicht mehr haben will, so bin ich nicht verpflichtet, sie weiterhin zu beschäftigen.«

Otto fand im November 1946 im Landwirtschaftsministerium eine Anstellung und das hatte er einem besonderen Umstand zu verdanken:

Am Anfang hab ich's gar nicht ernst genommen und hab' gedacht, da bist nicht lange. Da kam wiederum meine Trotzhaltung zum Durchbruch, nachdem ich eigentlich reingekommen bin wegen einem Streit zwischen einem damaligen bekannten Rundfunkkommentator [wieder Gessner? Anm. d. Verf.] und dem damaligen Landwirtschaftsminister. Die haben öffentlich in so einem Tischgespräch einen Streit ausgetragen, der über Wochen hinwegging. Der Streit ging darum, dass er dem Landwirtschaftsminister Baumgartner vorgeworfen hat, dass der in seinem Ministerium alle ehemaligen Nazis wieder einstellt und keinen einzigen politisch Verfolgten. Das war der Grund. Und dann am Ende des Streits – ich hab das selber gehört – hat der Baumgartner gesagt: »Dann schick' mir doch einmal ein paar!« Und bei denen war ich dann. Fünf sind hingeschickt worden, und wie es dann so weit war, dass wir uns da hätten vorstellen sollen, da war ich dann ganz allein. Die anderen sind nicht gekommen. Die haben eine Scheu gehabt, da in ein Ministerium zu gehen. Ich selber auch, ich habe ja nicht gedacht, dass ich in ein Ministerium komme.

Ich hab natürlich sehr schnell durchschaut, dass sie mich da aufs Eis führen, dass sie nach drei Tagen sagen würden, ja, was habt ihr uns da geschickt, den können wir ja nicht verwenden, der ist ja unfähig. Also gut, dann habe ich mich mit denen angelegt. Also echt angelegt. Weil ich ja nie ernsthaft daran gedacht habe, dass ich dort eine Stelle will, war ich so frei und so offen und hab ihnen meine Meinung gesagt ...

Und dann haben sie anders reagiert. Ich habe ihnen gesagt: »Wissen Sie, bis jetzt habe ich gar nicht dran gedacht, dass ich da reingehe. Aber nachdem ich jetzt Sie kennen gelernt habe, wie Sie versuchen, in einer scheinheiligen Art mich davon wieder wegzubringen, jetzt habe ich eine andere Meinung. Jetzt will ich da rein. Jetzt verlange ich von Ihnen, dass Sie mir eine geeignete Position hier in dem Ministerium geben.« Der Personalreferent, der war damals Oberregierungsrat, der hat zu mir so gesagt: »Wissen Sie, ein Feinmechaniker da in das Ministerium ... » Und da habe ich gesagt: »Ich kann Ihnen was sagen: ein Feinmechaniker, ein qualifizierter Facharbeiter, ob er Maschinenbauer ist oder Elektriker oder sonst irgendwas, der hat doch mehr Intelligenz notwendig als Sie als Oberregierungsrat, das sag ich Ihnen jetzt.« Natürlich habe ich sie

Kundgebung für Entnazifizierung am Odeonsplatz, 1946

einfach so überzeugt davon, dass sie mich nicht so einfach ablehnen können. Und dann haben sie sich ernsthaft bemüht. Und dann haben sie in dem Referat – damals hat das Maschinenreferat geheißen, das waren die Anfänge in der Landtechnik – da haben sie mir dann eine Stelle gesucht. Und da hab ich gesagt, gut, damit bin ich einverstanden.

Der Referent dort war der einzige Beamte, der nicht Nazi war. Und über die ganzen Jahre haben sie den halten müssen, weil er ein echter Experte war. Damals gab's noch nicht so viele, die in der Landwirtschaft Experte in Landtechnik sind. Das war der Referent für Bayern, und das war, wie gesagt, kein Nazi, und wir haben uns glänzend verstanden bis zu seiner Pensionierung. Wir waren also dann echt befreundet. Der hat mir erst einmal die Chance gegeben, mich richtig einzuarbeiten. Ich habe dann Kurse besucht, bin dann selber noch in die Ackerbauschule nach Schönbrunn. Und dann habe ich allmählich dadurch eine Position bekommen. (Psk)[106]

[106] Der Maschinenreferent K. war früher im »NS-Reichsnährstand«. Er war gezwungenermaßen »Pg« (Parteigenosse), galt aber als nicht belastet. Er rauchte Zigarren – sogar wenn er beim Betriebsausflug im Starnberger See stand. K. erledigte viel Arbeit für Otto mit, als dieser später für die KZ-Gedenkstätte Dachau tätig war.
Josef Baumgartner, 1904–1964. BVP-Traditionalist, Mitbegründer der CSU, Landwirtschaftsminister, Führer der Bayernpartei (BP) 1948–59. B. geriet 1959 in die sog. Spielbankenaffäre. F. Zimmermann, enger Vertrauter Strauß', sagte gegen B. aus, was sich später als »kurzzeitige Unterzuckerung«, aber nicht als Meineid herausstellte. So wurden B. und die BP als CSU-Konkurrenz ausgeschaltet.

Ziemlich genau neun Monate, nachdem Otto seine Arbeit im Landwirtschaftsministerium aufgenommen hatte, kam am 1. August 1947 Tochter Christa zur Welt. Otto hatte Resi ins Krankenhaus gebracht und war nun äußerst nervös. Also kaufte sich der werdende Vater auf dem Schwarzmarkt für einen horrenden Betrag ein Päckchen Zigaretten. (Er sagte stets »Zigettn«, wenn er davon erzählte.)

Freunde

Im Jahre 1950 mussten Kohlhofers ausziehen, denn die ehemalige Naziführerin war aus der Haft entlassen worden und beanspruchte ihre Wohnung wieder. Otto hatte es abgelehnt, ein Haus zu beziehen, das ihm als Verfolgten des Naziregimes angeboten worden war. Die Familie mietete nun eine kleine Zweizimmerwohnung in der Pasinger Nimmerfallstraße. Der Neubau war noch feucht und ihr bescheidenes Mobiliar litt an verzogenen Rückwänden und Türen. Die Nachbarn waren zum Teil Umsiedler aus dem Sudetenland und besaßen oft nicht einmal einen Besen. Resi, eine tüchtige Hausfrau, war bald treppauf, treppab als Verleiherin fehlender Haushaltsgegenstände bekannt.

Die junge Familie, 1949

Christa erinnert sich, dass es da immer Schlafgäste gab, die sie mit Schokolade und Spielsachen beschenkten. Einer davon war Ludwig Göhring, ein Nürnberger, der mit Otto im Lager gewesen war. Mit ihm hatte Otto die russische Grammatik angefertigt und gegenseitig hatten sie sich Aufgaben aus der Algebra gestellt. In seinem Buch schreibt Ludwig über seine Gastgeber:

»Die vorbereitete Veränderung fand mich schließlich am 2. Januar 1952 in München, um die neue Arbeitsstelle im Landesentschädigungsamt anzutreten. Vorausgegangen waren meine Bemühungen, in München einen Schlafplatz zu finden. Zu den dort ansässigen Genossen bestanden immer noch enge Verbindungen, die sich auch im Rahmen der Parteiarbeit fortgesetzt hatten. Landeskonferenzen bildeten, ob sie in Nürnberg oder München stattfanden, immer wieder den Anlaß, sich zu sehen. Ein Teil des Kerns der Partei bestand aus den zahlreichen Genossinnen und Genossen, die man in den 12 Jahren, gleich wie lange sie im Einzelnen inhaftiert gewesen waren, kennengelernt hatte. Ob aus Würzburg oder Hof, Regensburg oder Augsburg, Rosenheim oder Penzberg, die Freude, sich zu sehen, war immer von neuem gegeben. Um nur einige zu nennen, die mir unvergessen bleiben: Hans

Kaltenbacher und Georg Engel, Konrad Fuß mit seiner Betty, Alfred Engelhard, Andreas Paul, Mathias Schweller und Max Gorbach.

Otto Kohlhofer war 1943 in ein Außenkommando nach Kottern bei Kempten geraten. Besonders der gemeinsame Aufenthalt im Kommando Aufräumung 111, 1939/40 in Flossenbürg, hatte uns Freunde werden lassen. Bei ihm fand ich die gesuchte Schlafstelle.

Er wohnte seinerzeit in Pasing. Die Stadt war mit dem Vorortzug zu erreichen. Otto hatte sich mit einer jungen Frau verheiratet, die er während seines letzten Aufenthaltes in Kottern kennengelernt hatte. Das Untermieterdasein konnte kein Dauerzustand werden; zunächst aber halfen sich zwei Freunde, deren im Lager entstandene Freundschaft nicht unterbrochen worden war. In Pasing bestand unter seiner Leitung eine rührige Wohngebietsgruppe, in der ich als Verstärkung gelten konnte. Unser ›Bayerisches Volksecho‹ hatte in diesen Jahren als Arbeiterzeitung eine gute Verbreitung. Besonders an den Wochenenden waren die Parteigruppen tätig, die Tageszeitung über die ständigen Bezieher hinausgehend zu verbreiten. Es gab sie in den umliegenden Wohnblocks und viele, darauf angesprochen, waren bereit, die Zeitung zu kaufen. In den Abendstunden waren die Wochentage in ähnlicher Form ausgefüllt wie in Nürnberg. Die Genossen hatten, wie überall, über die Aktivität in der Partei hinausgehend, persönliche Kontakte, wozu auch Geselligkeit gehörte.«[107]

Eine befreundete Familie waren die Müllers, sie waren öfter bei Kohlhofers zu Gast. Ihr Sohn, der junge Phillip Müller, war Eisenbahnarbeiter im Ausbesserungswerk Aubing und Mitglied der Freien Deutschen Jugend (FDJ). Bei einer Friedensdemonstration in Essen am 11. Mai 1952[108], an der 30.000 Jungendliche teilnahmen, wurde Phillip hinterrücks von einer Polizeikugel getroffen. Der 21-Jährige starb auf dem Weg ins Krankenhaus. Otto erzählte von dem Begräbnis auf dem Aubinger Friedhof, das zu einer politischen Demonstration gegen das Adenauerregime und die Remilitarisierung geriet. Auf den Mauern, die den Friedhof zur Bahnlinie hin begrenzten, standen in regelmäßigen Abständen Staatspolizisten, leicht erkennbar an Trenchcoat und Schlapphut.

Im Sommer verbrachten die Kohlhofers ihre Wochenenden am Ammersee. Von Pasing ging es mit den Fahrrädern nach Breitbrunn, Christa saß im Kindersitz. Unweit des Ortes am Ostufer hatten sich Verfolgte des Naziregimes auf einem gepachteten Grundstück ein Refugium geschaffen. In Eigenarbeit war ein Haus entstanden, das heute nach einem der Initiatoren »Otto-Huber-Hütte« heißt. Dieser, ein ehemaliger Dachau-Häftling, hatte sich bis zu seinem Tode 1985 dafür eingesetzt, dass sich fortschrittliche Jugendliche hier treffen kön-

---

[107] Göhring: Dachau, Flossenbürg, Neuengamme, S. 446 f.
[108] Die FDJ war in Westdeutschland schon 1951 verboten worden.

nen. In den fünfziger Jahren tummelten sich hier junge Menschen, die zum Teil auch in der FDJ organisiert waren.

Ein anderer Treffpunkt mit Freunden war für die Kohlhofers das Haus von Max Gorbach in der Rushaimerstraße in Laim.[109] Max, ein Schweizer, war ein »Hans-Dampf-in-allen-Gassen«, wie seine Frau Wally ihn zuweilen nannte. Nicht nur, dass hier eine zweite Parteizentrale entstanden war, wo organisiert und diskutiert wurde. Im Keller wurde Sülze gekocht und dann zum Verkauf angeboten. Später arbeitete Max noch für einen Verlag für hand- und fußmalende Künstler, Resi war mit dem Schriftverkehr und dem Kuvertieren der Karten beschäftigt, auf die die kleinen Kunstwerke gedruckt wurden. Es wurde auch gefeiert, etwa als 1957 der erste künstliche Erdtrabant, der »Sputnik« der Sowjetunion, ins Weltall geschossen wurde und zur Feier des Tages rote Krawatten getragen wurden.

Auf der Gartenterrasse redeten sich Otto und Genossen die Köpfe heiß. Christa hat als junges Mädchen später die verschiedenen Strömungen mitbekommen, die hier einen Austragungsort fanden: Erst wurde Stalin hochgehalten, dann kam Chruschtschow und Stalin wurde verdammt. So etwas hat Otto nicht mitgemacht. Da war er sehr skeptisch.

Von einem Abend in der Rußhaimerstraße berichtet Erika Dieling[110]. Es war ein Gartenfest im Sommer 1957, bei dem sie Otto kennen lernte:

»Der Abend nahm seinen Verlauf, die Luft war angenehm warm und erinnerte an italienische Nächte, die Lampions wurden angezündet und ich saß da, staunte, und genoss diese wundervolle Atmosphäre in vollen Zügen.

Doch irgendwann im Laufe des Abends blickte ich auf die Uhr und stellte erschrocken fest, dass es schon sehr spät geworden war und ich einen weiten Heimweg hatte. Doch wie kam ich nach Hause? Ging denn so spät noch ein Zug? Ich war ziemlich ratlos.

Otto saß bei uns, merkte meine Besorgnis und fragte: ›Sag, wo wohnst denn du?‹

›In Karlsfeld‹, antwortete ich etwas kleinlaut.

›In Karlsfeld‹, sagte er, ›so, in Karlsfeld? Du, i fahr' di hoam‹, war seine spontaner Vorschlag. Schon bald saß ich neben Otto im Auto und unterhielt mich während der Fahrt gut mit ihm. Ich empfand ihn in seiner ruhigen, netten Art als eine außergewöhnliche Persönlichkeit. Mich beeindruckte seine Sprache – er redete bedachtsam und formulierte seine Sätze gut – sowie seine kritische, aber auch sachliche Art, gesellschaftspolitisch zu argumentieren. Otto war nicht nur ein liebenswürdiger, sondern auch ein sehr gut aussehender Mann. Ich war von ihm tief beeindruckt.

---

[109] Göhring: Dachau, Flossenbürg, Neuengamme, S. 446 f.
[110] Erika Dieling war langjährige Betriebsratsvorsitzende der Augustiner Brauerei in München. Mit Mutter und Geschwistern war sie 1945 auf der Flucht von Schlesien nach Bayern gekommen.

Die Zeit im Auto verging wie im Flug. Nun kamen wir zur Gerberau und ich bat ihn, am Beginn der Siedlung zu halten und mich aussteigen zu lassen. Er sah mich verwundert an und gab mir zu verstehen, dass er schon vorhatte, mich bis zur Haustür zu fahren. ›Nein danke‹, sagte ich, ›es ist schon gut, ich bin gleich da.‹ In Wirklichkeit genierte ich mich. Ich wollte nicht, dass er die scheußlichen Baracken sieht und mich – rein gefühlsmäßig – in eine asoziale Gesellschaftsschicht einordnet.

Heute weiß ich natürlich, dass es Otto völlig fremd war, jemanden nach seinen äußeren Umständen zu beurteilen.«

Freundschaftliche Beziehungen verbanden Otto und Resi auch mit Richard Scheringer, dem roten Bauern vom Dürnhof in Kösching bei Ingolstadt. Der hatte Anfang der dreißiger Jahre für Aufsehen gesorgt: Wegen nationalrevolutionärer Umtriebe in der Reichswehr wird er zu Festungshaft verurteilt. In Gesprächen mit anderen Gefangenen wird der Offizier zum Kommunisten. Er reist zu Hitler und Göbbels nach Berlin und lernt den aufgeblasenen Nazibetrieb kennen. Öffentlich stellt er sich gegen Hitler und entlarvt die soziale Demagogie der Nazibonzen. Sein einziger Schutz besteht darin, dass ihn das Naziregime zuvor zu einem Märtyrer aufgebaut hatte. Als späte Rache wird er zur Wehrmacht eingezogen und ist Frontsoldat in Frankreich und in der Sowjetunion.

In der Adenauerzeit war er wieder in Haft, diesmal wegen seines Engagements für ein geeintes Deutschland. Damit teilte er das Schicksal vieler anderer Opfer des Kalten Krieges, die schon unter den Nazis eingekerkert waren.

Christa konnte Scheringer 1962 im Gefängnis besuchen. Sie begleitete seine Frau und einen seiner Söhne und gab sich als seine Tochter aus. Otto erzählte später, dass er sich mit Scheringer auch politisch immer gut verstanden und seine Aktivitäten als ein von allen Parteien anerkannter Gemeinderat von Kösching geschätzt habe.[111]

Partei-Verbot

Schon Anfang der 50er-Jahre zeichnete sich für Otto das Verbot der KPD ab. Es war die Zeit, als er und Resi an ein zweites Kind dachten. Eine drohende Verfolgung und andere Ereignisse ließen die beiden von dem Gedanken an weiteren Nachwuchs Abstand nehmen.

Ein Beschluss der Bundesregierung vom 19. September 1950, bekannt als Adenauererlass[112], verlangte von den Beamten eine Erklärung, dass sie sich »radika-

---

[111] Richard Scheringer (1904–1986): »Das große Los – unter Soldaten, Bauern und Rebellen«, Hamburg: Rowohlt Verlag, 1959. www.richard-scheringer.de
[112] Konrad Adenauer war der erste deutsche Bundeskanzler von 1949 bis 1963. In seinem ersten Kabinett saßen mehr (ehemalige) Nazis als im ersten Kabinett Hitlers 1933.

ler Bestrebungen« enthielten. Otto bekam den Revers auch vorgelegt, obwohl er kein Beamter war: »Beamter wollte ich nie werden, ich wollte meine Entscheidungen am Ende doch noch ganz frei bewahren, indem ich gesagt hab', das gefällt mir nicht, ich mach' da nicht mit, das akzeptiere ich nicht.« Er setzte durch, dass er die Fragen nicht beantworten musste. Dafür musste er sich vor einem hochrangigen Gremium rechtfertigen.[113] Seine Haltung war: »Ja, ich bin Kommunist, aber das unterschreibe ich nicht.« Damit wurde der Vorgang ad acta gelegt. Diese Haltung hat ihm im Ministerium Anerkennung eingebracht.[114]

Die Rechtsentwicklung erfährt Otto am eigenen Leib:

Das war, wie sich die NPD damals entwickelt hat;[115] und auch das Verhalten der Behörden, der ganzen Organe innerhalb einer Demokratie, wenn man das so beobachtet hat, wie die da brutal ... Ich kann mich erinnern, das war genau an dem Tag, wo mein Vater gestorben ist, das hab ich [zu dem Zeitpunkt] nicht gewusst, aber ich war in allernächster Nähe in einem Lokal in Neuhausen. Das war noch vor dem Verbot, da war ich also noch in der KPD, und da wurde ein Film vorgeführt, ein Film über Lenin. Und plötzlich bricht die Polizei mit Stahlhelm und Karabiner ein und schlägt da einfach wahllos in die Menge rein. So was muss man erlebt haben; das war genau am 25. November 1955.

Plötzlich steht da einer in so einer schwarzen Uniform, wie die frühere SS-Uniform, mit Stahlhelm und Karabiner, und die brechen da rein, nur weil man einen Film vorführt. Das war zehn Jahre nach diesen furchtbaren Erlebnissen. Da war man damals wieder so weit. (Psk)

Um die Versammlung einer Nazivereinigung in Pasing zu verhindern, besetzten die Genossen vor Beginn viele Plätze im Lokal. Der »Feitenhansl«, ein stadtbekannter Faschist, sollte reden.[116] Die Polizei räumte das Lokal und schlug mit Knüppeln brutal auf die Antifaschisten ein. Resi: »Da haben sie ihn zusammengeschlagen. Der ganze Rücken war auf.«

An Otto gingen diese Auseinandersetzungen nicht spurlos vorüber. Vegetative Störungen und Anzeichen von Angina Pectoris beeinträchtigten seine Gesundheit. Er berichtete von Angstträumen, in denen er wohl die Erlebnisse in den Lagern verarbeitete, die durch die politische Entwicklung wieder aufgewühlt wurden.

In dieser Zeit besuchte ihn sein Freund Adi Maislinger fast täglich, führte mit

---

[113] Schreiben vom 20.10.50 im Nachlass O.K.; Erklärung Ottos vom 6.11.1950 und vom 22.11.1950.
[114] Distel, Gespräch 2004. Sie nennt Ministerrat oder Landtag als mögliche Gremien.
[115] Die NPD (Nationaldemokratische Partei Deutschlands) wurde 1964 gegründet. Es handelte sich bei dieser Veranstaltung wohl um Vorläufer.
[116] Karl Feitenhansl war Gründer und Vorsitzender der »Vaterländischen Union« anfangs der 50er-Jahre.

ihm lange Gespräche und zur Ablenkung spielten sie Karten. Eine Kur in Reit im Winkel trug außerdem zur Erholung Ottos bei.[117]

Am Tag des KPD-Verbots, am 17. August 1956, drang die Polizei in die Wohnung der Kohlhofers ein und ging beim Durchsuchen nicht zimperlich vor, was den Zorn der ordnungsliebenden Resi hervorrief. Christa erinnert sich an die großen, fremden Männer in grauen Trenchcoats. Resi rief sofort Otto im Ministerium an. Es war allerdings nichts mehr zu finden, Otto hatte das Parteimaterial schon weggebracht, das für immer verloren war.[118]

Es folgte die Zeit der Illegalität. Otto vertrieb weiter die Zeitungen der Partei, indem er die Genossen

Mit Ida und Adi Maislinger

in ihren Wohnungen aufsuchte. Christa durfte mitgehen – Vater mit Tochter, wer denkt da schon an Verbotenes? In dem Viertel unweit des Pasinger Bahnhofes, im Sporerblock, wohnten viele Eisenbahner. Die Tochter erinnert sich an die Arbeiterwohnungen, die ihr Vater mit ihr meist am Sonntag aufsuchte und an den allgegenwärtigen Duft von Schweinebraten. Hier hatte bis 1933 auch Franz Stenzer mit seiner Familie gewohnt. Er war KPD-Reichstagsabgeordneter gewesen und war im August 1933 im KZ Dachau ermordet wurden. Eine Straße am Sporerblock ist nach ihm benannt.

---

[117] Adi Maislinger (1903–1985) wird März 1934 verhaftet. Zu acht Jahren Zuchthaus verurteilt, bleibt er bis zur Befreiung im KZ Dachau. Dort ist er Mitglied der illegalen Lagerleitung. In den letzten Kriegstagen hilft er zwei Häftlinge aus dem Lager zu schmuggeln. Sie sollen die US-Truppen zur Eile antreiben. Nach der Befreiung ist er für die KPD im Münchner Stadtrat. Später setzt er sich rastlos als Zeitzeuge in der Gedenkstätte ein. Scherzhaft wurde er gefragt, ob er nicht sein Bett dort aufschlagen wolle. Im Westend ist eine Straße nach ihm benannt.

[118] Im Nachlass fanden sich Bücher wie Marx' Kapital, die gesammelten Werke von Karl Liebknecht, verschiedene Broschüren von Marx und Lenin und die Protokolle des 7. Weltkongresses der Komintern von 1935. Sie stammen aus den fünfziger Jahren und früher und waren von der Staatspolizei unbeachtet geblieben.

Eines Tages erschien bei Otto im Ministerium ein fremder Mann und verlangte unumwunden, er solle sofort in die Illegalität abtauchen. Er sollte nicht einmal Zeit haben, sich von Frau und Kind zu verabschieden. Otto platzte der Kragen: Er sei zehn Jahre eingesperrt gewesen, jetzt habe er Familie, er denke nicht daran. Damit schmiss er den Genossen raus. Otto erzählte später, er habe damals spontan reagiert, fand aber das Vorgehen der Partei auch im Nachhinein falsch.

Lagergemeinschaft Dachau

In der kleinen Wohnung in der Nimmerfallstraße befand sich seit Mitte der fünfziger Jahre das Büro der Lagergemeinschaft Dachau, deren Vorsitzender Otto war. Dem Postboten genügte bereits die Anschrift »Lagergemeinschaft Dachau«. Ottos vielfältige Kontakte zu Kirchenvertretern trieben auch Blüten: ein Brief war gerichtet an »Hochwürden Kohlhofer«.

Es erforderte von Resi viel Organisationstalent, das alles auf 45 Quadratmetern in den Griff zu kriegen und trotzdem noch eine gemütliche Wohnung daraus zu machen. Durch die vielen internationalen Kontakte Ottos war die Wohnung immer auch ein Treffpunkt für Freunde und ehemalige Dachau-Häftlinge aus vielen Ländern. Resi hat sie alle versorgt und mit ihrer Kochkunst begeistert.

Die Nachbarn tuschelten: »Beim Kommunisten gehen die Pfarrer ein und aus!« Tatsächlich hielt sich ein Abbé aus Frankreich einige Tage bei Kohlhofers auf. Abbé Choux[119], wie der Kirchenmann hieß, inspizierte sogleich die Räumlichkeiten, um dann zu fragen: »'aben Sie keine Kreuz in Ihre Wohnung?«

Zwei andere logierten in Sendling bei Adi Maislinger. Die drei Pfarrer waren in einem klapprigen 2CV angereist. Wir können annehmen, dass sie an der Einweihung der Kapelle »Todesangst Christi« auf dem ehemaligen KZ-Gelände teilnahmen. Zu dieser Feier versammelten sich im August 1960 im Rahmen des Eucharistischen Weltkongresses etwa 50.000 Menschen.

Die Abbés waren immer nur in ihren bodenlangen Soutanen mit den zahllosen Knöpfen zu sehen. Da Priester täglich eine Messe lesen müssen, wandte sich Otto an den Pasinger Pfarrer. Der willigte gleich ein, äußerte aber eine ungewöhnlichen Bitte: Ob nicht er und Adi Maislinger Ministrantendienste leisten könnten bei den Abbés? ...

1955 wurde begonnen, auf dem Leitenberg Exhumierungen durchzuführen. Auf diesem Hügel unweit des KZ-Geländes waren in den letzten Wochen vor der Befreiung unzählige Leichen von Häftlingen verscharrt worden.[120]

[119] Josef Choux (geb. 1905, Clermont Ferrand/Fr.). Zugang KZ Dachau im Sept. 1944, überführt ins KZ Mauthausen.
[120] Harold Marcuse: »Das ehemalige Konzentrationslager Dachau. Der mühevolle Weg zur

Mit Abbé Choux auf dem Gelände des ehemaligen KZ Dachau

Ein belgisch-französischer Ausschuss führte die Untersuchungen durch. Einer der französischen Ärzte, George Fully, war Gast bei Otto und Resi. Wochenlang schliefen er und seine Frau Fede auf einer Luftmatratze in der Küche. Seinen Porsche, mit dem er auch an Rallyes teilnahm, bewegte er äußerst flott durch München, wie Resi zu berichten weiß. Sie denkt mit Schrecken an diese Fahrten, mochte aber den charmanten Fully. Er hatte zum Thema Leitenberg promoviert und war später zuständig für die ärztliche Betreuung der Gefängnisse in Frankreich. Otto, Resi und Christa besuchten ihn und seine Familie mehrmals in Paris. Fully fiel Anfang der sechziger Jahre einem Attentat zum Opfer, dessen Hintergründe im Unklaren blieben.[121]

Minister Hundhammer

Im Jahr 1957 kam ein neuer Minister ins Landwirtschaftsministerium, dem kein allzu guter Ruf vorausging. Alois Hundhammer hatte als erster Kultus-

---

Gedenkstätte 1945–1968«. In: Dachauer Hefte 6, 1990, S. 189 f: »Die genaue Lage der Massengräber, die die SS 1944/45 und die US-Armee im Mai 1945 angelegt hatten, wurde [bereits 1949] durch Stichgrabungen festgestellt. Im Landratsamt wurden genaue Lagepläne wiederentdeckt. Die angenommene Zahl der Leichen schwankte zwischen 3000 und 20.500 – tatsächlich waren es 6228.« Der Autor ist der Enkel von Herbert Marcuse.

[121] George Fully war vom 5.7.44 bis 29.4.45 im KZ Dachau. Seine Doktorarbeit befindet sich im Archiv der KZ-Gedenkstätte Dachau.

minister Bayerns in den Jahren von 1946 bis 1950 mit seinen ultrakonservativen Ansichten von sich reden gemacht. die er zum Teil auch durchsetzte.[122] Er gehörte dem »weißblauen« Flügel der CSU an, die er mitbegründet hatte. Dieser Flügel, der sich in der Tradition der Bayerischen Volkspartei (BVP) sah, stand in scharfem Streit mit dem Unionsflügel, dessen Kopf Josef (»Ochsensepp«) Müller war – übrigens der politische Ziehvater von Franz Josef Strauß. Müller wollte weg von der Honoratiorenpartei zu einer Bewegungspartei. (Erst unter Strauß[123] konnte sich die Idee der »Sammlungsbewegung« in der CSU durchsetzen.)

Hundhammer war 1933 für etwa vier Wochen im KZ Dachau, nachdem er in Landtagsreden als BVP-Abgeordneter vor Hitler und der »braunen Gefahr« gewarnt hatte. An die 2000 Mitglieder der BVP waren verhaftet worden. Es darf angenommen werden, dass diese Maßnahmen jene Kräfte in der BVP einschüchtern sollte, die sich mit den neuen Machthabern in Bayern nicht arrangieren wollten. Im Juli 1933 löste sich die BVP auf, mit der Empfehlung an ihre Mitglieder, sich der »nationalen Bewegung zur Verfügung zu stellen.«

Von Hundhammer ist überliefert, dass er sich im KZ Dachau Mithäftlingen gegenüber solidarisch verhalten hat. Durch seinen hohen Bekanntheitsgrad war er dort von Anfang an den Verspottungen, Beleidigungen und Quälereien der SS-Wachen besonders stark ausgesetzt. Er blieb jedoch seinen Prinzipien treu, ließ sich nicht klein kriegen und genoss dadurch besonderes Ansehen unter den Häftlingen.

Das Zusammentreffen zwischen Hundhammer und Otto wird in einem Artikel in der SZ beschrieben: »Als Linsert[124] 1958 mit dem damaligen Landwirtschaftsminister Alois Hundhammer, auch er ein damaliger Dachau-Häftling, über das Projekt [Gedenkstätte] sprach, wollte dieser wissen, wer der Verantwortliche dafür sei. ›Der sitzt doch in Ihrem Haus‹, war die Antwort. Kohlhofer nämlich war im Landwirtschaftsministerium angestellt. Das daraufhin zustande gekommene Gespräch habe den Durchbruch gebracht, erzählt er. Er habe dem Minister

---

[122] Alois Hundhammer, Dr. phil. Dr. oec. publ. (1900–1974). Bis 1933 MdL (BVP). 1933 KZ Dachau. Mitbegründer der CSU. Kultusminister 1946–50 (Prügelstrafe wieder eingeführt, freizügiges Ballett zensiert), Landtagspräsident 1951–54, Landwirtschaftsminister 1957–69, stellv. Ministerpräsident 1966–69.

[123] F. J. Strauß (6.9.1915–3.10.1988). CSU-Vorsitzender, Ministerpräsident zwischen Bonn und München. Interessanterweise sind Geburts- und Sterbedaten von ihm und Otto Kohlhofer beinahe gleich. Otto Kohlhofer kam, wie landläufig gesagt wird, aus einfachen Verhältnissen. Das nahm auch Franz Josef Strauß gerne für sich in Anspruch. Tatsache ist: Otto Kohlhofer war ein Arbeiterkind aus Neuhausen, der spätere bayerische Ministerpräsident ein Kleinbürgersohn aus Schwabing. Wenn aus der Küche des Metzgers Strauß Schweinebraten duftete, gab es bei Kohlhofers Kartoffelsuppe.

[124] Ludwig Linsert (1907–1981). Verfolgter des Naziregimes, damals bayer. DGB-Vorsitzender und Senator, SPD. Er war ein Freund von Otto.

die Schwierigkeiten des Vorhabens geschildert, von denen nicht die geringste war, daß sich unter den Mitgliedern des Dachau-Komitees auch Kommunisten befanden, darunter Kohlhofer selbst. Es herrschte ja Kalter Krieg und die KPD war 1956 verboten worden. Daraufhin sei Hundhammer aufgestanden, habe ihm die Hand gereicht und gesagt: ›Ich stelle mich Ihnen zur Verfügung‹. Danach habe auch der ehemalige sozialdemokratische Ministerpräsident [Hoegner] mitgezogen.«[125]

Zu Beginn der 60er-Jahre entstand zu Hundhammer ein Vertrauensverhältnis, als Otto begann, für die Entstehung einer Gedenkstätte in Dachau zu arbeiten. (Dieser Tätigkeit ist das nächste Kapitel gewidmet.) Hundhammer selbst wurde Vorsitzender des 1959 zu diesem Zweck gegründeten Kuratoriums und unterstützte Otto, indem er ihn von seiner ministerialen Tätigkeit freistellte. Auch die Kollegen, die seine Arbeit fortan miterledigten, sollen hier erwähnt werden.

Der Minister stellte Otto von 1964 an, als dieser ausschließlich für die Gedenkstätte arbeitete, ein eigenes Büro im Landwirtschaftsministerium zur Verfügung. *Da habe ich kaum ein Wochenende gehabt und kaum einen normalen Feierabend, sondern ich war jeden Tag bis spät nachts, manchmal bis Mitternacht, im Ministerium ... (Psk)* Weil die Arbeit alleine nicht zu bewältigen war, wurden zwei Mitarbeiterinnen eingestellt: Ruth Jakusch wurde 1965 die erste Leiterin der KZ-Gedenkstätte Dachau. Barbara Distel trat 1975 ihre Nachfolge an. Beide arbeiteten mit Otto eng und vertrauensvoll zusammen, es entstand eine lebenslange Freundschaft.

Otto Kohlhofer mit Minister Alois Hundhammer bei der Eröffnung der Ausstellung 1965

[125] Jürgen Zarusky: »Zur Entstehung der Gedenkstätte – Über alle Parteiinteressen hinweg«, SZ/Dachauer Neueste Nachrichten, 7./8.12.1985. Zarusky ist Historiker im Institut für Zeitgeschichte München.

Vormerkung

an die
Unterabteilung II A
im Hause

Herr Kohlhofer ist seit Jahren ehrenamtlich tätig für das Kuratorium Dachau und in unmittelbarem Benehmen mit mir für eine Reihe von Fragen, welche das ehemalige Konzentrationslager Dachau betreffen. Diese Arbeit liegt im öffentlichen Interesse. Ihr Umfang ist aber so angewachsen, daß sie in der Freizeit nicht voll bewältigt werden kann. Herr Kohlhofer ist deswegen von mir ausdrücklich ermächtigt, auch während der Dienstzeit in notwendigem Umfang sich diesen Arbeiten zu widmen.

Ich bitte, hievon Vormerkung zu nehmen.

München, den 5. August 1964

(Dr. Dr. A. Hundhammer)
Staatsminister

Schreiben von Minister Alois Hundhammer aus dem Jahr 1964, das Kohlhofer für die Arbeit an den Vorbereitungen zur Gedenkstätte freistellt.
(Quelle: Bayerisches Staatsministerium für Landwirtschaft und Forsten)

Otto erzählte, dass der Minister immer wieder für eine halbe Stunde in sein Büro kam und seine Meinung zu politischen Themen hören wollte. Die Besuche des obersten Dienstherrn beim Kommunisten sprachen sich herum und es kam Missstimmung bei der höheren Ministerialbürokratie auf.

Doch das tat dem Verhältnis der beiden keinen Schaden. Resi erinnert sich an einen Dämmerschoppen in der Pfälzer Weinstube, zu dem Hundhammer sie und Otto eingeladen hatte. Er fragte Resi, wie sie damit fertig werde, dass ihr Mann Kommunist sei. Resi darauf resolut: »Ja, warum denn nicht!?«

Hundhammer milde: »Das ist sehr schön, das ist eine gute Meinung.«

Das Brückenbauen über weltanschauliche Gräben hinweg, eine von Ottos hervorragenden Eigenschaften, wird er in den kommenden Jahren immer wieder erfolgreich einsetzen. Und es wird ihn lange nicht zur Ruhe kommen lassen.

7. Secrétaire International – Der Weg zur KZ-Gedenkstätte

Bald nach 1945 war das Gelände des KZ Dachau dem bayerischen Staat ein Dorn im Auge. Die US-Armee war in den Gebäuden einquartiert. In den Blöcken waren bis 1948 SS-Mannschaften und Gefangene der US-Armee interniert. Dann kamen Flüchtlinge, vor allem aus dem Sudetengebiet. Pure Not trieb diese in die Häftlingsbaracken, die ab September 1948 die »Wohnsiedlung Dachau-Ost« bildeten. Die Lagerstraße wurde geteert, Gaststätten, Läden, Betriebe, Kinos wurden eingerichtet.

Solche Maßnahmen kamen der Staatsregierung zur Verdrängung der belastenden Geschichte nicht ungelegen. Verschiedene Vereinigungen von ehemaligen Häftlingen, die sich um die öffentliche Erinnerung bemühten, wurden immer wieder behindert, ihre Gedenkfeiern wurden als »kommunistisch« diffamiert. Harold Marcuse spricht in seinem Abriss zur Geschichte des Lagergeländes nach 1945 von »staatlichen Beseitigungsbemühungen«.[126]

Schon im Spätherbst 1945 war, begleitend zum ersten »Dachauer Prozess« gegen die Täter, im Krematorium eine Dokumentationsausstellung eingerichtet worden. An ihrer Entstehung waren sowohl befreite Häftlinge wie auch US-amerikanische Dienststellen beteiligt. 1950 wurde die Ausstellung anlässlich der Einweihung der Statue des »Unbekannten Häftlings« erneuert. Die Ausstellung wurde im Mai 1953 auf Anordnung der Bayerischen Schlösser- und Seenverwaltung geräumt. Nun schien es den Gegnern der Erinnerungsbestrebungen angebracht, endlich ihren Schlussstrich zu ziehen. So forderte der bayerische Landwirtschaftsminister und stellvertretende Ministerpräsident Baumgartner (BP) auf dem Dachauer Volksfest 1955, dass »das Krematorium verschwinden« solle, um mit der »Diffamierung des Dachauer Landes« Schluss zu machen.

Da wurde bekannt, dass ein Zusatzabkommen zu den Pariser Verträgen ein Jahr zuvor die Unantastbarkeit der Grabstätten von Opfern des NS-Regimes festgelegt hatte.[127] Nun hatten die Häftlingsorganisationen einen politischen Vorteil, den sie zu nutzen wussten.

---

[126] Harold Marcuse: Konzentrationslager Dachau, S. 182 ff. M. gibt hier einen sehr detaillierten Ablauf der Geschehnisse bis zur Einweihung des Mahnmals 1968.
[127] Die Pariser Verträge von 1954, unterzeichnet von Belgien, BRD, Frankreich, Großbritannien, Italien, Luxemburg, Niederlande, Kanada und USA, sahen einen »Verteidigungsbeitrag« der BRD zur Nato vor. Sie wurden vom Bundestag gegen die Stimmen der SPD und der KPD ratifiziert, unter dem Schutz von Drahtverhauen, Wasserwerfern und Polizeikordons.

Lagerstraße 1947: Die Baracken sind von Flüchtlingen bewohnt.

Kneipe in einer Baracke auf dem ehemaligen KZ-Gelände

Der Kern des zukünftigen C.I.D. im KZ, vermutlich nach der Befreiung

Der Kongress der »Fédération International des Résistants« (FIR) hatte schon im Dezember 1954 in Wien beschlossen, den 10. Jahrestag der Befreiung in Dachau zu begehen. Im Mai 1955 gründete sich das »Comité International de Liaison des Anciens de Dachau« (C.I.D.) neu – es existierte ja schon 1945 als geheime internationale Organisation der Häftlinge im Lager. Sein erklärtes Ziel war die Errichtung einer Gedenkstätte auf dem Gelände des ehemaligen KZ.

Brücken

Otto hatte in dem neu gegründeten Komitee von Anfang an eine wichtige Funktion. Sein C.I.D.-Ausweis mit der Nummer 0007 kennzeichnete ihn als »Secrétaire International«. Außerdem wurde er als Vorsitzender der deutschen Lagergemeinschaft der Bevollmächtigte für Deutschland.

Die »Lagergemeinschaft Dachau« war ein politisch unabhängiges Gremium, in dem sich die überlebenden Häftlinge des Konzentrationslagers Dachau in der Bundesrepublik Deutschland zusammengeschlossen hatten. Sie führte die Verhandlungen um die KZ-Gedenkstätte mit der bayerischen Staatsregierung.[128] Die bundesweite Vereinigung der Verfolgten des Naziregimes, die dafür prädestiniert gewesen wäre, wurde von der Staatsregierung nicht als Verhandlungspartner akzeptiert. Ja, diese Organisation war damals im Soge des KPD-Verbots in ihrer Existenz bedroht.

---

[128] Am 29.4.1956 Neugründung der LGD. Im provisorischen Präsidium: Kohlhofer, Maislinger, Gattinger, O. Müller, insg. 12 Kameraden. Die LGD beantragt Mitgliedschaft im C.I.D. (Mitteilungsblatt LGD Nr. 2, Aug. 1956).

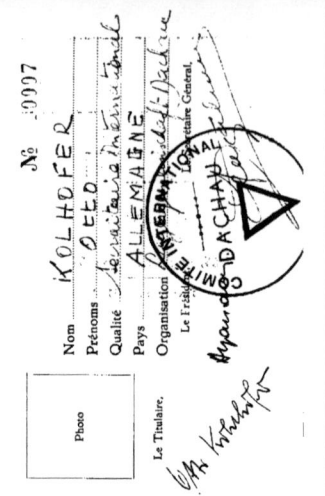

Vorderseite *C.I.D.-Ausweis*

Der nächste Schritt war es, öffentlich bekannte Persönlichkeiten für die Idee einer Gedenkstätte auf dem Gelände des ehemaligen Konzentrationslagers zu gewinnen. Dieser mühsamen Kleinarbeit widmete sich Otto nun voll und ganz.

Schon im Februar 1955 schrieb er einen Brief an den bayerischen Ministerpräsidenten Hoegner. Darin berief er sich auf den »Geist der Lagerstraße«, der auch in den nächsten drei Jahrzehnten sein Handeln bestimmen wird:

»Unsere toten Kameraden würden nicht wollen, dass wir den zehnten Jahrestag unserer Befreiung ohne den alten einmütigen Geist begehen, der im Lager bestimmend war.

Es wäre bedauerlich, wenn wir zehn Jahre nach unserer Befreiung aus den KZ, in denen wir eine Gemeinschaft bildeten, die die Verschiedenheit der politischen Gesinnung, des Glaubens und der Nationalität überwand und deren Geist jeder von uns noch in sich trägt, beim Gedenken an unsere Toten getrennt wären.

Entstanden in Zeiten tiefster menschlicher Erniedrigung, als jeder Kamerad allein nach seinem Charakter beurteilt wurde, darf diese Gemeinschaft nicht rückblickend in verschiedene Organisationen oder Gruppen gespalten werden. Auf der Lagerstraße fragte man nicht nach Familie, nationaler Herkunft oder politischen Ansichten, sondern nur danach, ob jemand von Herzen gut oder schlecht war.«[129]

---

[129] Ins Deutsche rückübersetzt nach Harold Marcuse: »Legacies of Dachau – The Uses and Abuses of a Concentration camp, 1933–2001«. Cambridge University Press 2001, S. 245 f.
»Our dead comrades would not have wanted us to celebrate the tenth anniversary of our liberation without the old unanimity of spirit that was present in the camp. It would be regrettable if, ten years after our liberation from the concentration camps, in which we formed a community transcending differences of political opinion, religious beliefs and nationality, whose spirit each of us still carries in his heart, we were to separately commemorate our dead. This community, which developed in times of deepest human

Befreiungskundgebung vor dem ehemaligen Krematorium, 1956 (Otto rechts vorne)

Hoegner unterstützte den »Landesrat für Freiheit und Recht«, der eine gemeinsame Feier mit kommunistisch orientierten ehemaligen Häftlingen ablehnte. Ottos Brief sollte wohl einer solchen Feier den Weg ebnen, was aber in diesem Jahr nicht gelang.

Harold Marcuse schreibt darüber, wie Otto weitere Verbündete gewann:

»Ein wichtiger Bündnispartner war Leonhard Roth, zu der Zeit Kurat im ›Wohnlager Dachau-Ost‹. Roth war ein ehemaliger Dachau-Häftling, der seit der Befreiung im Lager geblieben war, zuerst als Pfleger von Typhuskranken, dann als Seelsorger für die internierten SS-Männer und schließlich als Gemeindegeistlicher für die Neubürger aus dem Osten. Roth hatte sich von Anfang an für das Gedenken an die Opfer des Nationalsozialismus eingesetzt. Sein Protestbrief gegen die Schließung des Krematoriums war der erste, der beim Ministerpräsident einging.

Pater Leonhard Roth

abasement where each comrade was judged only according to his human characteristics, should not retrospectively be divided into certain organizations or groups. On the camp street no one asked about family or national origins or political beliefs, but looked to see whether someone was good or bad at heart.«

Doch stand Roth fest auf der Seite des antikommunistischen ›Landesrats für Freiheit und Recht‹ und lehnte alle Pläne für ein Museum ab. Als das C.I.D. im April 1956 den Abriß sämtlicher Nachkriegsbauten auf dem Appellplatz forderte, schrieb Roth, der im Herbst 1946 den Bau einer Holzkirche neben dem Jourhaus durch internierte SS initiiert hatte, einen offenen Protestbrief, der weite Verbreitung fand. Otto Kohlhofer trat als ehemaliger Mithäftling an ihn heran und konnte ihn für die Sache der Gedenkstätte gewinnen. Fortan nahm das Komitee Abstand vom Abriß der Kirche, und Roth wurde Vertreter der Geistlichen im C.I.D. Der Nutzen eines Bündnispartners ›vor Ort‹ zeigte sich im Juli 1957, als Roth den vollständigen Abriß einiger Wachtürme durch die Baubehörde verhindern konnte.«[130]

Das gelang ihm in letzter Minute, indem er die Bagger aufhielt. Pater Roth war einer, der nie ein Blatt vor den Mund nahm, vor allem nicht gegenüber den wieder emporkommenden Nazis. Er setzte sich öffentlich für die Flüchtlinge im ehemaligen KZ ein, die unter erbärmlichen Lebensbedingungen hausten, während draußen das deutsche Wirtschaftswunder brummte. Er gründete eine Wohnungsgenossenschaft, um neben dem Lagergelände neuen Wohnraum entstehen zu lassen.

Als der Stadtrat 1959 wieder Wohnungssuchende in leere KZ-Baracken einweisen wollte, protestierte Roth in einem offenen Brief heftig. Das erzbischöfliche Ordinariat legt ihm nun ein »öffentliches Redeverbot« auf, an das sich Roth jedoch nicht binden ließ. Er enthüllte die zweifelhafte Rolle des Dachauer Stadtpfarrers während der Nazizeit. Darauf wurde Roth beurlaubt und zum 30. Juni 1960 seines Postens enthoben. Einige Wochen später wurde Pater Roth in den österreichischen Bergen tot aufgefunden.[131]

Weitere wichtige Personen, die Otto auf der Ebene »Häftling zu Häftling« für die Gedenkstätte gewinnen konnte, waren Landwirtschaftsminister Alois Hundhammer und Weihbischof Johannes Neuhäusler.[132]

Neuhäusler wurde erst 1948 Bischof. Das muss erwähnt werden, weil Tausende Priester, aber kein amtierender deutscher Bischof in einem Nazi-KZ gefangen waren. Er hatte sich für den Bau der Gedenkkapelle auf dem Lagergelände stark

---

[130] Marcuse: Konzentrationslager Dachau, S. 196.
[131] Leonhard Roth (1904–1960). Dominikanerpater. Ab 1943 im KZ Dachau, Priesterblock. Wegen seiner seelsorgerischen Tätigkeit den Schikanen der SS ausgesetzt. Die Umstände seines Todes sind umstritten.
[132] Johannes Neuhäusler (1888–1973). 1941 KZ Sachenhausen, anschließend KZ Dachau. Wie Pastor Martin Niemöller »Sonderhäftling«. Als Geisel 1945 nach Südtirol verbracht, von US-Armee befreit.
»Sonderhäftlinge« waren im Bunker (Einzelzellen) vom KZ-Alltag abgeschirmt untergebracht. Sie sollten nach dem »Endsieg« in Schauprozessen verurteilt werden. So auch der Münchner Hitlerattentäter Georg Elser, der 1945 im KZ Dachau ermordet wurde.

gemacht, die im August 1960 anlässlich des »Eucharistischen Weltkongresses« eingeweiht wurde.

»Bei der Einweihung gab es auch einige Mißklänge, die die gegensätzlichen Meinungen zur Einrichtung einer KZ-Gedenkstätte deutlich machten. Dazu gehörten die Teilnahme des [ehemaligen] NS-Reichsbankpräsidenten Hjalmar Schacht[133] an der Einweihung – sogar als Ehrengast Neuhäuslers in der ersten Sitzreihe.«[134]

Otto fand auch zu dem strengen Weihbischof Neuhäusler einen Draht, um das gemeinsame Projekt voranzubringen.

Ein wichtiger Meilenstein war die Einberufung des Kuratoriums im November 1959. Otto beschrieb dies so:

Bischof Johannes Neuhäusler

Hundhammer ist Vorsitzender von dem Kuratorium für die Errichtung einer Gedenkstätte geworden, wo ich ja maßgeblich mit dabei war und das eigentlich ins Leben gerufen habe. Ich habe am Anfang die größten Schwierigkeiten gehabt, wurde aber zum Schluss von allen akzeptiert, also einschließlich Hundhammer, Hoegner von der SPD, der damalige Ministerpräsident, dann Panholzer von der Bayernpartei und von Dr. [Josef] Müller, der als Ochsensepp bekannt ist, Hans-Jochen Vogel, der damalige [Dachauer] Bürgermeister Reitmeier ... wir waren damals alle zusammen in einem Kuratorium. Der Gesellschaftsvorsitzende war Hundhammer, [DGB-Vorsitzender] Linsert der erste Stellvertreter; der zweite Stellvertreter und Geschäftsführer war ich. Und damit haben wir eigentlich alle Voraussetzungen gehabt, um so was zu machen. (Psk)[135] Dieses politisch auseinanderstrebende Gremium musste Otto zusam-

---

[133] Hjalmar Schacht (1877–1970) war nach dem 20. Juli 1944 im KZ Flossenbürg inhaftiert.
[134] Marcuse: Konzentrationslager Dachau, S. 198.
[135] Bei Hoegners Funktion irrt Otto, denn dieser war von 1954–1957 bayer. Ministerpräsident, später angesehenes Mitglied des Landtages. Möglicherweise war H. früher schon bei den Vorbereitungen beteiligt.
Josef Müller, Dr. (1898–1981). BVP, Mitbegründer CSU, Vorsitz 1949. Nach dem 20. Juli 1944 kurz im KZ Dachau inhaftiert – als »Spion des Vatikans«. M. soll Verhandlungen der BVP mit der NSDAP geführt haben. (Chronik München, Nov. 46). Fraktionschef Hundhammer, sein schärfster Gegenspieler, fordert darauf Rücktritt M.s aus dem Parteivorsitz der CSU.
Hans-Jochen Vogel (SPD) war damals Rechtsreferent des Münchner Stadtrates. Ab 1960 OB.
Panholzer (BP) war Verfolgter des Naziregimes und Staatssekretär im bayer. Finanzministerium.

menhalten. Alleine die Paarung »Ochsensepp« Müller – Hundhammer bot einiges an Zündstoff.

Das Internationale Dachau-Komitee

Auch im C.I.D. spielte Otto eine ähnliche Rolle, die Barbara Distel so beschreibt:
»Es gab immer eine äußerst unterschiedliche Sichtweise der Dinge in diesem Komitee. Der langjährige Präsident Albert Guerisse war ein Nato-General. Er war bereits kurz nach Kriegsende nach Korea gegangen, anschließend war er als Armeearzt der belgischen Truppen in Deutschland stationiert. Während dieser Zeit wurde er zum General befördert. Er war natürlich in seinen politischen Ansichten sehr konservativ. Ein konservativer Vertreter des Militärs.

Georges Walraeve, auch ein belgischer Überlebender, war sein Generalsekretär. Er war letzten Endes immer Ausführender von Albert Guerisse. Dann gab es als Vertreter der Holländer Dirk de Loos. Er arbeitete in Brüssel bei der EU [EWG], auch er war politisch konservativ. Die Luxemburger waren immer im Komitee vertreten. Auch die Franzosen haben immer eine wichtige Rolle gespielt, wobei innerhalb des Komitees eher die Konservativen vertreten waren. Es gab zwei Jahrzehnte lang in Frankreich zwei verschiedene Dachau-Organisationen, eine gaullistische und eine kommunistische. Georges Arjaliès, der spätere Generalsekretär, war der einzige französische Dachau-Überlebende, der Mitglied in beiden Organisationen war. Irgendwann haben sich dann beide Organisationen zusammengeschlossen. Diese lange Spaltung war ein Spiegel der Nachkriegssituation.

In der Generalversammlung war es so: In den osteuropäischen Organisationen waren Frontkämpferverbände und KZ-Häftlinge in einem Verband zusammengeschlossen. Die sowjetische Organisation hat zeitweise einen General als ihren Vertreter in das Komitee entsandt, der niemals Häftlinge im KZ Dachau gewesen war. Ähnlich war es mit der Tschechoslowakei bis 1968 (und auch wieder nach der kurzen Periode des ›Prager Frühlings‹). Es gab zwar einen Vertreter, der selbst Dachau-Häftling gewesen war, aber er musste die Regierungspolitik seines Landes vertreten. Insofern haben die Osteuropäer nicht nur wegen der Sprachprobleme, sondern auch wegen der politischen Spaltung nicht viel Einfluss gehabt. Auf dem Papier war es ein internationales Komitee, aber letzten Endes bestimmten die Vertreter der westeuropäischen Länder die Politik. Und in dieser schwierigen Konstellation hat der Otto eine sehr wichtige Brückenfunktion oder Ausgleichsfunktion gehabt. Einerseits kannte er die hiesige Lage und konnte einschätzen, welche Möglichkeiten es gab, das gemeinsame Projekt voranzubringen. Andererseits genoss er auch den Respekt und die Anerkennung der Osteuropäer. Er war ungemein fleißig und hat die Dinge vorangetrieben. Sein glaubwürdiges Handeln hat ihm auch bei Persönlichkeiten, wie dem katholischen Weihbischof Neuhäusler oder dem CSU-Minister Alois Hundhammer, die ihm politisch fern standen, Anerkennung verschafft und ihre Unterstützung gesichert. So ist ihm eine Schlüsselrolle zugefallen.«[136]

Die Arbeit im C.I.D. forderte von Otto Reisen nach Paris, Brüssel oder Luxemburg, je nachdem, wo das Komitee tagte. Auf einer der Reisen nach Brüssel begleitete ihn auch Pater Roth. Otto lernte Französisch mit der »Assimil«-Methode, was für Frau und Tochter mit zeitigem Wecken verbunden war. Denn wenn Otto früh um sechs seine Morgentoilette vornahm, ließ er den Plattenspieler im Wohnzimmer laufen. Durch die Wohnung tönte das »A la fin de la semaine nous allons à Paris«, was in der Familie bald zu einem geflügelten Wort wurde.

Etwa 1965 lud Präsident de Gaulle zu einem Empfang für ehemalige Widerstandskämpfer in Paris. Ein persönliches Schreiben des Monsieur le Président war im Ministerium eingegangen, es ist aber nicht mehr auffindbar. Adi Maislinger und Otto waren eingeladen und beim Festbankett sprang Otto über seinen Schatten und aß – Fisch.

Mythen

Was Otto jedoch immer bekämpft hat, waren die Widerstandsmythen. Das hat ihm – neben den Vorwürfen wegen seiner Zusammenarbeit mit dem politischen Gegner – viel Ärger eingebracht. Barbara Distel hat das alles miterlebt: »Otto hat immer eine Brückenfunktion gehabt, da gab es auch einige, die ihm das übel genommen haben. Sie warfen ihm vor, dass er um seine Stelle als Angestellter des bayerischen Staates gekämpft hatte. Sie beschuldigten ihn, mit dem politischen Feind zu kooperieren. Auf Bundesebene war es Oskar Müller, der letzte Lagerälteste im KZ Dachau, der die Mythen über den Widerstand im Konzentrationslager gepflegt hat. Otto hat immer darauf bestanden, dass man sich an belegbare historische Fakten zu halten habe. Damit war er manchen suspekt. Einer der Mythen war die angebliche Arbeitsverweigerung aller Dachauer Häftlinge, als die sowjetischen Häftlinge erschossen wurden. Oskar Müller hat immer viel zu hohe Zahlen über die in Dachau erschossenen sowjetischen Kriegsgefangenen verbreitet. Da hat der Otto immer dagegengehalten und das hat ihm viele Anfeindungen eingebracht. Es gab aber immer auch diejenigen, die ihn persönlich gekannt und geschätzt haben. Die wussten, welch vorbildliche Rolle er im Lager gespielt hatte und dass man ihm nicht an den Karren fahren kann.

Doch es gab auch KZ-Überlebende, die eine ganz harte stalinistische Linie vertraten. Das ging so weit, dass die früheren tschechischen Häftlinge, die für den Prager Frühling eintraten – sie konnten 1968 noch einmal zur Befreiungs-

---

[136] Distel, Gespräch 2004.

feier nach Dachau kommen, bevor ihnen das verwehrt wurde – von einigen deutschen KZ-Kameraden nicht mehr gegrüßt wurden.

Eigentlich hat der tschechische Überlebende und Historiker Stanisalv Zámečník in den letzten Jahren diesen Kampf weitergeführt. In seinem Buch kämpft auch er gegen die Mythen von aktivem Widerstand und heroischen Taten im Lager. Dazu gehört die angebliche Sabotage beim Bau der Gaskammer. Das bedeutet nicht, dass es keine heroischen Taten der Häftlinge gab, sie waren aber eher unspektakulär.«[137]

Zu Oskar Müller ist zu sagen, dass er mit Otto zwar im Streit lag, aber später – wir kommen noch darauf zurück – auf seiner Seite stand. Er war Kommunist, der letzte Lagerälteste und Sprecher der deutschen Häftlinge. 1945–47 war er hessischer Arbeitsminister.

Auch Fred Haag[138] stritt mit Otto nicht nur über die Gestaltung der Gedenkstätte, sondern auch über Parteifragen – oft sehr lautstark, wie sich Resi gut erinnern kann. Auf der persönlichen Ebene aber waren sie sich freundschaftlich verbunden. Haag vertiefte sich dann in die soziale Arbeit für die ehemaligen Häftlinge und bildete sich zum Fachmann für Renten und Entschädigungen aus, wofür Otto ihm hohe Anerkennung zollte.

Die Vorbereitungen zur Ausstellung von 1965

Ein wichtiger Bestandteil der Gedenkstätte sollte eine Dokumentationsausstellung sein. Barbara Distel schildert die wechselvolle Geschichte der Entstehung: »Georges Walraeve, René van der Auwera und Otto verhandelten im Auftrag des C.I.D. mit dem bayerischen Finanzministerium. Am 12. November 1962 wurden Einzelheiten der Planung vereinbart, die Lagerräumung sollte bis Ende 1963 erfolgen. Die Fertigstellung wurde zur Befreiungsfeier 1965 festgelegt. Der bayerische Staat kaufte das ehemalige Wirtschaftsgebäude, in dem das Museum endgültig untergebracht werden sollte.

René van der Auwera war der belgische Architekt, der selbst ehemaliger Häftling war. Er hat für seine Planungen sehr viel Geld vom C.I.D. gekriegt und dafür ein grauenvolles Konzept vorgelegt. Es enthielt rote Samtvorhänge und Gold und indirekte Beleuchtung.

In München gab es zu dieser Zeit den Ausstellungsarchitekten Johannes Segieth am Stadtmuseum. Während der Planung der Gedenkstätte wurde ver-

---

[137] Barbara Distel, Gespräch 2004.
[138] Alfred Haag (1904–1982). Landtagsabgeordneter der KPD in Württemberg. 1933 Verhaftung, 1935 KZ Dachau, dann Mauthausen. Seiner Frau Lina gelingt es, bei Himmler seine Freilassung zu erwirken. 1940 Ostfront, Kriegsgefangenschaft bis 1948. Nachher in VVN (Vorsitz Bayern) und C.I.D. tätig. Ab 1964 Vorsitzender der LGD. Zu Lina Haag siehe auch Fußnote 163.

sucht, Kontakte zu Museen und Archiven aufzubauen. Johannes Segieth machte einen hervorragenden Eindruck als kreativer Gestalter. Otto hat sowohl im Internationalen Komitee, wie innerhalb der bayerischen Verwaltung durchgesetzt, dass er den Auftrag für die Gestaltung der Dokumentarausstellung in der Gedenkstätte Dachau bekam. Das Projekt van der Auwera wurde ad acta gelegt. Johannes Segieth war von dem Projekt sofort begeistert. Er hatte damals mit ständig neuen Ausstellungen das verschlafene Münchner Stadtmuseum revolutioniert. Er war sehr geschäftstüchtig und hat mit großer Hartnäckigkeit dem Ministerium ein für damalige Zeiten horrendes Honorar abgehandelt. Die Zusammenarbeit war nicht ganz einfach, da er tausend Projekte gleichzeitig machte und oft abwesend war. Aber letzten Endes hat er eine hervorragende Ausstellung geschaffen. Auch nach 30 Jahren wirkte seine Gestaltung nicht veraltet, die Besucher der Gedenkstätte waren noch immer sehr beeindruckt.«[139]

Otto legte immer großen Wert darauf, dass in der Ausstellung der Zusammenhang zwischen dem Aufstieg der Nazibewegung und dem Einfluss der Großindustrie sichtbar wird. Diese Frage rief große Auseinandersetzungen hervor. Barbara Distel dazu:
»Der umstrittenste Teil der Ausstellung war die Vorgeschichte. Die nichtdeutschen KZ-Überlebenden konnten nur schwer nachvollziehen, warum die deutschen Überlebenden darauf bestanden, einen einleitenden Teil zur Geschichte vor 1933 einzurichten. Die deutsche Lagergemeinschaft und vor allem Otto Kohlhofer haben unheimlich dafür gekämpft. Sie haben sich Unterstützung durch Vertreter der Zeitgeschichtsforschung geholt, was damals gar nicht so einfach war. Die Frage, wie es zu 1933 kommen konnte, die in der Abteilung ›Vorgeschichte‹ thematisiert werden sollte, war politisch brisant. Schließlich konnte die Einrichtung dieser Abteilung durchgesetzt werden und das Ergebnis wurde auch akzeptiert.

Natürlich war das Ergebnis ein Kompromiss. Es war eine Ausstellung, die nach Fertigstellung vom bayerischen Staat übernommen wurde. Aber gerade die Abteilung ›Vorgeschichte‹ hat später bei deutschen Besuchern ein positives Echo gefunden.

Auch in den Diskussionen eines im Jahr 1996 berufenen wissenschaftlichen Beirats, der das Konzept einer neue Ausstellung in der KZ-Gedenkstätte Dachau erarbeiten sollte, war die Vorgeschichte wieder ein schwieriges Thema. Unter der Leitung von Professor Günter Hockerts, der den Lehrstuhl für Zeitgeschichte an der Münchner Universität innehat, wurde eine spezielle Arbeitsgruppe eingerichtet. Da gab es wiederum heftige Dispute. Die Abteilung Vorgeschichte wurde in der neuen Ausstellung im Vergleich zur alten Ausstellung schließlich thematisch wesentlich breiter und weniger zugespitzt angelegt.

[139] Distel, Gespräch 2004.

Aber es gab auch wieder Stimmen, die der Meinung waren, dieses Thema bräuchten wir nicht mehr. Es wurde auch die Ansicht geäußert, dass Schüler an diesem Ort die Geschichte des Konzentrationslagers Dachau lernen und sich mit der Vorgeschichte anderswo beschäftigen sollten. Insofern war es noch immer nicht einfach, die Einbeziehung der Vorgeschichte durchzusetzen.

Zur ersten Ausstellung gab es eine Intervention der Familie Thyssen, die sich auf höchster Ebene darüber beklagte, dass Fritz Thyssen in der Ausstellung in der KZ-Gedenkstätte Dachau diffamiert würde. Daraufhin wurde ein Gutachten des Instituts für Zeitgeschichte über die Rolle Fritz Thyssens erstellt. Es wurde untersucht, ob man ihn als Steigbügelhalter oder Finanzier der NSDAP hinstellen darf. Nach Vorlage des Gutachtens wurde in der Ausstellung ein Hinweis angebracht, dass Fritz Thyssen, der Deutschland zu Beginn des Zweiten Weltkriegs verlassen hatte, wenige Tage vor der Befreiung zusammen mit anderen prominenten Geiseln der Nationalsozialisten noch ins KZ Dachau gebracht worden war.«[140]

Der Konzernname Thyssen ist seit Jahrzehnten mit Politikerkauf verknüpft. (Erinnert sei an den Panzer-Skandal von 1991. Damals strauchelte ein CDU-Schatzmeister, nun stand deswegen ein Waffenlobbyist vor Gericht.) Konzernchef Fritz Thyssen bekannte in seinem Buch »I paid Hitler« folgende Zusammenhänge: Im Januar 1932 ermöglichte es Thyssen, dass Hitler im Düsseldorfer Industrieklub vor den führenden Repräsentanten der Wirtschaft für sein politisches Programm werben konnte. Im November unterzeichnete Thyssen eine Eingabe des Reichsbankpräsidenten Hjalmar Schacht, des Industriellen Albert Vögler und des Bankiers Kurt von Schröder an Reichspräsident Paul von Hindenburg mit der Forderung, Hitler zum Reichskanzler zu berufen.[141]

Nachdem die Ausstellung bereits 1965 eröffnet worden war, beschwerte sich die Familie Thyssen 1979 beim bayerischen Ministerpräsidenten. Nun schaltete sich Strauß in die Auseinandersetzung um Thyssen ein. Er beauftragte das Finanzministerium, das für die Gedenkstätte zuständig ist, mit der Erledigung. Dieses holte ein Gutachten des Instituts für Zeitgeschichte ein, das sich auf das Spruchkammerverfahren von 1948 stützt und zum gleichen Ergebnis kommt: »Der Betroffene ist wegen wesentlicher Förderung des Nationalsozialismus an sich ein Belasteter. Frühzeitige Abkehr und ein sehr später aktiver Widerstand sind erwiesen. Eine Entlastung ist trotzdem nicht möglich.« In diesem Sinne

---

[140] Distel, Gespräch 2004.
[141] Fritz Thyssen (1873–1951). Mächtigster Industrieller in Nazideutschland und NSDAP-Mitglied. Er ist für den Krieg gegen die Sowjetunion, fällt aber in Ungnade wegen Ablehnung von Hitlers Krieg gegen die Westmächte. 1940 in Südfrankreich verhaftet. In den KZ Sachsenhausen, Buchenwald und Dachau als »Sonderhäftling«. 1945 als Geisel nach Südtirol. Von Alliierten bis 1948 interniert, als »minderbelastet« eingestuft. 1950 Rückerstattung seines Vermögens.

wurde der Zusatz zu dem Thyssen-Exponat formuliert, den Barbara Distel im Interview erwähnt.[142]

Barbara Distel weiter:
»Die Vorgeschichte war politisch schwierig und Otto war unheimlich froh, dass er dazu beitragen konnte, sie durchzusetzen. Das hat ihm große Freude gemacht, er suchte immer die politische Auseinandersetzung über historische Fragen, auch die der Vorgeschichte. Zu dieser Zeit fand die KZ-Geschichte kaum Interesse, auch nicht unter Historikern. Das hat sich erst sehr langsam verändert. Den Beginn des Interesses der Zeitgeschichtsforschung kann man mit dem Beginn der KZ-Prozesse vor deutschen Gerichten datieren, als historische Gutachten dazu erstellt wurden. Zum Auschwitz-Prozess 1965 in Frankfurt haben Mitarbeiter des Münchner Instituts für Zeitgeschichte, unter ihnen Professor Martin Broszat, zum ersten Mal Gutachten zur Geschichte der Konzentrationslager erstellt. So wurden die Fragen zuerst von Seiten der Justiz formuliert, bevor sich die Geschichtswissenschaften damit befassten.

In der KZ-Gedenkstätte haben sich die Besucherzahlen von Mitte der 1970er- bis Mitte der 1980er-Jahre von 300.000 auf über 900.000 verdreifacht. Die Zahl der deutschen Besucher hat besonders stark zugenommen, da immer mehr Schulklassen gekommen sind.

Die 68er-Bewegung hat die Besucherzahlen nicht erhöht. Der Zustrom begann mit dem ›Holocaust‹-Film [1979] und dem sich kontinuierlich weltweit entwickelndem Interesse an dem Thema. Eine der Ursachen des enormen Zuwachses an Besuchern war ein Generationswechsel unter deutschen Lehrern. Es entstanden zahlreiche Geschichtsinitiativen, Projekte lokaler Geschichtsaufarbeitung – das alles trug dazu bei, dass das Interesse an der Gedenkstätte Dachau wuchs. Aber es war nicht nur auf Deutschland beschränkt, es war weltweit.«[143]

Barbara Distel berichtete auch darüber, wie Otto 1966 die Rechte des C.I.D. sichern konnte:
»Dem Otto ist es mit größtem Geschick gelungen, dass ein Vertrag zwischen der bayerischen Regierung und dem Internationalen Dachau Komitee abgeschlossen wurde. Es gibt bis heute keinen vergleichbaren Fall. Dieser Vertrag sicherte dem Komitee ein Mitspracherecht in allen wichtigen Fragen, die die KZ-Gedenkstätte Dachau betreffen. Probleme müssen in Absprache geregelt werden. Im Zusammenhang mit der Diskussion um die Schaffung einer Stiftung der Bayerischen KZ-Gedenkstätten waren immer wieder Stimmen zu hören, die fragten, wie sich die bayerische Regierung auf diesen Vertrag hatte einlassen können. Otto hatte seinerzeit sehr gute Kontakte zum Finanzministerium. Besondere Unterstützung fand er bei dem damaligen Staatssekretär Panholzer,

---

[142] Schriftwechsel Barbara Distel mit dem bayerischen Finanzministerium im Nachlass O. K.
[143] Distel, Gespräch 2004.

Ruth Jakusch

der selbst aus dem Kreis der NS-Verfolgten kam. Mit ihm hat er den Vertrag vorbereitet und durchgesetzt.«[144]

1965 wurde Ruth Jakusch die erste Leiterin der Gedenkstätte. Ihren Mann, Hugo Jakusch,[145] ein langjähriger Dachau-Häftling, hatte sie bei ihrer Arbeit kennen gelernt. Ruth Jakusch hatte als rassisch Verfolgte emigrieren müssen und kehrte als Angehörige des britischen Militärs nach Deutschland zurück. Von 1963 an hatte sie als hauptamtliche Mitarbeiterin des C.I.D. an der Entstehung der Ausstellung mitgewirkt. Diese wurde zusammen mit zwei rekonstruierten Baracken im September 1965 eröffnet.

Eklats in den sechziger Jahren

Das folgende Jahr war überschattet vom Erstarken der NPD. Schon im Sommer 1965 hatte Fred Haag in der ARD-Sendung »Monitor« den Anstieg neonazistischer Vorfälle in Dachau festgestellt. Im November 1966 wurde die Nazipartei in den bayerischen Landtag gewählt. Während des Wahlkampfes waren die Zufahrtstraßen zur Gedenkstätte mit NPD-Plakaten behängt. Und es waren wohl bereits ein halbes Jahr zuvor wahltaktische Überlegungen, die die Staatsregierung, die unverhohlen zum rechten Rand schielte, »vergessen« ließen, bei der Befreiungsfeier am 8. Mai 1966 einen Kranz niederzulegen.

Das letzte Projekt des C.I.D. war die Errichtung des Mahnmahls auf dem Appellplatz, das am 8. September 1968 eingeweiht wurde.[146] Harold Marcuse schreibt zur Vorgeschichte:

[144] Distel, Gespräch 2004. Beglaubigte Abschrift des Vertrags im Nachlass.
[145] Hugo Jakusch, München, 1911–1991, KZ Dachau 1933, KZ Mauthausen 1939/40, im KZ Dachau bis zur Befreiung. Als Zeitzeuge in der Gedenkstätte und auf Jugendzeltlagern aktiv.
[146] Im Nachlass befindet sich ein Aufruf des Kuratoriums zur bundesweiten Spendensammlung zugunsten der Errichtung eines Mahnmals vom Mai 1967. Die Kuratoren sind wie folgt aufgeführt: Staatsminister Dr. Dr. A. Hundhammer, Senator Ludwig Linsert, Ministerpräsident a. D. Dr. Wilhelm Hoegner, Staatssekretär a. D. Dr. Josef Panholzer, Staatsminister a. D. Dr. Josef Müller, Präsident Maximilian Troberg, Vizepräsident Heinz Meier, Staatsminister a. D. Michael Helmerich, Heinrich Pflüger MdL, Oberbürgermeister Dr. Hans-Jochen Vogel, Dr. Michael Hoeck, Kirchenpräsident Dr. Martin Niemöller, Präses Dr. Wilm, Landrat Dr. H. Pestenhofer, 1. Bürgermeister Dr. L. Reitmeier, Otto Kohlhofer.

»Bei der Einweihung am 8. September 1968 traten viele der 1955/56 überwundenen Differenzen innerhalb des C.I.D. zwischen den (ehemaligen) Kommunisten und den Häftlingen, die nach dem Krieg in hohe Positionen in Nato-Staaten aufgestiegen waren, wieder auf. Die belgischen und französischen Nationalkomitees, die schon immer die Führung im C.I.D. innegehabt hatten, planten eine Prominentenveranstaltung mit Beteiligung von Militärformationen. Die Planungen wurden ohne das Wissen der bundesdeutschen Lagergemeinschaft gemacht, der die Vorbereitung vor Ort oblag. Da die Belgier und Franzosen drohten, sich überhaupt nicht zu beteiligen, wenn ihre Armeen nicht auftreten dürften, willigte Kohlhofer als Repräsentant der Lagergemeinschaft ein. Es scheint, daß er jedoch keinen besonderen Eifer für die militär-bezogenen Vorbereitungsarbeiten entwickelte, denn kurz vor der Feier arbeiteten Komiteepräsident und -sekretär Guerisse und Walraeve fieberhaft, um zum Beispiel die Ehrentribünen errichtet zu bekommen.«[147]
Zudem war ein Stehempfang im Vorraum der Ausstellung geplant – klingende Sektkelche in der Ehrenhalle! Um einen Skandal zu vermeiden, machte Otto seinen Einfluss geltend, dass der Empfang nicht stattfand. (Das sollte ihm anschließend einigen Ärger einbringen.) Noch ein Missklang: Weil sie nicht an den Vorbereitungen beteiligt und ihre Einwände gegen den Nato-Aufmarsch nicht beachtet worden waren, blieben die bayerischen Jugendverbände der Veranstaltung fern. Diese nahm dann folgenden Verlauf: »Vor 5000 Zuschauern marschierten Ehrenkompanien der französischen, US-amerikanischen und belgischen Armeen und der britischen Luftwaffe ein. Die Veranstaltung wurde überflogen von Düsenflugzeugen der Amerikaner und Holländer.«[148]
Ein Augenzeuge berichtet: »Bei der Enthüllung des Mahnmals ›Rampe des Todes‹ im KZ Dachau am 8. September marschierten vor dem bayerischen Landwirtschaftsminister Hundhammer, Berlins Regierendem Bürgermeister Schütz und Vertretern der internationalen Verfolgtenorganisationen je eine französische, englische und US-amerikanische Militärkapelle mit klingendem Spiel vorbei. Der SDS[149] unterbrach das Ritual, indem er lautstark gegen diesen Aufmarsch von Nato-Detachements protestierte und daran erinnerte, daß die griechische Militärdiktatur Konzentrationslager unterhalte und gleichzeitig von der Nato gedeckt werde. Die ausländischen Naziopfer empfanden diese Störung als unziemlich und verwirrend oder vermuteten, des Deutschen nicht

---

[147] Marcuse: Konzentrationslager Dachau, S. 204.
 Es mag sein, dass die Delegationen eine andere Sicht auf Dachau hatten. Sie waren ja die Sieger und Befreier. Vor allem militärisch wurde der Faschismus geschlagen, wobei die Hauptlast die Sowjetunion getragen hatte, die sich bemerkenswerter Weise an dem Spektakel nicht beteiligte.
[148] Ebd., S. 205.
[149] Sozialistischer Deutscher Studentenbund.

mächtig, NPD-Provokationen. In der Empörung diente manche Krücke als Prügel.«[150]

Es gab jedoch auch zustimmende Äußerungen, wie Marcuse schreibt: »Obwohl der Protest einhellig als fehl am Platz bezeichnet wurde, stimmten viele ehemalige deutsche Häftlinge den Protestierenden zu: sie mißbilligten ebenfalls den ›Nato-Aufmarsch‹ und äußerten öffentlich ihre Verbitterung über das ›KZ-Erinnerungs-Establishment‹«.[151]

Ein wackeliger Amateurfilm zeigt Szenen des Vorfalls. Rangeleien und laufende Menschen sind zu erkennen. Auf einem roten Transparent, von jungen Menschen flankiert, sind Textteile zu lesen wie »... Faschismus ... Nato ...« Ein US-amerikanisches Detachement präsentiert. Totale: Das Mahnmal wird von zwei Kameraden enthüllt, einer der beiden knüllt im Laufschritt das weiße Tuch zusammen, es ist Otto. Plötzlich ist Otto ganz im Bild. Er stellt sich neben Resi und säubert seinen schwarzen Anzug, er lächelt Resi zu und fährt sich mit einer typischen Geste durchs Haar.[152]

Die Proteste richteten sich auch gegen Schütz, der als Vertreter des Bundespräsidenten eine Rede hielt. Als Regierender Bürgermeister von Berlin war er letztlich für die Übergriffe der Polizei verantwortlich, bei denen Benno Ohnesorg am 2. Juni 1967 durch eine Polizeikugel ums Leben gekommen war.

Die Vorfälle um den 8. September hatten einen scharfen Streit im C.I.D. zur Folge. Auf der Generalversammlung des C.I.D. tags darauf in München blieb Otto bei seiner ablehnenden Haltung zum militärischen Gepränge. Er wurde unterstützt von den deutschen Kameraden, dazu gehörten Oskar Müller ebenso wie die Vertreter der DDR.

Otto hatte seit 1962 als deutscher Bevollmächtigter dem Exekutivkomitee angehört und wurde wieder gewählt. Doch schon in einem Rundschreiben des C.I.D. von 27. September 1968 wurde ihm und Robert Eisinger[153], dem Vorsitzenden der Lagergemeinschaft Dachau, vorgeworfen, »den Geist der Kameradschaft verletzt zu haben«, weil sie gegen den Militäraufmarsch opponiert hätten. Die Anschuldigungen gingen bis zu der Behauptung, sie hätten auch die Proteste mitorganisiert.

Auf der Tagung des Exekutivkomitees im Mai 1969 gipfelten die Vorwürfe

---

[150] Günter Gerstenberg: »Hiebe, Liebe und Proteste – München 1968«. Broschüre zur gleichnamigen Ausstellung im Münchner Gewerkschaftshaus, S. 68. (Hrsg.: DGB-Bildungswerk und Archiv der Münchner Arbeiterbewegung).
[151] Marcuse: Konzentrationslager Dachau, S. 205.
[152] Der Film wurde auf ein Videoband überspielt, das sich im Archiv der KZ-Gedenkstätte befindet.
[153] Robert Eisinger, geb. 6.6.1900 in München, wegen Verbreitung illegaler Schriften verhaftet. Mehrere Male im KZ Dachau: April 1933, 1938, Februar 1945.

Guerisses an Otto darin, dass dieser die öffentliche Meinung gegen das C.I.D. aufgewiegelt habe. Er wurde in stundenlanger Diskussion bearbeitet, sich der Disziplin des C.I.D. zu unterwerfen. Er sollte anerkennen, dass seine Handlungen um den 8. September falsch gewesen seien.

Im Protokoll heißt es: »Kamerad Kohlhofer bleibt bei seiner hartnäckigen Weigerung und verläßt die Sitzung um 20.30 Uhr. Er ist der Ansicht, daß das Exekutivkomitee als Diktator auftrete, und erklärt, daß er den Standpunkt des Exekutivkomitees nicht billigen könne.«[154]

Mit einem Brief vom 27. November 1969 demissionierte Otto, Fred Haag wurde sein Nachfolger im Exekutivkomitee. Man glaubt, Otto aufatmen zu hören, wenn er dieses Kapitel so abschließt:

Hernach, wie die Sache fertig war, habe ich mich ja da wieder zurückgezogen. Ich bin also nicht mehr Mitglied vom Komitee, weil ich der Meinung war, die Sache ist fertig. Und da gab's zum Schluss ja so einige Differenzen, was ja immer natürlich ist, wenn man so lange Jahre – das waren ja immerhin fast 15 Jahre – zusammenarbeitet und viele, viele Probleme und dadurch auch viele Aufregungen hat, die mich zwar gar nicht mehr so aufregen, aber das war für die anderen schon anders. Dann ist man irgendwie verbraucht. Man hat sich abgewetzt. Und dann habe ich mir auch gedacht, na ja, die Sache ist fertig, ich möchte da gar nicht weiter bleiben in dem Komitee und warten, bis das so ein alter Veteranenverein wird. Das wollte ich dann auch nicht und hab' mich dann zurückgezogen. (Psk)

Otto war, wie sich Barbara Distel erinnert, in den folgenden Jahren immer verfügbar für die Gedenkstätte, »er war immer im Hintergrund«. Er stand bereit für inhaltliche Fragen, für Beratung und er wurde immer mehr zu einem gefragten Gesprächspartner für Schulklassen.

»Sein Tod war ein ganz großer Verlust, weil dann niemand mehr da war mit einem vergleichbar umfangreichen inhaltlichen Wissen. ›Meingott, jetzt bräuchten wir den Otto‹, haben wir an der Gedenkstätte gesagt, wenn es irgendwo gebrannt hat. Zum Zeitpunkt von Ottos Tod war Eugen Kessler Vorsitzender der Lagergemeinschaft Dachau. Ihm folgte dann der jüdische Überlebende Max Mannheimer als Vorsitzender. Max, der in der Tschechoslowakei geboren wurde, hatte eine völlig andere Verfolgungsgeschichte. Nachdem mit Ausnahme eines Bruders seine ganze Familie ermordet worden war, hatte er sich nach der Befreiung zunächst für lange Zeit ganz abgeschottet. Erst mit Veröffentlichung seiner Erinnerungen in den ersten Dachauer Heften von 1985 hat er angefangen, als Zeitzeuge zu Verfügung zu stehen. Dann hat er sich auch in der Lagergemeinschaft und dem Internationalen Komitee engagiert.«[155]

---

[154] Schriftwechsel und Protokolle im Nachlass O.K.
[155] Distel, Gespräch 2004. Eugen Kessler war Nachfolger von Robert Eisinger im Vorsitz der LGD. Vorsitzender ist nun Max Mannheimer.

Als Ruth Jakusch im Jahre 1975 als Leiterin der KZ-Gedenkstätte in den Ruhestand ging, war es für alle klar, dass Barbara Distel ihre Nachfolgerin wurde. Sie war als langjährige Mitarbeiterin von Ruth und Otto mit der Arbeit und allen damit verbundenen Problemen vertraut.

Otto mit Barbara Distel, 1984

8. Eine Spur in der Geschichte hinterlassen – Die letzten Lebensjahre

Die Brücken schlagende Solidarität unter den Häftlingen, die es trotz aller Entmenschlichung im Lager gab, war eine solche Spur in der Geschichte. Otto hat dazu beigetragen. Seine Fähigkeit, Menschen zusammenzuführen und zu bewegen, wird auch in den siebziger und achtziger Jahren eine Rolle spielen – und wiederum eine Spur ziehen. Ein neuer Lebensabschnitt beginnt.

Durch das Interview, das Angelika Pisarski 1986 mit Otto gemacht hatte, gewannen wir nach seinem Tod noch einmal einen neuen Einblick in sein Denken und seine Einschätzung der politischen Situation dieser Jahre. Seine menschliche Haltung und sein politischer Standpunkt waren merkbar geprägt von seinen Erfahrungen in der KZ-Zeit.

Otto, ca. 1975

Auf die Frage, ob er seine Erlebnisse mit professioneller Hilfe aufgearbeitet habe, antwortete er mit Optimismus:

Eigentlich habe ich das selbst aufgearbeitet. Wobei ich vielleicht da wiederum erwähnen muss, dass ich, wo wir hier [in der Gedenkstätte] gearbeitet haben, der einzige Häftling war. Und das war unheimlich von Vorteil. Ich habe natürlich schon meine eigenen Vorstellungen als Häftling mit einbringen können. Das ganze Problem der Selbstdarstellung – wie das vielleicht sonst der Fall ist, dass ein Häftling immer versucht, sich selber darzustellen – das habe ich einfach nicht gehabt. Ich habe denen sehr viel erzählt. Aber ich sehe das einfach ein bisschen anders. Für mich ist das gar nicht das Problem, die Darstellung des Leidens usw., das war für mich gar nicht mehr so von Bedeutung. Ich habe selber versucht, damit fertig zu werden.

Ich hab mich nach kurzer Zeit erholt, habe einfach normal und vernünftig gelebt. Und dadurch habe ich meine Gesundheit so einigermaßen erhalten, habe das Rauchen bald aufgegeben, früher habe ich auch geraucht. Ich habe ein bissel Sport betrieben, bin zum Bergsteigen gegangen. Ich bin – wie ich so einigermaßen auch wirtschaftlich in der Lage war, so nach der Währungsreform – zum Skifah-

ren gegangen, was ich heute noch tue. Ich hab dann wieder so einen alten Sport rausgeholt, den ich nicht vergessen hab: ich hab das Eislaufen wieder angefangen. Ich gehe heute noch gerne zum Eislaufen. Und ich habe viele andere Sachen gemacht. Ich habe da so bestimmte Interessen, wie zum Beispiel Architektur, die hat mich immer interessiert, Kunstgeschichte und so fort. Auch in der Zeit, wo ich noch so belastet war mit Arbeit, habe ich das immer gemacht. Dadurch habe ich einfach so eine bestimmte Distanz bekommen, und habe auch immer wieder, was ich ja heute kann, das alles in einen Zusammenhang stellen können und dadurch so viel begriffen. Also mich schmeißt nicht gleich etwas raus. (Psk)

Fragen zu »Ressentiments« gegen die Nazis oder gegen jene, die ihm das alles angetan haben, umgeht Otto, denn »das führt ja zu nichts«. Über den Verlust seiner »besten Jahre« befragt, in denen er ja eingesperrt war, sagt er, er empfinde keine Bitterkeit darüber. Er würde in der gleichen Situation dasselbe wieder machen: *Ich glaube nicht, dass es das Gleiche gibt. Und trotzdem würde ich nicht irgendwie zurückweichen.* Wichtig war ihm vielmehr immer die Frage, wie es überhaupt dazu kommen konnte. In Diskussionen, die er mit Freunden und Kollegen führte, in den Gesprächen mit jungen Menschen in der Gedenkstätte bezog er dazu vielfach Stellung:

Für mich sind die Nazis nicht in erster Linie verantwortlich. Nicht einmal Hitler und Göring, Goebbels, Himmler usw. Denn die haben ja nur die Macht bekommen. Meiner Meinung nach sind das noch nicht die Hauptverantwortlichen.

Und jetzt muss sich die Frage stellen, wer ist denn dann verantwortlich? Wer hat ihnen die Macht übergeben? Das kommt bei den verschiedenen Historikerkongressen, aber auch schon früher, gar nicht so richtig zum Ausdruck. Es war ein einziger Historiker, der vor drei Jahren auf diesem Historikerkongress in Berlin ungefähr meine Meinung vertreten hat, der die Frage gestellt hat: Wer ist denn verantwortlich?[156] *Hitler hätte doch keine Macht bekommen, wenn dieses ganze Instrumentarium der Weimarer Republik angewendet worden wäre. [...]*

Wer sind heute diejenigen, was machen sie heute, was tun sie heute? Die Gleichen! Die haben doch immer noch Macht. Das sind die ganz gleichen Leute, die ganze Struktur, Konzerne, Banken. Das sind doch die, die heute die wirtschaftliche Macht ausüben und die am Ende auch zusammen mit den Militärs, mit Polizei, eben mit dem ganzen Apparat, Verwaltung, Schulen usw. Macht ausüben. Und am Ende, wenn es sein muss, ... jetzt ist noch keine Notwendigkeit bei einer satten Mehrheit von über 50 Prozent da in Bayern. Aber wenn man

---

[156] Mit großer Wahrscheinlichkeit ist hier Reinhard Kühnl gemeint: geb. 1936. Dr. phil., Professor für Politikwissenschaft an der Universität Marburg. Zahlreiche Buch- und Zeitschriftenveröffentlichungen zur deutschen Geschichte im 19. und 20. Jahrhundert. Vgl. Reinhard Kühnl: »Der deutsche Faschismus in Quellen und Dokumenten«. Köln: Papyrossa Verlag, 2000.

genauer hinhört, die politischen Aussagen usw., dann könnte man schon Angst kriegen. Nur, und das ist nun auch etwas Neues und Teil einer Erfahrung: Ich hoffe also doch, ... wir haben eine Jugend, die nicht mehr so leicht ... (Psk)

Friedensbewegung

Otto spielte in der zuletzt zitierten Interviewpassage auf seine Erlebnisse bei der Friedensdemonstration 1981 in Bonn an, als dort 300.000 Menschen versammelt waren. Es sei ein ungeheurer Eindruck für ihn gewesen, sagte er darüber. Er setzte seine Hoffnung in die Jugend, denn bei ihr *kann man doch sehr gute Ansätze feststellen, eine Perspektive mit begründeter Aussicht. Ja, und eine andere gibt es nicht. Das andere wäre die gegenteilige Entwicklung und das ist das Ende. Da bin ich dann allerdings schon so konsequent – bei dem jetzigen Stand der Technik beim Militär ist das das Ende. (Psk)*

Was Otto hier knapp formuliert, ist der »Overkill«, die technische Möglichkeit, alles Leben auf der Erde mit Atomwaffen auszulöschen. Diese Gefahr im Wettrüsten der beiden Supermächte beschäftigte ihn. (Dabei wies er in Gesprächen immer darauf hin, dass es die USA waren, die der Sowjetunion den Rüstungswettlauf aufzwangen.)

Überlegungen wie diese sollten einen großen Teil seines Engagements in den achtziger Jahren bestimmen. Schon in der Adenauerzeit war er gegen die Remilitarisierung aktiv. Er erinnerte sich an den Stockholmer Appell von 1950, der ein Verbot aller Atomwaffen forderte. In der BRD wurde die Sammlung von Unterschriften stark behindert:

Das war nur ein ganz kleiner Kreis, der da aktiv war, der mit dem Stockholmer Appell von Tür zu Tür ging. Und wie war das da? Da ist die Polizei hinten nach, da hatte die Polizei einen Rieseneinsatz, hat den ganzen Häuserblock umstellt und alles, was da drin war, raus und verhaftet. (Psk)

Hier soll auch die »Ohne Uns«-Bewegung erwähnt werden, die 1951 eine breite Unterschriftensammlung durchführte. Fast eine Million Menschen wurden befragt, 94 Prozent sprachen sich gegen die Remilitarisierung der BRD aus – trotz 7000 Verhaftungen von Helfern und 1000 Gerichtsverfahren. Es war eine Friedensbewegung, die den Herrschenden offensichtlich zu schaffen machte. Die FDJ als eine treibende Kraft wurde 1951 verboten, ebenso andere Organisationen.

Eine Episode, die Otto gerne schmunzelnd erzählte, muss sich wohl in dieser Zeit zugetragen haben. Mit Alice Bargel, der Frau eines Genossen, war er eines Abends unterwegs, um Unterschriften zu sammeln. Als eine Polizeistreife auf sie aufmerksam wurde, mimten sie ein verliebtes Paar und verharrten eng umschlungen, bis die Gefahr vorüber war.

Wenn Otto sich engagierte, dann tat er es immer mit großem Einsatz. Von seinem Rockaufschlag war die Plakette mit der Friedenstaube nicht mehr wegzudenken. Für die Pasinger Friedensinitiative stand er an Infoständen und setzte sich mit der herrschenden Meinung auseinander:

Ich hab' das oft erfahren ... ich stehe auf der Straße und werde angeredet, manchmal recht unfreundlich und manchmal recht zynisch; wenn einer herkommt und spricht nach, was ihm vorgesprochen wird von Strauß und von Kohl, dass alles in Ordnung sei. Da kommt einer her und sagt: »Ja, die Deutschen in der Bundesrepublik haben doch die Raketen gewählt, die haben doch die Regierung gewählt.«

»Ja«, hab ich gesagt, »ich kann mich aber noch genau erinnern, der Wahlkampf dieser Regierung, also dieser so genannten Wenderegierung [Kohl], der wurde doch in erster Linie aus wirtschaftlichen Erwägungen geführt; damals hat man gesagt, man will eine Wende, man will den Aufschwung, deshalb wurden sie gewählt, aber man hat doch die Raketen nicht gewählt!« (Psk)

Der so genannte Nato-Doppelbeschluss, der von Bundeskanzler Schmidt 1979 initiiert wurde, sah die Stationierung von Raketen bei gleichzeitigen Abrüstungsverhandlungen vor. Das führte zu einem Anwachsen der Friedensbewegung, die gegen die Nachrüstung Stellung bezog, und deren Höhepunkt die 300.000 in Bonn versammelten Menschen bildeten.

Und in der gleichen Woche ist Schmidt nach Washington gefahren und hat dem Reagan, der war schon Präsident, hat dem also erklärt, er muss mal was machen. Es ging ja um die Verhandlungen, das war ja der Doppelbeschluss. Das war nämlich der Hintergrund.

Die Politiker haben natürlich versucht, sich die Federn selber anzustecken, sie haben's ausgelöst, weil sie nach Washington gefahren sind. Da hat doch die Dönhoff [157] geschrieben: Wenn jemand das Verdienst hat, dass heute verhandelt wird in Genf, dann ist das die europäische Friedensbewegung. (Psk)

Die Chance für politische Veränderungen sah Otto in »einer großen außerparlamentarischen Mehrheit«. Er, der »notgedrungene« SPD-Wähler, freute sich ungemein, als diese Partei beim Münchner Parteitag 1982 ihrem Kanzler nicht mehr folgen wollte, als vor den Toren des Parteitags die SPD-Basis gegen die Raketen demonstrierte. Über die aufkommenden Grünen machte er sich nicht viele Gedanken, sie waren ihm »zu unreif«.

Immer verstand Otto es, seine Naturfreunde-Gruppe[158] zu mobilisieren und die eingefleischten Bergsteiger auch für die große Politik zu interessieren. 1983 nahm er mit ihnen an der Menschenkette von Stuttgart nach Ulm gegen die Raketenstationierung teil.

---

[157] Marion Gräfin v. Dönhoff (1909–2002). Widerstand und Exil; Publizistin; 1968–72 Chefredakteurin, ab 1972 Herausgeberin (später Mitherausgeberin) der ZEIT; 1971 Friedenspreis des Dt. Buchhandels.

[158] »Die Naturfreunde« wurden 1895 in Wien gegründet. Als Teil der Arbeiterbewegung

Menschenkette, 1983

Die »Watzmänner«, wie sich die Naturfreunde-Sektion München Süd nennt, fuhren anlässlich des Ostermarsches 1986 auch gemeinsam nach Wackersdorf, um gegen die geplante Wiederaufbereitungsanlage zu protestieren. Sie erlebten dort »am Zaun« den ersten CS-Gas-Einsatz der Polizei gegen Demonstranten in der BRD. Mit tränenden Augen duckten sie sich unter den knatternden Rotoren der tief fliegenden Hubschrauber und sahen entsetzt, wie junge WAA-Gegner niedergeknüppelt wurden.[159]

Bei der Demonstration von 180.000 Menschen gegen die Raketenstellung in Hasselbach im Taunus im Oktober 1986 ist der Enkel von Otto Kohlhofer schon mit dabei.

Zeitzeuge

Von der Gedenkstätte wurde Otto immer wieder aufgefordert, sich als Zeitzeuge für Gespräche und Vorträge zur Verfügung zu stellen, so auch 1985 zu

hatten sie das Ziel, die Menschen aus den dumpfen Fabriken und Mietskasernen in die Natur zu holen und sie – erklärtermaßen – für den Kampf um eine bessere Gesellschaft zu stärken. 1905 Gründung der Münchner Naturfreunde.

[159] Innenminister Tandler (CSU) hatte dieses völkerrechtlich geächtete Kampfgas der Presse schon 1984 vorgeführt. Mit großem Feingefühl wählte er dafür das Gelände der Bereitschaftspolizei in Dachau, die ehemaligen SS-Kasernen also, unmittelbar neben der KZ-Gedenkstätte.
Die Wiederaufbereitungsanlage (WAA) war ein Lieblingsprojekt von Strauß. Einige Jahre später, nach Strauß' Tod, wurde der Bau wegen des anhaltenden Widerstands aus der Bevölkerung, aber auch aus Rentabilitätsgründen von den Konzernen, darunter z. B. Siemens, eingestellt.

einem Jugendtreffen. Elfriede Irlbeck, eine Aktivistin der Friedensbewegung, die ihn dort kennen lernte, erzählt:

»Ich war von der katholischen Jugend nach Freising zu einer Veranstaltung eingeladen, die ›Widerstand gestern und heute‹ hieß. Es war Wackersdorf, es war Nachrüstung, Pershing, Cruise Missiles, wir waren in Mutlangen usw. Ich war in Pax Christi aktiv. Ich sollte den jungen Leuten erzählen, was wir machen. Und es war deswegen interessant, weil das jährliche Korbiniansfest war. Da gehen von der ganzen Diözese die jungen Leute in der Nacht los und sind dann am Domberg in Freising.

Die Katholische Jugend war immer sehr politisch und hat verschiedene Leute eingeladen. Dann habe ich einen älteren Herrn gehört. Und meine Ohren sind immer größer geworden, als er aus seiner Zeit erzählt hat, von seiner Einstellung, die ihn letzen Endes nach Dachau gebracht hat. Später hab ich mir dann den Zusammenhang eher erklären können. Entweder haben ihn die jungen Leute selber gekannt oder der Prälat Hoeck[160], der mit ihm im Lager war und ihn sehr geschätzt hat, hat ihn eingeladen ... Kommunisten und Christen – da ist ja am Anfang in der Ideologie nicht so viel Unterschied. Ich hatte ja schon draußen gesehen, wie herzlich der Prälat Hoeck den Otto begrüßt hat.

Ich fand die Erzählung spannend, weil ich ja wusste, welche Konsequenzen Widerstand damals hatte. Es war immer meine Rede, und mein Resümee, dass Widerstand heute ja nicht gefährlich ist – keiner von uns ist eingesperrt worden. Manchmal haben sie dich ein bisschen in die Enge getrieben oder ein Transparent zerknüllt. Bei Sitzblockaden war es dann wieder schwieriger. Aber es ist niemand so behandelt worden wie im Nationalsozialismus. Und der Mann, der so behandelt wurde, stand jetzt vor mir ... Ja, dann war Diskussion.

Und beim Heimfahren in der S-Bahn sehe ich den Mann wieder. ›Ich fand das so gut, was Sie da gesagt haben. Das war für mich ungeheuer beeindruckend.‹ Dann hat er mich auch bestätigt, da haben wir uns gegenseitig ein bisschen gelobt. Ich stellte mich auch als Naturfreundin vor, von den Reichenhallern. Die sind nicht so politisch.

Otto hat Leute motivieren können, zum Ostermarsch mitzugehen. Was mir so gefallen hat, war diese wirkliche Offenheit, seine Gradlinigkeit, der hat sich nie verbogen. Und sich nicht in eine Ideologie zwängen lassen.

›Du‹, hat er gesagt, ›in Pasing sind Leute von der Friedensbewegung, kannst du denen nicht mal was erzählen?‹ So hat mich der Otto dann nach Pasing geschleift. Er hat gesagt: ›Da ist jetzt dein Platz, das musst du jetzt machen.‹

Darin bestand Ottos Autorität, dass jeder wusste, dass er für seine Überzeugung eingestanden ist!«[161]

---

[160] Dr. Michael Hoeck (geb. 1903). Schriftleiter der »Münchner Katholischen Kirchenzeitung«, 1941–1945 KZ Sachsenhausen, dann neben Niemöller und Neuhäusler Sonderhäftling im KZ Dachau. Rektor der Domkirche Freising.

[161] Gespräch über Otto mit Naturfreunden am 23.7.2004.

Als Zeitzeuge vor dem Krematorium, Juni 1988

Literaturtage in Weiden, Mai 1985. Otto in Bildmitte, sitzend, links von ihm Lina Haag

Edi Eben, ein Lehrer und Mitglied der Naturfreunde, berichtete von Ottos eigener Sicht der Dinge:

»Ich habe Führungen von Otto mit Schulklassen in Dachau mitgemacht. Ich muss gleich das Ende vorwegnehmen: Die Schulklassen waren enttäuscht. Die wollten hören, wie es im Lager gewesen ist. Wie der Maislinger Adi erzählt hat, so ganz unmittelbar. Otto wollte das überhaupt nicht. Der wollte über die Gegenwart sprechen. Er hat das zum Anlass genommen, um über den Geist der Lagerstraße zu sprechen. Und darüber, wie es politisch weitergehen soll. Und die Schüler wollten genau wissen, wie es war mit dem Prügelbock usw. Sie sagten am Schluss: ›Der verharmlost das Ganze ja.‹ Sie haben nicht verstanden, worum es ihm ging. Warum er so was gar nicht erzählen wollte. Er wollte gar keine Führung in dem Sinne machen, er wollte in der Gegenwart leben. Nicht immer nur in der Vergangenheit. Otto hat das so gesagt: ›Wenn ich jeden Tag draußen bin, dann komm ich aus der Gegenwart weg, daraus wird dann so ein Museum, das für sich dann eine Wirkung erfährt, aber ich will ja die Gegenwart haben und hier leben und nicht immer zurück schauen. Jeden Tag nach Dachau zu fahren, das würde ich nicht durchhalten. Ich will das zum Anlass nehmen, dass man die Konsequenzen daraus zieht. Und den Geist der Lagerstraße vermitteln.‹«[162]

Trotz seiner Bedenken, sich zu sehr in der Vergangenheit zu verlieren, war er natürlich immer wieder als Zeitzeuge unterwegs. So war er im Mai 1985, zusammen mit Lina Haag, couragierte Widerstandskämpferin und Autorin des Buches »Eine Hand voll Staub«[163] zur Jahrestagung des Verbands deutscher Schriftsteller in Weiden in der Oberpfalz eingeladen.

Diskussionen in einem bayerischen Ministerium

Einiges ist noch über die Zeit zu berichten, bevor Otto Ende 1978 die flexible Altersgrenze erreicht. Nach der Gedenkstättenarbeit stieg Otto wieder in den Ministeriumsbetrieb ein.

Ich hab mich dann auch beruflich entwickelt. Aber dann kam eben die Frage, wie geht es weiter. Die zuständigen Sachbearbeiter in den anderen Ländern waren mindestens alle Regierungsdirektoren, und der bayerische Vertreter ist Angestellter in Gruppe IV A. Da hat doch dann der Rechnungshof einmal interveniert. Dann wurde ich zunächst einmal eingestuft in III und dann noch in II. Aber nicht, weil ich die Unterstützung vom Hundhammer gehabt habe, der Hundhammer war da schon tot. Ich hätte dann noch weiter ... aber ich hab

---

[162] Ebd.
[163] Lina Haag (geb. 1907). Verbrachte vier Jahre in Nazigefängnissen und KZ. Durch ihre Vorsprache bei Himmler erreichte sie wie erwähnt die Freilassung ihres Mannes Alfred Haag (vgl. Fußnote 138). 1947 veröffentlichte sie ihre Autobiografie »Eine Hand voll Staub. Widerstand einer Frau 1933 bis 1945«. Die Autorin lebt in München.

dann eben aufgehört, weil ich vorzeitig mit 63 doch in den Ruhestand bin, weil mir das doch wichtiger war als vielleicht noch mal weiter rauf. (Psk)

Otto war einer der wenigen in Bayern, der »als Volksschüler und Fachschüler und sonst nichts« in den Höheren Dienst kam. Sein Betätigungsfeld war nun die Durchführung und Überwachung des Gasölgesetzes, das 1967 erlassen wurde. Da hatte er eine jährliche Förderungssumme von 170 Millionen DM für 270.000 Landwirte zu verwalten. Da die Abwicklung immer komplizierter wurde, arbeitete er sich in die EDV-Technik ein, deren Datenträger damals noch Hollerithkarten waren.

Sein langjähriger Chef, Dr. Weidinger, lässt keine Zweifel an Ottos Integrität aufkommen: »Es ist auch aus früheren Unterlagen hervorgegangen, dass er das niemals ausgenutzt hat. Es hat ja viele gegeben nach dem Krieg, die sind aus Dachau oder sonst woher gekommen. Und sind dann als Ministerialdirigenten eingestellt worden. Der Otto hat ganz unten angefangen. Der hat sein politisches Schicksal nie ausgenutzt, sondern er ist wirklich aufgestiegen bei uns, weil er so gut war.«[164]

Otto hielt auch im Ministerium mit seinen Ansichten nicht hinter dem Berg:

Natürlich sehe ich auch einen Sinn, dass ich in meiner ganz bescheidenen Situation, in der ich bin, in meiner Umgebung durch viele, viele Gespräche, Diskussionen, die oft ganz konträr sind, doch etwas in Bewegung bringe, also anrege zum Denken. Ich hab doch immerhin einige bei uns im Ministerium, einige junge Leute, völlig verändert. Da waren die anderen natürlich nicht so begeistert. Da war eine Sekretärin von der Jungen Union, die hab ich so weit gebracht, dass sie ausgetreten ist.

Also gerade diese jungen Agraringenieure, mit denen ich viel zu tun gehabt habe, wir haben uns echt angefreundet. Da haben wir also ganz harte Diskussionen gehabt, aber bei einigen ist es mir doch gelungen, die sind dann ausgetreten aus der Jungen Union, sind bei den Grünen gelandet und haben sich da ziemlich engagiert. (Psk)[165]

Ein bescheidener Wohlstand war bei den Kohlhofers eingekehrt. Sie verließen 1976 ihre Höhle in der Nimmerfallstraße, um »ihre letzte Wohnung« im

---

[164] Gespräch mit Prof. Dr. Alois Weidinger und einer ehemaligen Kollegin von Otto am 22.11.2004.
Nach dem Gasölgesetz bekamen damals die Bauern bis zu 31 Pfg./Liter Diesel für ihren Traktorverbrauch zurückerstattet. Diesel hat 48 Pfg. gekostet. So fuhren die Landwirte gerne Selbstzünder-Mercedes, bis das Kraftfahrtbundesamt nachforschte. Der km-Stand wurde verglichen; sie hätten halt woanders getankt, hatten aber keine Belege. Viele mussten da zurückzahlen.
[165] Die Jugendorganisationen von CDU und CSU heißen beide »Junge Union«.

14. Stock des »Ramses« in Neuaubing anzumieten. Ausschlaggebend für diese Wohnmaschine war für Otto das Hallenschwimmbad auf dem Dach. Darin zog er täglich seine Runden, um sich fit zu halten, Resi machte ihm zuliebe sogar einen Schwimmkurs.

Als Otto noch etwa zwei Arbeitsjahre vor sich hatte, kaufte er einen neuen Kleintransporter und begann, diesen zu einem Wohnmobil auszubauen. Die Kollegen im Ministerium nahmen regen Anteil und geizten nicht mit Ratschlägen. Alles machte er selbst, sogar den Gasheizungseinbau. Nur bei der Elektrik spannte er seinen Schwiegersohn ein. Werkstatt war die Garage von Max Gorbach in der Rushaimerstraße. Da es noch keine Fahrradträger gab, ließ er eine eigene Konstruktion, einen Rucksack aus Blech für zwei Klappräder fertigen, den er vom TÜV abnehmen ließ. Mit Resi unternahm er in den folgenden Jahren Fahrten kreuz und quer durch Südeuropa. Später kauften sie einen Wohnwagen, um – wie er sagte – in den südfranzösischen Städten flexibler zu sein.

Entfernung von der Partei

Was der Leser bisher vermissen mag, ist nun die Frage: Wie hielt es Otto in diesen Jahren mit der Partei? Im Ministerium war er nach wie vor »der Kommunist« – für Freunde wie für Gegner. Er verleugnete das nie, auch wenn es unbequem war, wie 1950 beim Adenauer-Erlass. Auch nicht, als der so genannte Radikalenerlass der Brandt-Regierung 1972 die Linken mit Berufsverboten überzog. Auch Angestellte wie er wurden überprüft und wieder weigerte er sich, eine Erklärung zu unterschreiben. Tatsächlich gehörte er nicht der DKP an. Als diese sich im September 1968 neu konstituierte, war er nicht beigetreten: *Weil ich eben einige grundsätzliche Auslegungen im Statut nicht akzeptiert habe. (Psk)*[166]

In den Monaten zuvor hatte er an Gesprächskreisen teilgenommen, die eine Initiative zur Wiederzulassung der verbotenen KPD starten wollten. Diese Diskussionen fanden häufig in der Nimmerfallstraße statt. Die politische Situation für das Vorhaben war günstig in dieser Zeit, die aus heutiger Sicht die demokratischste seit Bestehen der BRD war.[167]

---

[166] Es ist anzunehmen, dass Otto auch Differenzen zum Programm hatte. Dokumente im Nachlass lassen den Schluss zu, dass sich Otto sehr wohl mit programmatischen Fragen befasste. Zum Beispiel der Entwurf zu einem Programm der KPD aus den 60er-Jahren, mit Randnotizen versehen. Oder ein Artikel von P. Togliatti (PCI) mit zahlreichen Unterstreichungen (aus ND 11.9.64). In Gesprächen hat er seine Vorliebe für die italienische und die französische KP betont.

[167] Das Verbot der kommunistischen Partei besteht weiter. Die BRD gehört zu der Hand voll Länder weltweit, wo dies der Fall ist. Die Gründung der Deutschen Kommunistischen Partei (DKP) ist begreiflich aus dem Bestreben jener Aktivisten, die KZ und Adenauerverfolgung erlebte hatten, das Entspannungsklima zwischen Brandt und Breschnew zu nutzen und wieder legal auftreten zu können.

Ernst Grube[168] erinnert sich an Gespräche mit Otto über das Thema Partei:
»Meistens trafen wir uns bei den Gedenkfeiern und Veranstaltungen in der Gedenkstätte des ehemaligen KZ Dachau. Da haben wir viel gesprochen: über gemeinsame Freunde wie den Horrelt Heini oder den Gorbach Max. Aber natürlich und ganz besonders über die Partei. Es ging dann immer um die Frage, dass Otto gesagt hat, in die DKP geht er nicht. Das hat er immer damit begründet, dass es da von oben her Probleme gibt. Dass es oft schwierig ist, zu einer einvernehmlichen Lösung, zu einer Regelung der anstehenden Fragen und Probleme zu kommen. Wenn ich dann gesagt habe: ›Als Kommunist musst' in der Partei sein‹, so war ich erzogen, dann hat er gesagt: ›Na, muasst' net sei‹. Wir wissen, was zu machen ist. Wir haben unser Kommunist-Sein genügend unter Beweis gestellt. Und ich werde auch immer einer bleiben, aber ich werde nicht mehr in die Partei gehen.‹ An eine solche Vorstellung musste ich mich erst gewöhnen. In jedem Fall war das aber seine feste Position. Die Gründe waren beides, also einmal, dass er sich nicht mehr parteipolitisch binden wollte, und zum anderen, dass er sich mit einzelnen Personalentscheidungen nicht anfreunden konnte ... er hat das aber auch an programmatischen Punkten festgemacht. Wenn ich dann die beiden, Resi und Otto, zufällig getroffen habe – einmal in Pasing in der S-Bahn – ging's natürlich nach kurzem Ratsch gleich wieder um die Partei. Das Thema hat uns irgendwie nicht mehr losgelassen.«

Es darf angenommen werden, dass die Entfernung von der Partei tiefere Gründe hatte. Ottos Zusammenarbeit mit konservativen Männern wie Hundhammer und Neuhäusler war bei den Genossen immer wieder auf Vorbehalte und Ablehnung gestoßen. Ein schwelender Konflikt – ausgetragen nur zwischen einzelnen Freunden aus der Partei und Otto –, der darin endete, dass Otto nicht mehr wahrgenommen wurde. Seine persönlichen Freundschaften blieben davon unberührt.

Bei der Trauerfeier für Otto 1988 war kein offizieller Vertreter der damals parteinahen VVN anwesend (was möglicherweise aber auch damit zu tun hatte, dass gleichzeitig die Trauerfeier für Ludwig Eder, den Kreisvorsitzenden der Münchner VVN, stattfand).

Eine weitere Überprüfung musste Otto 1976 über sich ergehen lassen. Darüber berichtete Weidinger, sein ehemaliger Chef: »Damals nach dem Schleyer-Mord ist die Zuverlässigkeit geprüft worden. Da ist auch beim Otto nachgefragt worden. Es ist ein paar Mal Korrespondenz hin und her gegangen. Ich habe dann

---

[168] Ernst Grube (geb. 1932). Als Kind ins KZ Theresienstadt verschleppt. In der Adenauerzeit zwei Mal im Gefängnis: wegen gewerkschaftlicher Tätigkeit gegen die Verlängerung der Ladenschlusszeiten und wegen Betätigung für die KPD. Mitglied des Präsidiums der Lagergemeinschaft Dachau; Stellv. Vorsitzender des Fördervereins für Internationale Jugendbegegnung und Gedenkstättenarbeit in Dachau e.V.; Zeitzeuge.

eine Stellungnahme abgegeben und habe es mir verboten, dass man da in der Vergangenheit herumstochert, weil ja 20 Jahre vergangen waren [seit der letzten Überprüfung] und für die 20 Jahre nur das beste Zeugnis ausgestellt werden konnte. Er hat sich absolut an Grundgesetz und Verfassung gehalten. Ich muss sagen, für mich war der Otto ein Vorbild an Zuverlässigkeit. Wenn ich irgendjemand beschreiben will, der seine Aufgabe absolut ernst genommen hat, dann war es Otto.«

In diesem Zusammenhang lobte Weidinger auch Ottos Loyalität:

»Er hätte ja oft was zurückhalten können. Er hätte sagen können: ›Na ja, die lass ich jetzt nei'sausen, weil das schwarze Politik ist.‹ Aber stattdessen ist der Otto zu mir gekommen und hat gesagt: ›Sie, Herr Weidinger, des müssen's fei' dem Minister sagen, da is' was – das stimmt doch nicht ganz zusammen, da könnt' er reinfallen.‹ Wo ich mir immer wieder gedacht habe, ein anderer hätte mit Absicht hinterm Berg halten können: Na, was interessiert mich die schwarze Regierung …, da war der Otto die absolute Zuverlässigkeit.«

Mit Weidinger hatte Otto auch politische Diskussionen, etwa als 1968 die Warschauer-Pakt-Staaten in die ČSSR einmarschierten. Weidinger erinnert sich an das Gespräch (sie duzten sich): »Ich sagte: ›Da hast jetzt deine Kommunisten!‹ Otto darauf: ›Das ist nicht Kommunismus!‹ Er hat nach Moskau geschrieben und hat sich beschwert. Er hat keine Antwort bekommen. Ein Idealist ohne Gleichen! Dann hat er noch gesagt: ›Käme ich in das System in Russland jetzt, täten's mich auch einsperren.‹«

Reisen

So weit kam es allerdings nicht, als sich Otto 1974 in »das System« begab. Ganz im Gegenteil. Mit Resi und Freunden, insgesamt zu zwölft, besuchte er Leningrad und Moskau. Eine deutschsprachige Führerin, die selbstverständlich Mitglied der KPdSU war, unterhielt sich während des Moskauaufenthalts sehr angelegentlich mit Otto. Er erzählte später immer wieder von jener Larissa und ihrem umfassenden Wissen.

Otto und seine Begleiter wurden von da an bevorzugt behandelt, sie bekamen Sonderservice im Hotel, was Krimsekt und Kaviar satt bedeutete. Auch beim Besuch des Lenin-Mausoleums wurden sie unter Umgehung der Schlange durchgereicht. Diese Extrabehandlung war Otto erklärtermaßen zuwider.

Die Freunde aus der kleinen Reisegruppe berichteten, dass Ottos Russischkenntnisse bei der Fahrt mit der Moskauer Metro sehr hilfreich waren. Er konnte eben die Stationsnamen lesen.

Bei der Ausreise am Moskauer Flughafen wurden sie bereits als »Kommunistische Gruppe« durchgewinkt. In Berlin, der Hauptstadt der DDR, hatte Otto noch Kameraden aus Dachau wie Werner Thalheim besucht. Als sie auf der Heimreise mit dem Auto Berlin in Richtung BRD verließen, bemerkte der

Grenzbeamte, ohne die Papiere zu beachten: »Herr Kohlhofer, zurück aus Moskau?«[169]

Ottos Verhältnis zu den sozialistischen Ländern ist wohl am besten mit dem Stichwort »kritische Solidarität« zu beschreiben. (Wir glauben, dass ihm dieser Begriff gefallen hätte.) Bei Gesprächen über die Sowjetunion ergriff er für sie Partei, trotz aller Kritik, die er an ihrer Politik hatte. Dabei war wohl sein tief verwurzeltes Wissen um die Rolle der Sowjetunion bei der Befreiung vom Hitlerfaschismus ausschlaggebend.[170]

Bei einem Besuch Prags 1979 bekam solche Solidarität ganz praktische Züge. Während alle Freunde der Reisegruppe ihre Deutschmark gegen tschechische Kronen auf dem Schwarzmarkt eintauschten (1 : 20), ging Otto in ein amtliches Tauschbüro (1 : 5). Er schimpfte offen über das Verhalten der anderen, weil sie dem Sozialismus schadeten, wie er es ausdrückte.

Otto und Resi organisierten für die Naturfreunde Reisen nach Wien, nach Rom und Paris. Mit Frieder Köllmayr, einem Mitglied des Freidenkerverbands, bereitete er sie organisatorisch minutiös wie auch kulturhistorisch vor, was bei den Beteiligten große Begeisterung hervorrief. Sie besuchten Ausstellungen wie die über »Entartete Kunst« (eine Retrospektive der gleichnamigen Nazischau von 1937) oder sie begaben sich auf eine antimilitaristische Stadtrundfahrt durch München. Kultur, wie Otto sie begriff, war immer gesellschaftsbezogen und politisch, und so vermittelte er sie seinen Freunden.

Von der Romreise 1981 ist eine Begebenheit überliefert, die typisch für Otto war.

Gleich am ersten Tag wird Otto auf dem Weg vom Bahnhof ins Hotel die Geldbörse geklaut. Otto kann eines der Ragazzi festhalten. Um es frei zu bekommen, zeigen die anderen Kinder, wo die gestohlene Börse deponiert ist, auf dem Reifen eines parkenden Autos. Otto hält das Kind aber fest, bis die Polizei kommt. Und als Erstes verprügeln die das Kind. Da tat es Otto schon wieder Leid, dass er es nicht laufen gelassen hat. Frieder berichtet weiter:

»Es war auf einer unserer Romfahrten im Winter [1981], zwischen Weihnachten und Neujahr. Wir waren auf einen Nachmittag und Abend mit der Bahn hinaus nach Frascati gefahren, einem Wein-Ausflugsort ca. 45 km vor der Stadt. Ein nettes Zusammensein mit gutem Wein und durchschnittlichem Essen; und so etwa um zehn Uhr abends wollten wir wieder heimfahren. Wir standen am Bahnhof, die Zeit verging, zu der der Zug abfahren sollte, es begann leicht zu regnen, wir warteten – und warteten. Nach einigem Suchen

---

[169] Erinnerungen von Edith und Hermann Heimann, Freunden der Kohlhofers.
[170] An solche, oft kontroverse, Diskussionen mit Otto kann sich der Autor erinnern, wobei es um die Debatte zur »Generallinie« Sowjetunion vs. VR China ging. Heute eine andere Sicht der Dinge zu haben, heißt auch, Otto im Nachhinein besser zu verstehen.

fanden wir im verdunkelten Bahnhof dann endlich einen fröhlichen Beamten, der strahlend das erklärende Wort sprach: ›sciopero‹ – Streik. Was tun, mit 50 Leuten aller Altersgruppen, in einem winzigen Ort weit vor der Stadt? Wie in einem schlechten Film brach unter den Fahrtteilnehmern das auf, was im gemächlichen Alltagstrott sonst überdeckt bleibt: Einige jüngere Teilnehmer trampten schnell los – das konnten wir aber nicht mit 50, zum Teil älteren Leuten tun. Ein größerer Trupp begann so richtig loszulegen mit Geschimpfe: Wir hätten überhaupt nicht nach Frascati fahren sollen, das Essen sei auch schlecht gewesen, die ganze Fahrt sei fragwürdig. Wie eine Festung der Menschlichkeit in all dem Chaos sind mir Otto und Resi in Erinnerung, die sich zum einen keinen Augenblick in ihrer optimistischen Grundhaltung beirren ließen und zum zweiten sofort auch organisatorisch die Initiative ergriffen. Sie veranlassten, dass einige Sprachkundige ausschwärmten, und erkundeten, dass in einer Stunde ein Bus nach Rom fahren würde. Jetzt entstand im Nu eine Stimmung von intensiver Gemeinschaft, mit Liedern zur Gitarre und Verbrüderung mit Italienern, die in der gleichen Situation waren. Nach zwei Stunden waren wir alle glücklich wieder im Hotel vereint. Ohne die menschliche Erfahrung, die zutiefst optimistische Grundhaltung von Resi und Otto, wäre dieses Abenteuer wohl nicht so glücklich verlaufen.«[171]

1985 unternahm Otto mit 24 Naturfreunden seiner Sektion »Watzmann« eine Wochenendfahrt nach Slowenien. Sie begaben sich mit Stane Sincovec[172] aus Kranj, der mit Otto im KZ Dachau war, auf Spurensuche im ehemaligen Partisanengebiet. Die Fahrt hinterließ einen tiefen Eindruck bei den Münchner Freunden. Otto schrieb in einem Bericht für die Zeitschrift der Naturfreunde abschließend: »Für die Freunde, die den Krieg mit seinen grauenhaften Erscheinungen nicht oder nur als Kind erlebt haben, war diese Fahrt ein besonderer Anlass, über das Selbstverständnis der Naturfreundebewegung nicht nur als Touristenverein, sondern im Sinne der Völkerverständigung nachzudenken.«[173]

Hüttenwart

Ein neues Tätigkeitsfeld war für Otto und Resi das Naturfreundehaus »Klause im Schindergraben«. Nachdem Otto 1978 in den Ruhestand gegangen war, verbrachten sie die Sommermonate in diesem Haus nahe dem Isarkanal zwischen Schäftlarn und Wolfratshausen. Die Klausenhütte, 1912 erbaut, ist das älteste bayerische Na-

---

[171] Rede Frieder Köllmayrs bei der Matinee zum Gedenken an Otto Kohlhofer am 4.12.1988.
[172] Stane Sinkovec (geb. 1923 in Slowenien). Wegen Widerstandstätigkeit von 1942 bis zur Befreiung im KZ Dachau.
[173] »Wandern und Bergsteigen« Nr. 4/1985.

turfreundehaus. 1933, als die Naturfreunde verboten wurden, nutzten die Nazis das Haus als »SA-Heim«. Seit 1967 gehört es zur Naturfreunde-Sektion München Süd/Watzmann, und fast ebenso lange waren Resi und Otto dort Mitglieder.

Mit den neuen Hüttenwarten kam frischer Wind in die ehrwürdige Klausenhütte. Bald war Ottos handwerkliches Geschick an den vielen Veränderungen zu merken. In der Werkstatt war wieder Werkzeug zu finden. Der Jägersteig zur Höhe hinauf und der Abstieg zum Schinderbach wurden unter seiner Anleitung neu befestigt. Otto trieb die Installierung einer Dusche und den Einbau eines Notausgangs im Dachgeschoss voran. Otto und Resi waren so mit ihrem Sommerdomizil verbunden, dass ihre beiden kleinen Enkel sagten: »Oma und Opa, die wohnen am Schindergraben!«

Mit dem Nachbarbauern Sepp verstand sich Otto gut, so dass der gerne zu einem Schoppen runterkam, also mit seinem Traktor durch den Hohlweg von der Deininger Höhe »runterteufelte«, wie Sepp sagte. Dafür half er bei Arbeitstouren mit Motorsäge und Traktor, wenn ein Baum gefällt und zersägt werden musste.

Viele Freunde kamen auf die Hütte, wenn sie wussten, dass Otto und Resi da waren. Und Resi war als Wirtin ganz in ihrem Element. Auch Urlauber kamen gerne, ob aus Holland oder Frankreich, aus der Pfalz oder von der Ruhr. Wir erlebten Otto oft, wie er mit seiner natürlichen Autorität die Urlauber und Freunde über die aktuellen politischen Tagesfragen aufklärte. Da saß er mit seinem Glas Rotwein am Abend auf der Terrasse, umringt von Naturfreunden aus ganz Europa, und kommentierte die Weltpolitik.

Sommer wie Winter war Otto mit den Naturfreunden in den geliebten bayerischen Bergen. An eine Schitour erinnert sich Ronni Velasco: »Da sind wir auf die Rotwand gegangen. Da haben wir sehr widrige Verhältnisse gehabt. Oben war's verharscht, vereist. Otto war nicht so ein versierter Allrounder im Gelände. Da hat's ihn dann fürchterlich herumgehauen. Jeder hat ihm zugeredet: Otto, es wird schon, da muss man durch. Ich erinnere mich, da ist er wieder so da gestanden, hat seine Sachen zusammengeräumt nach einem Sturz, und dann hat er gesagt: Ja mei', in der Zeit, wo wir Schifahren gelernt haben, und wo's er lernen hätte können, da war er ja eingesperrt. Das war ihm fast peinlich, er hat sich so entschuldigt. Es machte ihm ja keiner einen Vorwurf. Das war eine liebenswerte Geste von ihm.«[174]

Bei allen Feiern am Schindergraben waren Otto und Resi dabei, und der Jahreslauf gab viele Anlässe, mit den Freunden »grüabig« zusammenzuhocken. Nur eine ließ Otto regelmäßig aus: die Sonnwendfeier. So wie er jeden Irrationalismus abgelehnt hat, war sie für ihn zu sehr belastet mit dem Feuerkult der Nazis. »Nein, da geh' ich nicht hin«, und damit war die Sache erledigt.

---

[174] Gespräch Naturfreunde, 2004.

Resis Krankheit

Im Oktober 1987 erkrankte Resi Kohlhofer schwer. Der Verlauf war dramatisch und linksseitige Lähmungserscheinungen machten es notwendig, dass sie ins Klinikum Großhadern gebracht werden musste. Eine lange Zeit der Unsicherheit folgte, die Diagnose war langwierig, was für Otto sehr Nerven zehrend war. Erst einige Tage nach Weihnachten war klar, dass es sich nicht um einen Tumor handelte.

Elfriede Irlbeck erinnert sich: »Was mich sehr beschäftigt hat, das ist nicht politisch, aber das muss ich loswerden: Als die Resi so krank war, hat er mich angerufen und gesagt: ›Du, jetzt ist die Resi so krank, ich schaff' es nicht mehr, ich brauche eine Hilfe. Ich brauche jetzt meine Freunde. Kommst du und übernimmst einen Tag in der Woche?‹ Ja, habe ich gesagt. Und mir gedacht: So ehrlich möchte ich auch einmal umgehen können. Nicht ›Könnten wir nicht vielleicht …?‹ Nein, er hat ganz klar gesagt: Ich brauche jetzt meine Freunde. Und das ist eigentlich ganz stark, wenn man das so sagen kann. Und ich glaube, das hängt schon mit seiner Geschichte zusammen. Hier gibt es Freunde, die mit mir einen Weg gehen. Darum hat es auch für mich gar keine Ausrede gegeben. Er hat mich schon verpflichtet, das hat er schon können … Diese Klarheit der Forderung.«

Resi ergänzte: »Ja, bei meiner Krankheit … Am Montag die Elisabeth, Dienstag die Monika, am Mittwoch die Christa, am Donnerstag die Elfriede, am Freitag die Irma und der Lothar, jeden Tag ein anderer. Damit der Otto entlastet war, der ist dann erst nach dem Mittagessen [ins Klinikum] gekommen und hat mich bis abends betreut, denn ich war ja vollkommen gelähmt.«[175]

Im Januar 1988 war Otto zu einem Hearing der SPD im bayerischen Landtag zum »Lernort Dachau« eingeladen. Die Vorbereitungen dazu machte er neben der Betreuung seiner Frau in der Klinik.

Im Sommer war Resi so weit genesen – wenn auch mit bleibenden Ausfallsymptomen –, dass die beiden wieder in ihrem geliebten Schindergraben wohnen konnten.

In der Nacht des 7. August erlitt Otto im Naturfreundehaus einen Herzinfarkt. Er erkannte die Symptome, denn er hatte in früheren Jahren schon einige Male Beschwerden gehabt und deswegen auch den Arzt aufgesucht. Er machte kein großes Aufheben, rief selbst den Rettungswagen an und packte einige Sachen fürs Krankenhaus ein.

Er war bereits eine Woche in der Intensivstation im Krankenhaus Wolfratshausen, als wir ihn besuchten. An diesem Samstagnachmittag war er guter Dinge und wir sprachen von der nächsten gemeinsamen Bergtour – durchs Fenster winkte fern die Benediktenwand. Am Morgen des nächsten Tages um 7.30 Uhr kam der Anruf in der Klausenhütte. Otto war soeben verstorben.

[175] Gespräch Naturfreunde, 2004.

9. Jugendbegegnung – Lernort Dachau

Es war Otto ein wichtiges Anliegen, mit der Jugend im Gespräch zu sein. Er hat sich immer gegen Heroisierung und gegen den Veteranenstatus gewehrt, weshalb er auch nur ungern Führungen machte. Viel lieber wollte er Gesprächspartner für die Jugendlichen sein, die sich in der Gedenkstätte trafen, um anhand der Vergangenheit über die Gegenwart zu sprechen. Für sie war er immer ein gefragter Zeitzeuge. So legte er auch Wert darauf, dass seine Tochter an der jährlichen Veranstaltung der DGB-Jugend zur Reichspogromnacht am 9. November teilnahm.[176] »Aber zu den Befreiungsfeiern brauchst nicht gehen, da treffen sich nur die Veteranen.« Ihm selbst waren diese Feiern vor allem deshalb wichtig, weil er dort natürlich seine Freunde traf.

Am 9. November 1952 fand eine erste Gedenkveranstaltung auf dem jüdischen Friedhof in Schwabing statt. Hintergrund war das Aufkommen von Organisationen alter und neuer Nazis Anfang der 50er-Jah-

Flugblatt der DGB-Jugend zum 9. November 1978

---

[176] 1958 veranstalten DGB-Jugend, Bayerischer Jugendring (BJR) und Kreisjugendring erstmals gemeinsam eine Gedenkkundgebung auf dem KZ-Gelände zum 9. November. Redner waren seitdem u. a. Willy Brandt, Bruno Kreisky, Hans-Jochen Vogel, Ignatz Bubis, Christian Ude.
Seit 1976 ist die DGB-Jugend alleiniger Veranstalter. Nach wie vor findet die Gedenkstunde jährlich am 9. November statt.

re.[177] 1956 fand sich ein Gesprächskreis zusammen, der diese Veranstaltung regelmäßig koordinieren sollte. (In diesem Jahr sprach Ludwig Linsert, der DGB-Landesbezirksvorsitzende, vor dem Krematorium in Dachau.) Anhand der politischen Lage wurden die Redethemen und die Gestaltung vorbesprochen. Diese Runde, in der Otto die ehemaligen Häftlinge vertrat, bestand Jahre lang. Hier traf er den ehemaligen Häftling und Gewerkschafter Bertl Lörcher, Rudi Scheuermeier vom Kreisjugendring München, den Gewerkschafter Xaver Senft und den jungen Sekretär des Bayerischen Jugendrings, Hermann Kumpfmüller.[178]

Zusammen mit Otto verfolgte er in den 60er-Jahren – damals schon Präsident des Bayerischen Jugendrings – die Idee, im Westflügel des Wirtschaftsgebäudes auf dem KZ-Gelände Räume für die Begegnung Jugendlicher mit Überlebenden zu schaffen.

Die Angehörigen der US-Armee, die den Westflügel (bis 1974) nutzten, signalisierten Bereitschaft dazu. Otto, der schon Beauftragter des C.I.D. war und die Idee freudig unterstützte, fand aber kein Gehör beim Komitee. Jugend auf dem KZ-Gelände? – Das C.I.D. »mauerte« und damit war die »Westflügelidee«[179] vom Tisch.

1961 – Der Kalte Krieg ist auf dem Höhepunkt, in Bonn regiert Adenauer. Aus dem Bundesjugendring kommt die Idee, in Dachau und München ein internationales Treffen zum Thema »Jugend und Widerstand« durchzuführen, bei dem sich ehemalige Häftlinge und Jugendliche begegnen. Es wird für Juni desselben Jahres angesetzt. Ein Kuratorium mit prominenten Vertretern aus Kirchen, Gewerkschaften und Politik kommt zustande, insgesamt 25 Persönlichkeiten. Den Vorsitz übernimmt der bayerische Ministerpräsident Ehard, CSU. Doch die rechte Presse, von Kapfingers »Passauer Neue Presse« bis zum »Münchner Merkur«, eröffnet das Feuer auf das Vorhaben. Deutschland solle diffamiert werden, die Delegationen des »Ostblocks« würden politische Demonstrationen in Dachau veranstalten, heißt es in den Kommentaren. Kumpfmüller, damals noch Assistent des BJR-Präsidenten, bekommt als Geschäftsführer des Vorbereitungsausschus-

---

[177] 1949 Witikobund, 1950 Jugendbund Adler, 1951 HIAG – »Hilfsgemeinschaft auf Gegenseitigkeit der ehem. Angehörigen der Waffen-SS«, 1952 Wikingjugend.
[178] Bertl Lörcher war damals Leiter der Gewerkschaftsbuchhandlung, Rudi Scheuermeier Geschäftsführer des KJR München, Xaver (»Xari«) Senft Landesjugendsekretär des DGB, später stellv. DGB-Landesbezirksvorsitzender.
Hermann Kumpfmüller (geb. 1932). Jugendleiter bei der Katholischen Jugend, Sekretär beim BJR, dessen Präsident von 1964 bis 1971, Direktor der Volkshochschule München bis 1996, Vorsitzender des Fördervereins von 1998 bis 2002.
[179] Gespräch mit Hermann Kumpfmüller am 2.6.2005.

ses den Auftrag, nach Luxemburg zu reisen und mit dem C.I.D. die Situation zu klären. Rudi Scheuermeier vom KJR München-Stadt ist ebenfalls dabei. Ihnen steht Otto als deutscher C.I.D.-Vertreter zur Seite. Ihr Ziel ist es, das C.I.D. für eine Erklärung zu gewinnen, dass die nationalen Lagerkomitees auf politische Äußerungen, Transparente und Demonstrationen verzichten. Kumpfmüller und Scheuermeier warten stundenlang vor den Türen des Tagungsraumes, um ihre Vorschläge vorzutragen. Die C.I.D.-Sitzung wurde beendet, ohne sie gehört zu haben. Sollte die Reise vergebens gewesen sein? Sie wussten, dass die Idee des Treffens in Dachau ohne eine Erklärung des Komitees scheitern würde. Otto machte nun außerhalb der Sitzung seinen Einfluss geltend, vermittelte und führte während der ganzen Nacht Einzelgespräche mit den Komiteemitgliedern. So fand tags darauf doch ein Gespräch mit dem C.I.D. statt und die Vorschläge wurden akzeptiert. Die Kameraden in den jeweiligen Ländern sollten instruiert werden.

Die Vorbereitungen konnten also fortgesetzt werden – aber der Kalte Krieg wirkte auch in Bayern. Beamte des Verfassungsschutzes suchten Kumpfmüller auf, den sie schon lange als gefragten Experten für »Rechtsradikalismus in der Jugendarbeit« kannten. Dieser hatte im Auftrag des Bundesjugendrings ein Archiv zu dem Thema aufgebaut, das die Verfassungsschützer gerne konsultierten. Diesmal aber befragten sie ihn zu der »Veranstaltung gegen die BRD«, wie das geplante Treffen der Häftlinge mit der Jugend eingeordnet wurde. Es folgte eine Vorladung zum Innenminister Alfons Goppel, dem späteren bayerischen Ministerpräsidenten. Der tobte: »Soll ich jetzt auch noch den bayerischen Jugendring überwachen lassen?« Das Treffen wurde diplomatischerweise verschoben. In Wirklichkeit war es endgültig gescheitert. Kumpfmüller hatte »nur noch« die Aufgabe, dem C.I.D. bei einer Sitzung in Paris das Scheitern zu erklären. Otto war in jeder Phase des Geschehens eingebunden und wirkte stets konstruktiv mit. Kumpfmüller resümiert: »Aus einer Arbeitsbeziehung wurde eine Freundschaft, die mich tief beeindruckt hat.«

Nachtgespräche

Wenn das C.I.D. in München tagte, stiegen die Vertreter des Präsidiums, Präsident Guerisse und Generalsekretär Walraeve, im Hotel »Germania« ab. Hermann Kumpfmüller erinnert sich an nächtelange Gespräche mit ihnen, Otto und Xaver Senft. Es war etwa Ende der 60er-Jahre und obwohl das C.I.D. noch »verhältnismäßig jung« war, ging es um die Frage: Was kommt dann? Er fasst die damaligen Diskussionen so zusammen: »Wir sagten zu ihnen: Ihr kennt uns jetzt seit vielen Jahren. Ihr wisst, was wir denken, ihr wisst, dass wir größtes Interesse daran haben, dass das Vermächtnis der Häftlinge weit in die Zukunft hinein weitergetragen wird, auch wenn es keine ehemaligen Häftlinge mehr gibt. Lasst uns doch einen Weg finden, dass man dieses Internationale Dachau-

Komitee mit Leuten aus Deutschland anreichert, denen ihr vertrauen könnt. Damit eines Tages jemand da ist, der auch gegenüber dem Freistaat Bayern in die Nachfolge dieses Vertrages von 1967 treten kann. Den Vertrag hat ja noch der Otto ganz maßgeblich mitgestaltet.

Es hat ihnen immer eingeleuchtet, dass das wünschenswert wäre. Aber sie haben nie eine Ermunterung ausgesprochen, sie haben total abgeblockt zum großen Kummer von Otto, der den Gedanken voll mitgetragen hat. Es war eines meiner Motive, da einzusteigen, weil ich immer dachte, dass das fantastische Kuratorium des Fördervereins – Vogel, Hamm-Brücher und viele andere Bedeutende, Böll ist schon gestorben ... –[180] dass die einmal in eine wichtige Funktion gegenüber der bayerischen Staatsregierung treten können. Und dazu ist es nicht gekommen. Das C.I.D. wollte alleine sein. Nachdem es zu dem Vertrag gekommen war, mit großen Rechten für das C.I.D., haben sie gesagt: ›Unsere Interessen sind gesichert, solange wir leben ...‹«

»Zeltlagerpolitik«

Doch die Idee hat weiter gewirkt. Nach der Errichtung der Gedenkstätte 1965 entwickelte Otto mit Vertretern der Aktion Sühnezeichen/Friedensdienste »Gedanken zu einer Begegnungsstätte für die Jugend«, denn, so Otto, »die Sprache der Vergangenheit muss als Stimme für die Zukunft hörbar werden.«[181]

Zu Beginn der 80er-Jahre kamen jährlich annähernd eine Million Besucher in die KZ-Gedenkstätte – vor allem Jugendliche. Parallel zur immer wieder erhobenen Forderung nach einer internationalen Jugendbegegnungsstätte entstand die Idee zu einem Zeltlager, wo sich die Jugendlichen aufhalten können, um Zeit für Gedenkstättenbesuch, Diskussionen und Zeitzeugengespräche zu haben. Dachau verfügte damals über keine jugendgemäßen Übernachtungsmöglichkeiten. Die Evangelische Jugend München organisierte zusammen mit anderen Jugendverbänden auf Grund dieser unbefriedigenden Situation im Juli 1983 das erste Jugendbegegnungszeltlager.

Zum Thema »Aus der Geschichte lernen« versammelten sich am Fuße des Leitenbergs kirchliche Gruppen und eine Jugend-Rot-Kreuz-Gruppe ebenso wie eine Schulklasse aus dem Westerwald. Insgesamt wurden 117 Teilnehmer aus der ganzen BRD gezählt. Zu den ersten eingeladenen Zeitzeugen gehörten Adi Maislinger und Otto Kohlhofer. Der Erfolg des Zeltlagers war Ansporn für das nächste Jahr.

---

[180] Kumpfmüller spricht hier das Kuratorium des »Fördervereins Internationale Jugendbegegnungsstätte Dachau e.V.« an. Dieser wurde 1984 gegründet.
[181] Zitiert nach Süddeutsche Zeitung/Dachauer Neueste Nachrichten, 2./3.5.1998.

Transparent über dem Zeltlager von 1987

Im Jahr 1984 konnte am 25. November nach dreijähriger Vorbereitungszeit die Gründungsversammlung des »Fördervereins Internationale Jugendbegegnungsstätte Dachau e. V.« stattfinden. 108 Gründungsmitglieder beschlossen den Zweck – ein breites, plurales und internationales Bündnis von Demokraten. Sein Ziel war es, der Jugend am »Lernort Dachau« Gelegenheit zur intensiven Auseinandersetzung mit Zeitgeschichte zu geben. Das Kuratorium setzte sich aus Vertretern von Kirchen und Gewerkschaften zusammen. Israelitische Kultusgemeinden, Verfolgtenverbände, Politiker und Praktiker der Jugendarbeit unterstützten das Vorhaben. Prominente Mitstreiter wie Hildegard Hamm-Brücher, Hans-Jochen Vogel, Altbischof Kurt Scharf, Prälat Michael Hoeck, Ralph Giordano, Wissenschaftler, Schriftsteller wie Heinrich Böll und Politiker aller Parteien warben um Vertrauen und Zustimmung.

Otto inmitten der Jugend, Zeltlager 1985

Das Vorbild für die Jugendbegegnungsstätte war jene in Oswiecim (Auschwitz), wo bereits 1980 der Grundstein gelegt worden war, sie wurde 1986 eröffnet.[182]

Bei der ersten Vorstandswahl des Fördervereins zog Otto seine Kandidatur zurück, da er fand, ein Vertreter der Gewerkschaften wäre viel wichtiger als er, er würde ja sowieso mitarbeiten.[183] Er tat dies, indem er die jährlichen Jugendbegegnungszeltlager als Zeitzeuge begleitete. So sprach er 1985 zum Thema »Was haben wir aus 40 Jahren Nachkriegsgeschichte gemacht?«

1986 kam der Förderverein als offizieller Träger des Zeltlagers hinzu, der in dieser Art der Begegnung und des Lernens das Modell für eine Jugendbegegnungsstätte sah. Der Verein erhielt damals die Theodor-Heuss-Medaille, die in diesem Jahr unter dem Motto »Mut zum Erinnern – Kraft zur Versöhnung« vergeben wurde.[184]

Otto war im Sommer wieder dabei, er erzählte im Interview davon:

1986 war ich Gesprächspartner einer aus Irland stammenden Jugendgruppe – Katholiken und Protestanten. Durch diese Glaubensgegensätze war für mich der Inhalt des Gesprächs zwingend vorgegeben. Ich habe erzählt, wie die Nazis die KZ errichtet haben und darin Menschen verschiedener Überzeugungen und gesellschaftlicher Herkunft gefangen gehalten wurden. In der politischen Auseinandersetzung standen sie sich oft unversöhnlich gegenüber. Erst hinter Stacheldraht und unter dem lebensbedrohlichen Druck des gemeinsamen Gegners haben sie langsam die Gegensätze überwunden. [...] Für die Gruppe aus Irland war dieses Beispiel sicher ein Grund zum Nachdenken, vielleicht auch zum Handeln in ihrer Heimat. (Psk)

Die Teilnehmer der Gruppe erzählten, dass in einigen Gebieten Nordirlands die Trennung nach Religionszugehörigkeit so strikt sei, dass man aufwachsen könne, ohne jemals mit einem Anhänger der anderen Religion zu tun gehabt zu haben.[185]

Verhinderungsmanöver

Die Zahl der beteiligten Jugendlichen an den Zeltlagern stieg jährlich, 1987 betrug sie bereits 384. Es war, wie wir sehen werden, ein sehr ereignisreiches Jahr.

Das Zeltlager fand auf städtischem Gelände an der Straße der KZ-Opfer statt. Diese führt an der ehemaligen SS-Kaserne entlang und beschreibt den

---

[182] Otto reiste 1967 anlässlich der Einweihung des Mahnmals mit der Autorin und SZ-Redakteurin Ursula von Kardorff (1911–1988) nach Auschwitz/Birkenau.
[183] Rede Barbara Distels zum zehnten Jahrestag des Bestehens des Fördervereins.
[184] Theodor Heuss (FDP) war der erste Bundespräsident der BRD. Die gleichnamige Stiftung verleiht die Auszeichnung seit 1965 jährlich für »vorbildliches demokratisches Verhalten, bemerkenswerte Zivilcourage und beispielhaften Einsatz für das Allgemeinwohl«.
[185] Dokumentation der Jugendbegegnungszeltlager von 1983 bis 1988, hrsg. Trägerorganisation des Jugendbegegnungszeltlagers.

Weg, auf dem die Häftlinge vom Bahnhof ins Lager getrieben wurden. Bei den Anwohnern gab es Widerstand, eine Bürgerinitiative gründete sich gegen das Zeltlager. Durch geduldige Information über die Ziele gelang es aber, die Vorurteile abzubauen und die Bürger zu beruhigen. Ärger gab es jedoch mit der Stadtverwaltung, als Teilnehmer des Zeltlagers an der Straße der KZ-Opfer das immer noch fehlende Straßenschild aufstellten.

Schon die Gründung des Fördervereins im Jahre 1984 hatte eine unerbittliche Gegnerschaft in der örtlichen CSU hervorgerufen. Von dieser Haltung war der Stadtrat dominiert, in dem die bayerische Staatspartei die stärkste Kraft darstellte.

Die CSU witterte Unheil, man sprach von »Gefahr einseitiger politischer Agitation« und »Kaderschmiede«, »Missbrauch« und »Verletzung der Würde der Gedenkstätte«. In einem Positionspapier hieß es: »unserer kleinen Stadt und ihren Bürgern [droht es], überfordert« zu werden.[186]

„FÜR UNSER DACHAUER LAND" ließ CSU-Chef Georg Englhard (links) bei einer Kundgebung im Bierzelt (mit Lothar Späth) über die Internationale Jugendbegegnungsstätte abstimmen.

Bierzeltpolitik

[186] Süddeutsche Zeitung/Dachauer Neueste Nachrichten, 2./3.5.1998.

Der CSU-Ortsvorsitzende Englhard holt sich an berufener Stelle demokratische Legitimation: Er lässt im Bierzelt bei einer Parteikundgebung über die Jugendbegegnungsstätte abstimmen. Das erwartete Ergebnis lässt ihn zukünftig behaupten, die gesamte Dachauer Bevölkerung sei dagegen.[187] Und der CSU-Fraktionsvorsitzende Dr. Manfred Probst will »bis zum letzten Blutstropfen« gegen die Begegnungsstätte kämpfen – eine Sprache, die schaudern macht.[188]

Schützenhilfe erhielten die wackeren Verhinderer von ihrem Parteivorsitzenden: Franz Josef Strauß mischte mit im Streit um die Jugendbegegnung. Der bayerische Ministerpräsident hatte schon 1986 in der Zeitschrift »Tribüne«, die sich dem Verständnis des Judentums widmet, geschrieben, man solle aus pädagogischen Gründen von der Jugendbegegnungsstätte in Dachau absehen; denn mit den Mitteln einer »kurzzeitigen Betroffenheitspädagogik« löse man die Probleme nicht, er und die CSU wollten einen »Missbrauch der Gedenkstätte« verhindern.[189] Strauß hat übrigens nie einen Fuß auf den Boden des ehemaligen KZ Dachau gesetzt!

Gestützt vom Beschluss des bayerischen Landtags vom 19. Mai 1987, der die Beteiligung an dem Projekt versagt, wird am 13. Oktober die Jugendbegegnungsstätte im Dachauer Stadtrat mit Mehrheit abgelehnt.

Würdiges Gedenken soll schon sein, aber keine Politik: Die Jugend der Welt soll nach Dachau kommen, um Lehren aus der Geschichte zu ziehen, aber daran gehindert werden, über den aufkommenden Neonazismus zu diskutieren!

Der WDR nahm das Thema am gleichen Tag in einem Interview mit Hans-Jochen Vogel auf, dem damaligen SPD-Vorsitzenden und Kuratoriumsmitglied des Fördervereins:

SPRECHER: »Wenn man etwa daran denkt, dass es eine internationale Jugendbegegnungsstätte in Auschwitz bereits gibt, muss nicht diese Diskussion auf die Polen wie auch auf Franzosen, Engländer, ich weiß nicht, wen noch alles, sehr abschreckend wirken und könnte dahinter sich dann nicht die Sorge verbergen, dass es in der Bundesrepublik Deutschland eben doch so etwas wie eine nationalsozialistische Tradition gibt?«

VOGEL: »Diese Deutung wird selbstverständlich an Gewicht gewinnen, je hartnäckiger der Widerstand gegen dieses Vorhaben sich entwickelt. Und es ist ja schlechterdings auch nicht einzusehen, dass mit Unterstützung aller Bundesländer – übrigens außer Bayern, muss man sagen –, mit Unterstützung auch der Bundesregierung in Auschwitz eine internationale Jugendbegegnungsstätte eingerichtet wird, aber auf deutschem Boden, dort, wo es ja nun weiß Gott begonnen hat, dass es ausgerechnet da nicht stattfinden soll. Wir haben ja doch auch eine Chance ins Bewusstsein zu heben,

---

[187] Ebd.
[188] Münchner Merkur/Dachau, 23.3.1987.
[189] Tribüne, 25. Jg., Heft 100, 1986.

dass die ersten, die Hitler verfolgt und getötet hat, Deutsche waren. Lange, bevor die ersten Ausländer dann dieser verbrecherischen Maschinerie zum Opfer fielen. Also auch von daher ist Ihre Frage durchaus berechtigt.«[190]

Es bewegt sich was

Im Landtag lehnt die CSU den Antrag der SPD auf eine Anhörung zu diesem Thema im Parlament ab. Daraufhin lädt die SPD-Fraktion selbst zu einem Hearing im Landtag ein. Am 26. Januar 1988 versammeln sich namhafte Wissenschaftler, Pädagogen, Zeitzeugen und Vertreter aus Gewerkschaften und Kirchen zum Thema »Lernort Dachau: Konzeption für eine Internationale Jugendbegegnungsstätte«. Der Bayerische Jugendring und der Förderverein legen ihre pädagogischen Konzepte vor.

Otto ist als ehemaliger Häftling eingeladen. Seine Vorbereitungen sind hektisch, denn er ist in Sorge um Resi, die in der Klinik liegt. Sein Statement ist der Versuch, noch einmal eine Brücke zu bauen, er ist aber sichtlich am Rande der Contenance:

»Meine Damen und Herren,
als ehemaliger Dachauer Häftling und auch als ehemaliges Mitglied vom Internationalen Dachau-Komitee möchte ich vielleicht aus der Sicht etwas sagen, was heute gar nicht so sehr angesprochen wurde.

Ich meine jetzt den Zusammenhang zwischen Vermächtnis von 1945, dem Vermächtnis ehemaliger Häftlinge ›Nie wieder Dachau‹, dann die Errichtung der Gedenkstätte und dann die Errichtung einer internationalen Jugendbegegnungsstätte. Ich glaube, diese drei Dinge gehören unbedingt zusammen.

Es war ja auch ursprünglich die Idee, wenn auch damals noch nicht konzipiert, es war die Idee der ehemaligen Häftlinge, hier diese Erfahrungen weiterzugeben an die nächstfolgende Generation.

Dies wurde zunächst gemacht mit dem Vermächtnis ›Nie wieder Dachau‹ und ›Keine Politik in Dachau‹ – natürlich keine Parteipolitik. Aber das ganze Problem Dachau und alles was damit zusammenhängt, ist doch ein Politikum. Dies kann man doch nicht ableugnen. Darüber muß man sprechen, und darüber sollen auch die nächstfolgende Generation und die jetzige Generation selbstverständlich sprechen.

Das, was zu dem Vermächtnis geführt hat, ist der Geist der Lagerstraße – ich möchte dies jetzt ansprechen – der die Häftlinge zusammengeführt hat aus ganz verschiedenen politischen Richtungen, aus verschiedenen Parteien, die sich 1933, als sie ins Lager kamen, ziemlich vorsichtig gegenüber-

[190] WDR, Interview vom 13.10.1987.

standen, manchmal sogar feindlich gegenüberstanden, und die sich dann im Laufe der Jahre zusammengefunden haben, zusammen diskutiert haben und zum Schluß dann sogar Freunde wurden.

Und dieser Geist der Lagerstraße, der dann von dem ehemaligen österreichischen Bundeskanzler Figl in einer Rede, in einer ersten Befreiungsrede 1945 ungefähr so formuliert wurde, wo er gesagt hat zu den Häftlingen, die damals noch ziemlich zahlreich waren: Ihr geht jetzt wieder nach Hause in Eure Familie, Euren Freundeskreis und auch in Euren politischen Kreis und es kann selbstverständlich sein, daß wir uns dann nicht mehr verstehen. Aber dann werden wir eben im Sinne des Geistes der Lagerstraße symbolisch wieder zurückgehen, die Häftlingsuniform wieder anziehen und dann werden wir über strittige Fragen diskutieren und dann werden wir uns verstehen.

Ich meine, es wäre vielleicht auch ein Grund, darüber nachzudenken, daß in diesem Sinne diskutiert wird mit allen, die interessiert sind an der Errichtung der Jugendbegegnungsstätte.

Was mein Freund Langbein gesagt hat, daß ich gemeint hätte, ich ginge ungern hierher, stimmt tatsächlich. Obwohl ich selbst Mitglied des Fördervereins bin und fest überzeugt bin, daß diese Jugendbegegnungsstätte errichtet werden soll. Aber es ist so: Wenn man 30 Jahre in diese Richtung spricht und versucht, den Bürgermeister von Dachau und auch den Landrat von Dachau zu überzeugen, daß das Internationale Dachau-Komitee, daß die ehemaligen Häftlinge nicht im weitesten daran denken, der Bevölkerung von Dachau eine besondere Last anzuhängen aufgrund der Vergangenheit, dann ist vielleicht verständlich, daß ich nicht gerne hergekommen bin.

Die erste Arbeit vom Internationalen Dachau-Komitee war – und das habe ich selbst verfaßt – daß man einen Offenen Brief an die Bevölkerung von Dachau geschrieben und verteilt hat, in dem man ganz klar sagte, daß die Bevölkerung von Dachau nicht mehr und nicht weniger Schuld hat als irgendeine andere Stadt in Deutschland.

Wenn man immer wieder erlebt, daß man sich immer wieder mit den gleichen Dingen auseinandersetzen muß ... ich habe im Kuratorium gesagt, daß der Bürgermeister und der Landrat Mitglied werden müssen im Kuratorium und sie waren – nach anfänglichen Schwierigkeiten, die sie schon damals mit der CSU hatten, auch damals war es mit dieser Partei nicht anders – damit einverstanden.

Sie haben die Errichtung der Gedenkstätte auch mit unterstützt. Ich danke.«[191]

[191] Protokoll des Hearings »Lernort Dachau«, 26.1.1988.
Herrmann Langbein, 1912 (Wien) – 1995. Spanienkämpfer, KZ Dachau, 1942–1944 als Schreiber des SS-Standortarztes im KZ Auschwitz. Er war einer der Initiatoren des großen Auschwitz-Prozesses in Frankfurt und amtierte als Sekretär des Internationalen Auschwitz-Komitees.

Die Veranstaltung fand in den Medien viel Beachtung, der Tenor der Berichterstattung war positiv. Doch bevor wieder Bewegung bei der Landtags-CSU aufkam, gab es noch einige Rangeleien vor Ort. Die Stadt forderte vom KJR Dachau, die Trägerschaft des Zeltlagers alleine zu übernehmen und den Förderverein auszugrenzen.

Nachdem der KJR dieses Ansinnen ablehnt, muss das Zeltlager 1988 erstmals außerhalb Dachaus stattfinden, am Karlsfelder See im einige Kilometer entfernten Karlsfeld. 400 Jugendliche lassen sich von solchen Schikanen nicht abhalten. Zum Trägerkreis stößt in diesem Jahr die Aktion Sühnezeichen/Friedensdienste.[192]

Der bayerische Kultusminister legt 1989 ein eigenes Konzept zur »Verbesserung der pädagogischen Betreuung der jugendlichen Besucher des Gedenkstätte« vor. Der BJR und der Förderverein streiten um Pluralität, die der Entwurf des Ministers vermissen lässt. Ein weiterer Streitpunkt ist, dass die Vertretung der ehemaligen Häftlinge – wie auch Kirchen, Gewerkschaften und Jugendring – in einen »Beirat« abgeschoben werden sollen.

Der Begriff der »Jugendbegegnung« hat in den Auseinandersetzungen eine große Rolle gespielt. Es kommt zu einem Kompromiss: In einem »Jugendgästehaus« soll politische Bildungsarbeit geleistet werden. Das Haus steht unter staatlicher Aufsicht, Stadtrat und Landtag stimmen zu. Nun sind plötzlich alle schon immer dafür gewesen …

Im selben Jahr wurde im bayerischen Landtag die Errichtung eines Jugendgästehauses in Dachau beschlossen. 1991 kam es durch den Freistaat Bayern, die Stadt Dachau und den Landkreis Dachau zur Gründung der »Stiftung Jugendgästehaus Dachau«. Es vergingen weitere fünf Jahre bis zur Grundsteinlegung.

»Endlich!«

Ein in jeder Hinsicht bemerkenswertes Ereignis trug sich 1995 zu: Als erster bayerischer Ministerpräsident sprach Stoiber beim 50. Jahrestag der Befreiung des KZ Dachau. Gleichzeitig entfernten Polizisten an der Römerstraße vor der Gedenkstätte ein Transparent, das folgenden angeblich strafbaren Inhalt hatte: »Die Täter haben Namen: BMW – Siemens – BASF – Deutsche Bank – Daimler Benz – Dresdner Bank – Bayer – VW«.

Der ehemalige Häftling aus dem Flossenbürger Außenlager Leitmeritz (Litomerice), Martin Löwenberg, 70 Jahre, stellte sich den Ordnungshütern entgegen, musste aber der Staatsgewalt weichen. Erst nach massiven öffentlichen Protesten sah der Staatsanwalt davon ab, Anklage zu erheben. Die Debatte um die Konzerne, die in der Nazizeit Zwangsarbeiter beschäftigten und nun um die Entschädigungszahlungen feilschten, begann gerade Wellen zu schlagen. Unüblicherweise wurde sogar das Transparent zurückgegeben.

[192] 1993 kommt endlich die DGB-Jugend Kreis München zum Trägerkreis hinzu.

Transparente am 7. Mai 1995 an der Römerstraße in Dachau

Das Transparent wird abgeführt.

Bei der Grundsteinlegung des Jugendgästehauses am 25. März 1996 wurde der Förderverein von den Honoratioren ignoriert, wie Ernst Grube, 2. Vorsitzender und ein Mitstreiter der ersten Stunde für die Jugendbegegnung, berichtet. Der Button »ENDLICH!«, den die Freunde des Fördervereins zur Feier des Tages trugen, brachte nur unvollkommen zum Ausdruck, was sie in dem zwölf Jahre währenden Kampf erlebt hatten.

Zwei Jahre später, am 4. Mai 1998 wurde das Jugendgästehaus Dachau in der Roßwachtstraße eröffnet. Die pädagogische Abteilung untersteht der »Stiftung Jugendgästehaus Dachau«, die Betriebsführung liegt in der Verantwortung des Deutschen Jugendherbergswerks.[193] 1998 wurde die Jugendbegegnung zum ersten Mal im neuen Haus veranstaltet. Damit ging die Zeltlager-Ära zu Ende.

Leider hat Otto Kohlhofer diesen Sieg über die Kleingeister in der ortsansässigen Mehrheitspartei nicht mehr erlebt.[194]

Die internationale Jugendbegegnung in Dachau ist ein bundesweit einzigartiges Projekt. Ein wichtiger Bestandteil waren von Anfang an die Gespräche mit ehemaligen KZ-Häftlingen, Widerstandskämpfern und seit jüngster Zeit auch mit Mitgliedern der Hitlerjugend über ihre Erfahrungen während der Zeit des Naziregimes. Diese Zeitzeugen sprechen über ihr alltägliches Leben und die Politik in jener Zeit, sie erzählen von Mitläufertum, Widerstand und Verfolgung. Dabei lernen die Jugendlichen und jungen Erwachsenen diejenigen Menschen kennen, die ansonsten leicht hinter Nummern und Zahlen anonym bleiben. »Der Häftling«, »der Verfolgte« oder »der HJ-Junge« bekommen ein Gesicht und eine persönliche Geschichte.

Gruppen von Teilnehmern arbeiten auf dem Gelände der KZ-Gedenkstätte oder des ehe-

Halle des Jugendgästehauses Dachau

Button »Endlich!«

---

[193] Seit es das Haus gibt, sind die Ziele im Namen neu definiert: »Förderverein für Internationale Jugendbegegnung und Gedenkstättenarbeit in Dachau e. V.«; www.foerderverein-dachau.de

[194] Ihm zu Ehren wurde im Mai 1995 in einem neuen Viertel in München-Großhadern ein Otto-Kohlhofer-Weg benannt. Daneben befinden sich der Ludwig-Wörl-Weg (vgl. Fußnote 101) und der Hanna-Kirchner-Weg, benannt nach der sozialdemokratischen Widerstandskämpferin, hingerichtet 1944 in Berlin-Plötzensee.
Auch in Dachau gibt es seit dem Jahr 2000 einen Otto-Kohlhofer-Weg. Die Einweihung war im November 2001. Er zweigt von der Straße der KZ-Opfer gegenüber der Kaserne der Bereitschaftspolizei ab. Otto hat von Ehrungen nicht viel gehalten, aber dass seine Straße geradewegs in einen Kindergarten mündet, hätte ihm schon gefallen.

maligen SS-Schießplatzes Hebertshausen, wo sie Unkraut im Stacheldraht der einstigen Sicherheitsanlagen oder rund um die Fundamente der ehemaligen Häftlingsbaracken jäten. Viele Teilnehmer zählen diese Instandhaltungsarbeiten zu den intensivsten Momenten ihres Aufenthalts.

Seit 1992 sind auf Initiative des Fördervereins, der Lagergemeinschaft Dachau und der Gedenkstätte auch ehemalige Häftlinge zu Gast in Dachau. Viele Menschen, vorwiegend aus der Ukraine, Litauen, Russland und Weißrussland konnten bereits für mehrere Tage den Ort ihres Leidens besuchen. Während ihres Aufenthalts werden sie von ehrenamtlichen Helfern betreut und erhalten nach Bedarf finanzielle Unterstützung, Medikamente, Brillen und Hörgeräte.

Im Herbst 2004 ging ein Film über die bundesdeutschen Leinwände, der die letzten Tage im so genannten Führerbunker zeigen sollte. Prof. Dr. Andreas Heldrich, der Direktor der Gedenkstättenstiftung in Bayern, bedauerte in seinem Grußwort anlässlich des 20-jährigen Bestehens der Dachauer Hefte am 31. Oktober 2004, dass die Schulklassen durch die Kinos geschleust würden, um angebliche Geschichte zu erfahren. Er stellte fest, dass mit solchen Filmen und Dokudramen die Tragödie der Täter nun in den Vordergrund träte. Nicht zuletzt aus diesem Grunde, so schloss er seine Rede, »wird die Rolle Dachaus immer wichtiger«.

Otto Kohlhofer im Gespräch

Anhang

Dokumente

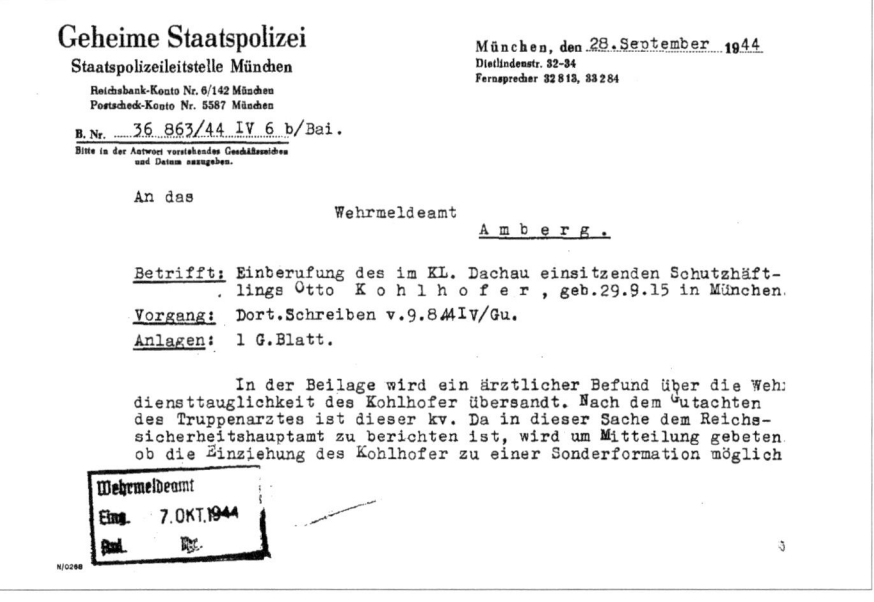

Schreiben der Gestapo an das Wehrmeldeamt Amberg, 1944
(Quelle: Deutsche Dienststelle für die Benachrichtigung der nächsten Angehörigen von Gefallenen der ehemaligen deutschen Wehrmacht, Berlin)

Faschismus damals 1933
Wie kam es dazu? Hitler war kein Zufall

Machtverhälts. u. wirtschaftl. Hintergrund
Die Frage warum 1933 kann nur beantwortet werden, wenn man die <u>Machtverhältnisse</u> u. den wirtschaftlichen Hintergrund der jeweiligen Staatsform innerhalb der industriellen Entwicklung Deutschlands behaltet.
Also das Kaiserreich, die Weimarer Republik u. die faschistische Diktatur der Nazis

Großbürgertum
In jeder Periode hatte das Großbürgertum (das Industrie- u. Bankkapital, zusammen mit den Großgrundbesitzern) die Macht. Sie verfügte immer über alle Organe der Macht, die Verwaltung, Justiz, Polizei, Militär u. das Schulwesen.

Arbeiterbewegung
war gespalten in Sozialdemokraten u. Kommunisten

1918 Nach dem ersten Weltkrieg reichte die Kraft der Arbeiterbewegung nur aus um die Monarchie hinwegzufegen.
Aber nur für kurze Zeit ..
Die Konservative Rechte organisierte sich sehr schnell wieder zu Freikorpsverbänden

Manuskript »Wie kam es zu 1933?«, undatiert

Manuskript »Tagesablauf«, undatiert

Otto Kohlhofer

Beitrag für den Studientag am 22.11.1986 zum Thema »Dachau und seine Geschichte«

Am 29. April 1955, zehn Jahre nach ihrer Befreiung aus dem Konzentrationslager Dachau, versammelten sich ehemalige Häftlinge vor dem ehemaligen Lagerkrematorium, um ihrer Toten zu gedenken. Es war die Zeit, als die Existenz dieser leidvollen Stätten zum Teil geleugnet oder im Bewußtsein der Bevölkerung verdrängt wurde. Es gab Bestrebungen, Teile des Lagers oder das Massengrab auf dem Leitenberg zu beseitigen. Behauptungen ehemaliger Nazis, daß das Krematorium nachträglich von den Amerikanern errichtet wurde, wurden geduldet, schon gar nicht strafrechtlich verfolgt.

Für die überlebenden Opfer von Dachau war dies alarmierend. In Erinnerung an das Vermächtnis von 1945 »Nie wieder Dachau« und anläßlich des Treffens zum zehnjährigen Befreiungstag im Herbst 1955 hat sich das im Lager bereits bestehende Häftlingskomitee als »Comité International de Dachau« neu gebildet; mit dem Ziel, auf dem Gelände des ehemaligen Konzentrationslagers Dachau eine internationale Mahn- und Gedenkstätte zu errichten. Das war nicht einfach, zumal eine Einheit, die bei einem solchen Projekt unbedingt erforderlich ist, zehn Jahre später nicht mehr bestand. Die Opportunität der Parteiinteressen, denen sich die Kameraden nach ihrer Rückkehr im Jahre 1945 unterwerfen mußten, war bestimmend für politische Entscheidungen. Der Geist der Lagerstraße »Symbol der internationalen Lagersolidarität«, funktionierte nur noch im persönlichen Bereich. Es gab keine geschlossenen Aktionen, z.B. an den Befreiungstagen. Getrennt nach politischen Parteien und Nationalität der Verfolgtenorganisationen wurde der Opfer von Dachau gedacht. Der Kalte Krieg hat nämlich auch diese Organisationen erfaßt. Auch das Internationale Dachaukomitee blieb nicht verschont. Mühsam, mit viel Geduld gelang es dennoch, den einstigen Geist der Lagerstraße zu beleben und über die Vorstellungen der einzelnen Kameraden bzw. Gruppen im Hinblick auf die Errichtung einer Mahn- und Gedenkstätte zu diskutieren. Durch die Pariser Verträge war bis zu diesem Zeitpunkt das Gelände beim Krematoriumsgebäude geregelt. Darüber hinaus war der bayerische Staat als Eigentümer des Lagers allein zuständig. Das bayerische Staatsministerium der Finanzen als hierfür federführende Behörde empfing zwar die Vertreter des Comité International de Dachau, hielt sich aber mit konkreten Zusagen zurück. Zu groß war nämlich der Widerstand in der Öffentlichkeit gegen eine Gedenkstätte in Dachau, insbesondere auch in der Stadt Dachau. Das Komitee hat sich daher mit einem Offenen Brief an den Bürgermeister von Dachau und an die Dachauer Bevölkerung gewandt und ihr versichert, daß mit der Gedenkstätte die Bürger der Stadt Dachau nicht mehr und nicht weniger als die Bürger anderer Städte in Deutschland belastet werden. Großer Widerstand gegen die Gedenkstätte und damit gegen die Auflösung des Flüchtlingslagers kam auch von dem damaligen katholischen Lagergeistlichen Pater Leonhard Roth. Er hatte in der Öffentlichkeit einen großen Einfluß und nahm jede Gelegenheit war, die Pläne des Komitees zu verhindern, indem er in Rundfunk und Presse das Komitee als von den Kommunisten finanziert und gesteuert denunzierte. Mit viel Geduld gelang es, ihn zu überzeugen, daß er als ehemaliger Häftling von Dachau sich nicht außerhalb der solidarischen Gemeinschaft, symbolisiert durch den Geist der Lagerstraße, stellen darf. Er wurde sogar als Mitarbeiter für das Exekutivkomitee gewonnen und vertrat darin die katholischen Geistlichen. In gleicher Weise konnte auch die Verfolgtenorganisation, die zahlenmäßig zwar unbedeutend, aber von der Regierung als einzige Vertretung der Verfolgten anerkannt war, für die Ziele des Komitees gewonnen werden.

Das Wichtigste aber, die Frage der Finanzierung war noch offen. Da es sich um einen Betrag von mehreren Millionen DM (wie sich später ergab, war es eine Summe von ca. 9 Millionen) handelte, konnte dieser nur vom bayerischen Landtag aufgebracht werden. Zur Unterstützung eines entsprechenden Antrages des Comité International de Dachau wurde in Bayern ein Kuratorium für die Errichtung einer Mahn- und Gedenkstätte in Dachau gebildet. Es war ein Kreis ehemaliger Verfolgter, die zum Teil dem damaligen Kabinett als Minister oder Staatssekretäre angehörten, Vertreter der Parteien und der Kirchen, der Gewerkschaften sowie die Bürgermeister von München und Dachau. Außerdem der Landrat von Dachau. Namen wie Dr. Hundhammer, Landwirtschaftsminister und stellvertretender Ministerpräsident von Bayern; Dr. Wilhelm Hoegner, SPD; Dr. Josef Müller, Justizminister; Dr. Josef Panholzer, Staatssekretär im Finanzministerium; Ludwig Linsert, Landesvorsitzender des DGB in Bayern; Weihbischof Neuhäusler; Kirchenpräsident Martin Niemöller und Oberbürgermeister Dr. Vogel bürgten von nun an für die Verwirklichung der Ziele des Komitees. Der Geist der Lagerstrasse funktionierte wieder.

Damit konnte mit der Ausführung der Pläne, die sich inzwischen auf eine religiöse (drei Gedächtniskirchen) und eine politische (Museum und Denkmal) Gedenkstätte vervollständigt haben, begonnen werden. Auf Vorschlag des Exekutivkomitees und der internationalen Museumskommission wurde 1962 eine Arbeitsgruppe in München gebildet, der von Minister Hundhammer in seinem Ministerium ein Büro zur Verfügung gestellt wurde. Ruth Jakusch, Barbara Distel, Otto Kohlhofer und Johannes Seghiet, Innenarchitekt vom Stadtmuseum in München, gehörten dieser Gruppe an, die dann mit einem sehr großen Einsatz an Zeit und psychischer Belastung bis 1965 das Museum erstellte. Dazu gehörte die Sichtung und Aufarbeitung der umfangreichen Dokumente, die von den einschlägigen Archiven (in Koblenz, Paris, Warschau, Israel und der DDR) beschafft wurden.

Alle Exponate wurden den verschiedenen Schulklassen- und Schulbehörden, den Vertretern des Bayerischen Jugendrings, des DGB, des bayerischen Staatsministeriums der Finanzen, des Instituts für Zeitgeschichte und des Instituts für Film und Bild zur Begutachtung vorgelegt. Es bestand Einverständnis zur gesamten vorgestellten Thematik, sodaß das Museum im Mai 1965 in Anwesenheit der staatlichen Behörden, des Kuratoriums für die Errichtung einer Mahn- und Gedenkstätte in Dachau durch das Comité International de Dachau eröffnet werden konnte. Zu bemerken ist noch, daß die zuständigen Beamten des Finanzministeriums und der Staatlichen Verwaltung der Schlösser, Gärten und Seen, der die gesamte Gedenkstätte verwaltungsmäßig untersteht, sehr kooperativ waren. Während der ganzen Zeit der Zusammenarbeit mit der Verwaltung gab es keine Schwierigkeiten.

Das Mahnmal auf dem ehemaligen Appellplatz des Lagers wurde 1968 fertiggestellt und enthüllt. Es wurde von dem jugoslawischen Architekten Glid Nandor errichtet, der durch einen internationalen Architektenwettbewerb für seinen Entwurf den zweiten Preis erhielt. Ein erster Preis wurde nicht vergeben.

Otto Kohlhofer

»Der Geist der Lagerstraße« und seine Bedeutung für die gesellschaftlich-politische Entwicklung der Bundesrepublik bis heute

Der Begriff »Der Geist der Lagerstraße« ist erst in der Zeit der Befreiung des Konzentrationslagers Dachau entstanden, aber nicht zufällig, sondern als Konsequenz und Lehre aus der Vergangenheit.

Um diesen Begriff, aber auch die dahinterstehende Idee richtig zu verstehen, ist es notwendig, bis in die Gründungszeit dieses ersten Konzentrationslagers im Hitler-Deutschland zurückzugehen. Zu diesem Zeitpunkt hatte das Lager Dachau eine ganz bestimmte Funktion. Einerseits wurde darin die in Haft genommene politische Opposition untergebracht und andererseits sollte durch die Existenz des Lagers die Bevölkerung eingeschüchtert und dadurch das nationalsozialistische System stabilisiert werden. In das Lager kamen anfangs vor allem Kommunisten und Sozialdemokraten. Aber auch christliche Politiker wurden von den Nationalsozialisten in Dachau eingesperrt. So trafen sich im Konzentrationslager Dachau Menschen als Häftlinge der SS wieder, die sich vielfach früher als politische Gegner sehr distanziert gegenüberstanden und ihre jeweiligen Positionen konsequent vertreten hatten. Aber aufgrund des gleichen Schicksals und der gleichen Lage – unter der Terrorherrschaft der SS – waren sie gezwungen, aufeinander zuzugehen, miteinander ins Gespräch zu kommen und zusammenzuarbeiten.

Dabei wurde die Erfahrung gemacht, daß man trotz unterschiedlicher politischer Überzeugungen auch gemeinsame Grundeinstellungen haben und miteinander befreundet sein kann. So entstanden in Dachau beispielsweise persönliche Freundschaften zwischen Kommunisten und katholischen Geistlichen – eine Konstellation, die wohl zuvor in Deutschland kaum möglich gewesen ist.

Im Lauf der Zeit änderten sich die Verhältnisse im KZ Dachau dadurch, daß immer neue Gruppen von Menschen inhaftiert und dorthin gebracht wurden. Vor Kriegsbeginn zum Beispiel die Österreicher, die nach dem sogenannten »Anschluß« in die Hände der Nazis fielen, die vielen tausend Juden, die nach dem Pogrom vom 9. November 1938 nach Dachau verschleppt wurden, und die große Zahl der Sintis, die wie die Juden besonders brutalen Übergriffen ausgesetzt waren. Nach Kriegsbeginn verschärfte sich die Situation im Lager noch. Immer neue Menschen aus den verschiedenen Ländern, gegen die das nationalsozialistische Deutschland Krieg führte, wurden nach Dachau gebracht. Das KZ Dachau wurde wie alle anderen Lager zu dieser Zeit immer mehr zu einem Reservat für Arbeitskräfte in der Rüstungsindustrie. Bei ungenügender Nahrung und Kleidung mußten dort die Gefangenen oft bis zur völligen Erschöpfung arbeiten.

Im Laufe der Jahre und durch die während des Krieges verschärfte Situation im Lager verstärkte sich bei den Gefangenen in Dachau der Prozeß des Miteinander-Sprechens, des Aufeinander-Zugehens und der Wahrnehmung gemeinsam interessierender Fragen. Es entstand eine Solidarität, die sich mit der Erweiterung des Kreises der Gefangenen auch zu einer internationalen Solidarität erweiterte. Im Hintergrund stand dabei die

Hoffnung, daß in der Solidarität der Häftlinge die einzige Möglichkeit und Chance des Überlebens in dieser schweren Zeit begründet war.

An dieser Stelle sind auch einige Anmerkungen zu dem vorgeblichen »Musterlager« Dachau angebracht. Ein »Musterlager« war Dachau ganz und gar nicht – weder vor noch im Krieg. Die vielen Toten und die brutalen Übergriffe, beispielsweise die Erschießung von russischen Kriegsgefangenen und die schon erwähnten Übergriffe auf die Sintis, sprechen hier eine deutliche Sprache. Aber im Unterschied zu anderen Lagern, wo häufig Schlüsselpositionen der »Häftlingsverwaltung« in Händen von Gefangenen waren, die die Befehle der SS gegen die eigenen Mithäftlinge konsequent und mit Nachdruck durchführten, gelang es in Dachau, diese Positionen überwiegend mit politischen Häftlingen zu besetzen. Aufgrund ihres Bewußtseins und ihrer Bildung versuchten diese Häftlinge, im Rahmen des Möglichen den Terror der SS zu mildern und die Mitgefangenen nach Möglichkeit zu schützen sowie das Überleben zu organisieren.

Aber diese Entwicklung und die reale Situation im Lager berechtigen in keiner Weise, von Dachau als einem besseren oder sogar einem Musterlager zu sprechen. Auch im Lager Dachau gab es praktisch alle Formen der Vernichtung von Menschen, wenngleich nicht in dem Umfang wie in Auschwitz, das als reines Vernichtungslager konzipiert und realisiert wurde. Dachau hatte innerhalb des Systems der Konzentrationslager andere Funktionen als die Vernichtungslager.

Die Gespräche und Diskussionen auf der Lagerstraße verdichteten sich in der Zeit nach der deutschen Niederlage bei Stalingrad. Nunmehr wurde immer häufiger gefragt: Wie soll es nach Kriegsende weitergehen? Dabei gab es natürlich entsprechend der Herkunft aus unterschiedlichen politischen Richtungen verschiedene Auffassungen. Die sozialistisch orientierten Häftlinge vertraten teilweise die Auffassung, daß es nach dem Krieg nichts anderes mehr gäbe als den Sozialismus, während Vertreter des bürgerlich-konservativen Lagers davon überzeugt waren, daß es dann wieder eine parlamentarische Demokratie geben würde. Darüber wurde heftig und manchmal auch ziemlich hart diskutiert. Aber man war sich darüber einig – und das sind die Anfänge des »Geistes der Lagerstraße« –, daß es bei allen politischen Differenzen grundsätzliche Gemeinsamkeiten und Übereinstimmungen gibt, die zukünftig nicht mehr in Frage gestellt werden dürfen.

In dieser Zeit ist auch das Wort vom »Geist der Lagerstraße« geprägt worden. Wenige Wochen nach der Befreiung, ungefähr im Juni 1945, hat der langjährige Dachauer Häftling und nachmalige österreichische Bundeskanzler Leopold Figl nach einer großen Demonstration – nebenbei bemerkt: der ersten großen Friedensdemonstration – im Beisein fast der gesamten österreichischen Prominenz, die ja zu einem großen Teil in Dachau inhaftiert war, sinngemäß folgendes gesagt: »Wir gehen jetzt wieder zurück, in unsere Familie, zurück zu unserem Freundeskreis und auch zurück in unseren politischen Kreis und werden dort wirken. Es wird vielleicht Situationen geben, da werden wir uns nicht verstehen, besonders in den Parlamenten, wir werden streiten. Aber wir werden dann zurückgehen nach Dachau; symbolisch das Häftlingskleid wieder anziehen, darüber reden und dann werden wir uns wieder verstehen.«

Für heutige Vorstellungen mag das eine etwas blauäugige Auffassung gewesen sein, aber damals hatte sie wirklich eine Grundlage und eine Begründung. Ich habe Leopold

Figl ungefähr 20 Jahre später, kurz vor seinem Tode, wieder getroffen und wir haben uns damals gefragt: »Wohin ist diese Entwicklung in den 20 Jahren gegangen?« Wir mußten feststellen, daß vieles anders gekommen ist, als wir es uns kurz nach der Befreiung vom Nationalsozialismus vorgestellt hatten. Das hatte natürlich auch Ursachen und Gründe, auf die ich hier im einzelnen nicht eingehen kann.

Für die Zeit unmittelbar nach der Befreiung gibt es mehrere Beispiele für die Wirksamkeit des »Geistes der Lagerstraße«. So gab es funktionierende Aktionsgemeinschaften zwischen Kommunisten und Sozialdemokraten. Ein weiteres Beispiel ist die Bildung der Einheitsgewerkschaften, für die Namen stehen wie Wilhelm Leuschner, Jakob Kaiser und Karl Arnold. Im politischen Bereich weist vor allem der Artikel 15 des Grundgesetzes – der noch heute in unserer Verfassung verankerte Sozialisierungsartikel – auf die damalige Bedeutung des »Geistes der Lagerstraße« bei der Entwicklung unserer staatlichen Ordnung hin.

Der »Geist der Lagerstraße« hat sich bei uns in Bayern später noch einmal bewährt: bei der Errichtung der KZ-Gedenkstätte Dachau. Das war seinerzeit in der Bundesrepublik einmalig; denn in den anderen Ländern gab es keine derartigen Einrichtungen. Im Nachhinein kann man sich gar nicht vorstellen, wie schwierig dieses Unterfangen und wie abwehrend die ersten Reaktionen waren, als zum ersten Mal die Forderung nach Errichtung einer Gedenkstätte auf dem Gelände des ehemaligen Konzentrationslagers erhoben wurde. Aber diese Forderung wurde vom Internationalen Dachau-Komitee und von ehemaligen Häftlingen vehement vorgetragen. Nach langen Bemühungen haben sich dann eine Reihe führender Persönlichkeiten aus verschiedenen Bereichen – ich nenne beispielsweise folgende Namen: Minister Dr. Hundhammer (CSU), Dr. Wilhelm Hoegner (SPD), Dr. Josef Müller, bekannt als Ochsensepp, (CSU), Ludwig Linsert (DGB), Weihbischof Neuhäusler, Dr. Jochen Vogel (SPD), Dr. Reithmeier (Bürgermeister von Dachau), Dr. Pestenhofer (Landrat von Dachau), Kirchenpräsident Niemöller und Präses Wilm von der evangelischen Kirche – zusammengefunden in einem Kuratorium. Dieses Gremium umfaßte die ganze Spannweite von Kommunisten bis hin zur Katholischen Kirche. In einer Zeit, in der die KPD verboten war, konnte ein Mitglied dieser Partei – und in diesem Fall war ich das selbst – an dieser Aufgabe mitwirken. Bei der Konstituierung dieses Kuratoriums im Jahr 1959 hat Minister Dr. Alois Hundhammer, der ja selbst Häftling in Dachau war, die einzelnen Mitglieder vorgestellt und dabei folgendes gesagt: »Dieses Kuratorium setzt sich zusammen aus allen politischen Richtungen, sogar mit einer Person, deren Partei verboten ist. Auch die ist dabei.« So hat damals der »Geist der Lagerstraße« funktioniert.

Zwei Jahre später kam die Idee eines Internationalen Jugendtreffens in Dachau auf. Der Bayerische Jugendring, und hier vornehmlich Arthur Bader, Hermann Kumpfmüller und Xaver Senft, wollten gemeinsam mit dem Internationalen Dachau-Komitee diese Veranstaltung durchführen, für die der »Geist der Lagerstraße« das politische Leitmotiv darstellte. Man muß sich daran erinnern, daß damals der Kalte Krieg auf einem Höhepunkt angelangt war und daß in dieses Jahr 1961 auch der Bau der Berliner Mauer fiel. Da hatte eine derartige Initiative – zumal sie auch von Bayern ausging – einen besonderen Signalwert. Es sollte dabei darum gehen, die gesamte Jugend Europas für die Weiterentwicklung des stagnierenden europäischen Verständigungsprozesses zu mobilisieren. Die Jugend sollte die Initiative in und für Europa ergreifen, nachdem die ältere Generation auf diesem Weg nicht weitergekommen war. Die Schirmherrschaft für diese Veranstaltung hatte auf Bitten des oben erwähnten Kuratoriums für die Gedenkstätte der bayerische Ministerpräsident Ehard übernommen. Damit waren alle Voraussetzungen für ein Gelingen gegeben. Dass dieses Internationale Jugendtreffen dann aber doch nicht zustande kam, ist vor allem auf massive Interventionen und Angriffe bestimmter Teile der Presse – hinter denen vermutlich auch die Bundesregierung stand – zurückzuführen, in denen das Vorhaben als kommunistisch beeinflußt diffamiert wurde.

Abschließend zur Gegenwart noch einige Bemerkungen: Die Jugend steht heute teilweise vor viel härteren und bedeutenderen Problemen als damals. Hier sollte man Lösungen suchen, die wieder an den »Geist der Lagerstraße« anknüpfen. Ein Beispiel, in dem das heute schon funktioniert, ist in meinen Augen die Friedensbewegung. Dort finden sich Menschen unterschiedlichster Auffassungen von den Kommunisten bis zu den Christen zusammen, um für ein übergeordnetes Ziel einzutreten. Hier zeigt sich, daß der »Geist der Lagerstraße« erfolgreich aktualisiert werden kann und damit nach wie vor eine nicht zu unterschätzende Bedeutung für unsere politisch-gesellschaftliche Ordnung und Kultur hat.

Aus: »Lernort Dachau«. Protokoll einer Fachtagung im Institut für Jugendarbeit des Bayerischen Jugendrings. Schriftenreihe Nr. 19, 1988.

Zeittafel

1914

Juli/August — Beginn des I. Weltkrieges.

1915

Beginn des U-Bootkriegs gegen England. Deutscher Bundesrat fordert die Bevölkerung zu sparsamem Nahrungsmittelverbrauch auf und beschlagnahmt die Hafervorräte.

29.8. — OTTO KOHLHOFER wird als Sohn eines Brauerei-Arbeiters in München geboren.

1916

Dez. — »Kohlrübenwinter«: Beschlagnahmung aller im Dt. Reich vorhandenen Kohlrüben zur Sicherung der Ernährung der Bevölkerung.

1917

7.11. — Beginn der Oktoberrevolution in Russland.

1918

7.11. — Ausrufung des »Freistaats Bayern« durch Kurt Eisner. Arbeiter und Soldatenräte in München

9.11. — Revolution in Berlin und anderen Städten. Friedrich Ebert Reichskanzler; Scheidemann ruft die Republik aus.

31.12. — Gründung der KPD.

1919

Jan. — Spartakusaufstand in Berlin, Ermordung von Rosa Luxemburg und Karl Liebknecht durch Freikorps.

Mai — Blutige Niederwerfung der Münchner Räterepublik durch Regierungstruppen.

1921

Arbeiteraufstand in Hamburg. — O. besucht die Volksschule in der Alfonsstraße.

1923

9.11. — Hitlers Putschversuch in München wird niedergeschlagen.

1929

Feb. — Beginn der Feinmechanikerausbildung bei den Optischen Werken Rodenstock.

1930

In Berlin Präsidialkabinett (Brüning); zunehmende Ausschaltung des Parlaments.

164

1932

Höhepunkt der Weltwirtschaftskrise. Über 6 Millionen Erwerbslose.

26.1. Hitler und Göring treffen im Parkhotel Düsseldorf mit Großindustriellen und Bankiers zusammen. Die Spenden für die NSDAP fließen.

Winter — Kontakte mit Kommunistischem Jugendverband (KJVD).

1933

30.1. Hitler wird Reichskanzler. Beginn der Terror- und Willkürherrschaft.

Feb. — O. organisiert einen Lehrlingsstreik und stört einen Vortrag der Nazis in der Berufsschule. Tritt dem KJVD bei.

27.2. Reichstagsbrand. Verbot der Publikationen der KPD. Verhaftung von kommunistischen und sozialdemokratischen Funktionären. Die Verfolgung der Arbeiterbewegung beginnt.

9.3. »2. Machtergreifung« in München. Gewerkschaftshaus in der Pestalozzistraße von Nazibanden gestürmt. Ritter v. Epp als Reichsstatthalter ernennt eine NS-Regierung in Bayern. Verhaftung von Kommunisten, Mitgliedern der Sozialistischen Jugend (SAJ) und des Reichsbanners.

22.3. KZ Dachau für kommunistische und sozialdemokratische Funktionäre eingerichtet.

23.3. Verabschiedung des Ermächtigungsgesetzes im Reichstag gegen Stimmen der SPD.

2.5. Besetzung der Gewerkschaftshäuser. Übernahme der Gewerkschaften durch die Nazis.

10.5. Verbrennung von Büchern proletarischer, demokratischer und jüdischer Schriftsteller.

22.6. Verbot der SPD.

14.10. Austritt Deutschlands aus dem Völkerbund. Beginn der Aufrüstung.

Winter — In KJVD-Gruppe aktiv, Verbreitung illegaler Schriften.

1934

12.2. Aufstand der österreichischen Arbeiter in Wien und anderen österreichischen Städten gegen die klerikal-faschistische Diktatur. Christlich-soziale Heimwehr und Bundesheer setzen Artillerie, Panzer und Flugzeuge ein. Nach vier Tagen wird die Erhebung niedergeschlagen.

1935

16.3.	Einführung der allgemeinen Wehrpflicht – ein Verstoß gegen den Versailler Vertrag. Aufbau der Luftwaffe.	
29.6.		Verhaftung durch Bayerische Politische Polizei wegen illegaler Tätigkeit.
15.9.	Nürnberger Rassegesetze: Juden ohne Bürgerrechte, Mischehen verboten.	
15.10.		In U-Haft im Gerichtsgefängnis Corneliusstraße.

1936

7.3.	Verkündung der sog. »Wehrhoheit«. Dt. Truppen besetzen entmilitarisiertes Rheinland.	
19.3.		Verurteilung durch das OLG München zu 2 ½ Jahren Zuchthaus
13.4.		Strafantritt im Zuchthaus Amberg.
17.7.	Franco greift die republikanische Regierung in Madrid an. Er wird von Hitlerdeutschland und dem faschistischen Italien massiv unterstützt. Auf Seiten der Republik kämpfen die Internationalen Brigaden mit Freiwilligen aus ganz Europa. Nach dem Sieg Francos (1939) werden alle demokratischen Reformen rückgängig gemacht, der Boden wird den Großgrundbesitzern zurückgegeben. Interbrigadisten werden in Frankreich interniert.	

1938

2.2.		Überstellung ins KZ Dachau.
13.3.	Einmarsch der dt. Wehrmacht in Österreich.	
1.4.	Transport österreichischer Prominenter ins KZ Dachau.	
1.10.	Besetzung des Sudetenlands. Deportation von Nazigegnern und Juden ins KZ Dachau.	
9.11.	Reichspogromnacht. 11.000 Juden im Reich werden nach Dachau verschleppt, Hunderte ermordet.	

1939

15.3.	Einmarsch der Hitler-Wehrmacht in Prag, »Protektorat Böhmen und Mähren«.	
23.8.	Nichtangriffsvertrag zwischen dem Deutschen Reich und der Sowjetunion.	
1.9.	Überfall der Hitler-Wehrmacht auf Polen	
27.9.	Vorübergehende Auflösung des Häftlingslagers im KZ Dachau.	O. wird ins KZ Flossenbürg verlegt.

1940		
	Deportation von über 13.000 Polen ins KZ Dachau. Anstieg der Todesziffern.	
1.3.		Zurück im KZ Dachau.
April	Dänemark und Norwegen deutsch besetzt	
Juni	Frankreich zur Hälfte deutsch besetzt, Vichy-Regime im Süden. Paris fällt am 14. Juni. Besetzung Belgiens, der Niederlande und Luxemburgs.	
1941		
April	Jugoslawien und Griechenland von der dt. Wehrmacht besetzt.	
22.6.	Überfall der Hitler-Wehrmacht auf die Sowjetunion. Erschießung sowjetischer Kriegsgefangener im KZ Dachau beginnt.	
Aug.	Beginn der »Invalidentransporte«.	
1942		
Dez.	Sowjetische Truppen schließen die 4. und 6. deutsche Armee bei Stalingrad ein.	
1943		
Feb.	Außenlager für die Rüstungsindustrie werden errichtet. In Bayern v.a. BMW und Messerschmitt.	
Aug.		Als Lebensmittelverwalter ins Außenlager Kempten.
Dez		O. lernt beim Außendienst seine spätere Frau Resi kennen.
1944		
März		Wird ins Außenlager Kottern bei Kempten verlegt.
20.7.	Attentat auf Hitler misslingt. Verhaftungen im ganzen Reich.	
1945		
26.1.		Entlassung. Wird zum »Bewährungsbataillon 500« eingezogen.
13.4.	Einnahme von Wien durch die Rote Armee.	
April		Einsatz vor Brünn. Desertion etwa Ende April.
29.4.	Befreiung des KZ Dachau durch die 42nd Rainbow Division der 7. US-Armee.	
8./9.5.	Bedingungslose Kapitulation des Deutschen Reichs.	
Mai		Ankunft in Wien.

Aug.		Rückkehr über Berlin nach München.
24.11.		O. heiratet Resi in München.
Winter		Erwerbslosigkeit. Mitglied der KPD.
1946		
15.4.		Wird Investigator im Auftrag des bayer. Ministeriums für Sonderaufgaben (zuständig für Entnazifizierung) bis zum Ausschluss der Kommunisten aus dem Ministerium.
4.11.		Beginnt Arbeit im bayer. Landwirtschaftsministerium.
1947		
1.8.		Geburt der Tochter Christa.
1948		
	Gründung der Bundesrepublik Deutschland.	
1949		
	Gründung der Deutschen Demokratischen Republik.	
1951		
	Remilitarisierung der BRD beginnt. Umtriebe alter und neuer Nazis.	
1954		
	Pariser Verträge. BRD wird Mitglied der Nato.	
1955		
29.4.	Neugründung des Comité International de Dachau (C.I.D.).	O. wird Sekretär des C.I.D. und engagiert sich für die Forderung der ehemaligen Häftlinge nach Errichtung einer Gedenkstätte.
1956		
29.4.	Gründung der Lagergemeinschaft Dachau als Organisation der deutschen ehemaligen Häftlinge.	Zum Vorsitzenden der Lagergemeinschaft gewählt.
17.8.	Verbot der KPD.	
1960		
	Provisorisches Museum im Krematoriumsbau auf dem ehemaligen KZ-Gelände.	
1964		
	Gründung der neonazistischen »Nationaldemokratischen Partei Deutschlands« (NPD).	O. ist von seiner Arbeit im Ministerium freigestellt und widmet sich ganz den Vorbereitungen zur Gedenkstätte.

1965		
9.5.	Eröffnung der Gedenkstätte und des Museums im Wirtschaftsgebäude.	
1968		
30.5.	Bundestag beschließt Notstandsgesetze.	
8.9.	Einweihung des Mahnmals vor dem Appellplatz.	
25.9.	Gründung der Deutschen Kommunistischen Partei (DKP).	
1969		
31.5.		Zieht sich aus dem C.I.D. zurück.
1978		
31.12.		Erreicht die »flexible Altersgrenze« und geht in den Ruhestand.
1979		
Dez.	Nato beschließt Stationierung von Mittelstreckenraketen in Westeuropa.	O. in der Friedensbewegung aktiv.
1983		
Juli		Als Zeitzeuge beim ersten Jugendbegegnungszeltlager in Dachau.
1984		
25.11.	Gründung des »Fördervereins Internationale Jugendbegegnungsstätte Dachau«.	O. ist Gründungsmitglied des Fördervereins.
1988		
14.8.		Otto Kohlhofer stirbt in Wolfratshausen bei München an den Folgen eines Herzinfarkts.
1996		
25.3.	Grundsteinlegung des Jugendgästehauses.	
1998		
4.5.	Der »Lernort Dachau« hat ein Haus: Das Jugendgästehaus ist fertig gestellt.	

Abkürzungsverzeichnis

A.I.Z.	Arbeiter Illustrierte Zeitung	KL	Konzentrationslager (offizielle Abkürzung der Nazis)
AL	Außenlager		
BDM	Bund Deutscher Mädel	Komintern	Kommunistische Internationale
BJR	Bayerischer Jugendring	KPD	Kommunistische Partei Deutschlands
BMW	Bayerische Motorenwerke	KPdSU	Kommunistische Partei der Sowjetunion
BP	Bayernpartei	KPÖ	Kommunistische Partei Österreichs
BRD	Bundesrepublik Deutschland	KZ	Konzentrationslager (Abkürzung bei Häftlingen und Bevölkerung)
BVP	Bayerische Volkspartei		
C.I.D.	Comité International de Dachau/Comité International de Liaison des Anciens de Dachau	LGD	Lagergemeinschaft Dachau
		MdB	Mitglied des Bundestags
CDU	Christlich-Demokratische Union	MdL	Mitglied des Landtags
ČSR	Tschechoslowakische Republik	MdR	Mitglied des Reichstags
ČSSR	Tschechoslowakische Sozialistische Republik	MP	Maschinenpistole
CSU	Christlich-Soziale Union	ND	Neues Deutschland, Zeitung
DDR	Deutsche Demokratische Republik	NPD	Nationaldemokratische Partei Deutschlands
DEST	Deutsche Erd- und Steinwerke	NSBO	Nationalsozialistische Betriebszellenorganisation
DGB	Deutscher Gewerkschaftsbund		
DKP	Deutsche Kommunistische Partei	NSDAP	Nationalsozialistische Deutsche Arbeiterpartei
DMV	Deutscher Metallarbeiterverband	OLG	Oberlandesgericht
EWG	Europäische Wirtschaftsgemeinschaft	ÖTV	Gewerkschaft Öffentliche Dienste, Transport und Verkehr
FDJ	Freie Deutsche Jugend		
FDP	Freie Demokratische Partei	ÖVP	Österreichische Volkspartei
FIR	Fédération International des Résistants	PCI	Partito Comunista Italiano
Gestapo	Geheime Staatspolizei	Pg	Parteigenosse der NSDAP
HIAG	Hilfsgemeinschaft auf Gegenseitigkeit der ehem. Angehörigen der Waffen-SS	RSHA	Reichssicherheitshauptamt
		SA	Sturmabteilung
HJ	Hitlerjugend	SAJ	Sozialistische Arbeiterjugend
IG Farben	Interessengemeinschaft Farbenindustrie Aktiengesellschaft	SDS	Sozialistischer Deutscher Studentenbund
		SPD	Sozialdemokratische Partei Deutschlands
IG Metall	Industriegewerkschaft Metall	SS	Schutzstaffel
ITS	International Tracing Service, Internationaler Suchdienst	SZ	Süddeutsche Zeitung
		TBC	Tuberkulose
JVA	Justizvollzugsanstalt	V-Mann	Verbindungsmann
Kapo	Bezeichnung für einen Häftling, der ein Arbeitskommando leitete	VR China	Volksrepublik China
		VVN	Vereinigung der Verfolgten des Naziregimes
KJR	Kreisjugendring	WAA	Wiederaufbereitungsanlage
KJVD	Kommunistischer Jugendverband Deutschlands	WDR	Westdeutscher Rundfunk

Bildnachweis

Alle nicht aufgeführten Abbildungen stammen aus dem Nachlass von Otto Kohlhofer.

Archiv des Erzbistums München/AEM *113* · Archiv der KZ-Gedenkstätte Dachau *32, 38, 44, 46, 65, 68, 109, 111, 120* · Archiv der KZ-Gedenkstätte Flossenbürg *60* · Archiv der Münchner Arbeiterbewegung *95* · Dokumentationsarchiv des Österreichischen Widerstands *52* · Förderverein für Internationale Jugendbegegnung und Gedenkstättenarbeit in Dachau e.V. *145, 153* · Fotogruppe JVA Amberg *29* · Fritzi Furch *41, 42, 61* · Ferdinand Hackl *79* · Heigl *124* · Keystone *105* · Hans Koller *22* · Nachlass Bonkoß, Stadtarchiv Weiden *131* · National Archives, Washington *68* · Nederlandse Instituut voor Oorlogsdokumentatie *56* · Nico Rost: »Goethe in Dachau – Ein Tagebuch« *111* · Seh-Störung *152* · Stadtarchiv Amberg *28* · Stadtarchiv München *26* · Süddeutsche Zeitung, Dachau, 2./3.5.1998 *147* · Yad Vashem *34*.

Literaturverzeichnis

Alfred Andersch: »Die Kirschen der Freiheit«. Diogenes, 2002.

Bayerischer Jugendring (Hrsg.): »Lernort Dachau«, Schriftenreihe des Bayerischen Jugendrings Bd. 19. München, 1988.

Nikolaus Brauns: »Schafft Rote Hilfe! Geschichte und Aktivitäten der proletarischen Hilfsorganisation für politische Gefangene in Deutschland, 1919–1938«. Bonn: Pahl-Rugenstein Verlag, 2003.

Herbert Braunsteiner: »So blieb mir nichts anderes übrig, als die Enns zu durchschwimmen«. In: Helmut Wohnout (Hrsg.): Demokratie und Geschichte. Jahrbuch des Karl-Vogelsang-Instituts zur Erforschung der christlichen Demokratie in Österreich. Wien: Böhlau Verlag, 1996.

Literaturverzeichnis

Alfred Andersch: »Die Kirschen der Freiheit«. Diogenes, 2002.

Bayerischer Jugendring (Hrsg.): »Lernort Dachau«, Schriftenreihe des Bayerischen Jugendrings Bd. 19. München, 1988.

Nikolaus Brauns: »Schafft Rote Hilfe! Geschichte und Aktivitäten der proletarischen Hilfsorganisation für politische Gefangene in Deutschland, 1919–1938«. Bonn: Pahl-Rugenstein Verlag, 2003.

Herbert Braunsteiner: »So blieb mir nichts anderes übrig, als die Enns zu durchschwimmen«. In: Helmut Wohnout (Hrsg.): Demokratie und Geschichte. Jahrbuch des Karl-Vogelsang-Instituts zur Erforschung der christlichen Demokratie in Österreich. Wien: Böhlau Verlag, 1996.

Heike Brettschneider: »Der Widerstand gegen den Nationalsozialismus in München 1933–1945«. Neue Schriftenreihe des Staatsarchivs München, 1968.

Comité International de Dachau; Barbara Distel, KZ-Gedenkstätte Dachau (Hrsg.): »Konzentrationslager Dachau 1933–1945«, Text- und Bilddokumente zur Ausstellung. 2005.

Marion Detjen: »Zum Staatsfeind ernannt. Widerstand, Resistenz und Verweigerung gegen das NS-Regime in München«. München: Buchendorfer Verlag, 1998.

DGB-Jugend München, Kreisjugendring (Hrsg.): »Deckname Betti«. Broschüre zur Ausstellung, 1997.

Barbara Distel: »Otto Kohlhoferi in memoriam«. In: Dachauer Hefte 5, 1989.

Stephan Ebert: »Das Massaker von Poing – Rekonstruktion des Evakuierungstransports aus dem KZ Mühldorf nach Tutzing bzw. Seeshaupt«. Facharbeit am Franz-Marc-Gymnasium Markt Schwaben, 2002.

Evangelische Akademie Bad Boll: Protokoll der Tagung »Das Vermächtnis der Opfer des Nationalsozialismus«, Mai 1984.

Bruno Furch: »Aus hellen und dunklen Tagen – Gedichte und Zeichnungen«. Wien: Eigenverlag, 1996.

Günter Gerstenberg: »Hiebe, Liebe und Proteste. München 1968«. Broschüre zur gleichnamigen Ausstellung im Münchner Gewerkschaftshaus 1991. Hrsg. DGB-Bildungswerk und Archiv der Münchner Arbeiterbewegung.

Ludwig Göhring: »Dachau, Flossenbürg, Neuengamme. Eine anitfaschistische Biographie«. GNN Verlag, 1999.

Lina Haag: »Eine Hand voll Staub. Widerstand einer Frau 1933 bis 1945«. Frankfurt a. M.: Fischer Taschenbuchverlag, 1995.

Wilhelm Hoegner: »Die verratene Republik«. München: Nymphenburger Verlagshandlung, 1979.

Reinhard Kühnl: »Der deutsche Faschismus in Quellen und Dokumenten«. Papyrossa Verlag, Köln 2000.

Edgar Kupfer-Koberwitz: »Die Mächtigen und die Hilflosen«. Bd. II. Stuttgart: Vorwerk Verlag, 1957.

Max Mannheimer: »Spätes Tagebuch. Theresienstadt – Auschwitz – Warschau – Dachau«. Zürich: Pino Verlag, 2000.

Harold Marcuse: »Legacies of Dachau – The Uses and Abuses of a Concentration camp, 1933–2001«, Cambridge University Press, 2001.

Harold Marcuse: »Das ehemalige Konzentrationslager Dachau. Der mühevolle Weg zur Gedenkstätte 1945–1968«. In: Dachauer Hefte 6, 1990.

Viktor Matejka: »Widerstand ist alles. Notizen eines Unorthodoxen«. Wien: Löcker Verlag, 1984.

Hartmut Mehringer: »Die KPD in Bayern 1919–1945. Vorgeschichte, Verfolgung und Widerstand«. In: Martin Broszat/Elke Fröhlich/Falk Wiesemann (Hrsg.): Bayern in der NS-Zeit. Bd. 5. München, 1983.

Angelika Pisarski: »Um nicht schweigend zu sterben«. München: Profilverlag, 1989.

Dirk Reder/Severin Roeseling: »Augenblicke – Die Geschichte der Optischen Werke G. Rodenstock«. München/Zürich: Verlag Piper, 2003.

Karl Röder: »Nachwache. 10 Jahre KZ Dachau und Flossenbürg«. Wien: Böhlau Verlag, 1985.

Gernot Römer: »Für die Vergessenen. KZ-Außenlager in Schwaben – Schwaben in Konzentrationslagern«. Augsburg, 1984.

Nico Rost: »Goethe in Dachau – Ein Tagebuch«, München: List Taschenbuchverlag, 2001.

Richard Scheringer: »Das große Los – unter Soldaten, Bauern und Rebellen«. Hamburg: Rowohlt Verlag, 1959.

Toni Siegert: »Das Konzentrationslager Flossenbürg«. In: Martin Broszat/Elke Fröhlich/Falk Wiesemann (Hrsg.): Bayern in der NS-Zeit, Bd. 2. München, 1979.

Stadtarchiv München (Hrsg.): »Chronik der Stadt München 1945–1948«. 1980.

Johannes Tuchel: »Die Kommandanten des Konzentrationslagers Dachau«. In: Dachauer Hefte 10, 1994.

Peter Willmitzer: »Wir in Bayern – Ein Lesebuch zu Geschichte und Gegenwart«. Hrsg. Ute Schilde. München: Verlag Das Freie Buch, 1982.

Stanislav Zámečník: »Das war Dachau«, Hrsg. Stiftung Comité International de Dachau, Luxemburg, 2002.

Heike Brettschneider: »Der Widerstand gegen den Nationalsozialismus in München 1933–1945«. Neue Schriftenreihe des Staatsarchivs München, 1968.

Comité International de Dachau; Barbara Distel, KZ-Gedenkstätte Dachau (Hrsg.): »Konzentrationslager Dachau 1933–1945«, Text- und Bilddokumente zur Ausstellung. 2005.

Marion Detjen: »Zum Staatsfeind ernannt. Widerstand, Resistenz und Verweigerung gegen das NS-Regime in München«. München: Buchendorfer Verlag, 1998.

DGB-Jugend München, Kreisjugendring (Hrsg.): »Deckname Betti«. Broschüre zur Ausstellung, 1997.

Barbara Distel: »Otto Kohlhoferi in memoriam«. In: Dachauer Hefte 5, 1989.

Stephan Ebert: »Das Massaker von Poing – Rekonstruktion des Evakuierungstransports aus dem KZ Mühldorf nach Tutzing bzw. Seeshaupt«. Facharbeit am Franz-Marc-Gymnasium Markt Schwaben, 2002.

Evangelische Akademie Bad Boll: Protokoll der Tagung »Das Vermächtnis der Opfer des Nationalsozialismus«, Mai 1984.

Bruno Furch: »Aus hellen und dunklen Tagen – Gedichte und Zeichnungen«. Wien: Eigenverlag, 1996.

Günter Gerstenberg: »Hiebe, Liebe und Proteste. München 1968«. Broschüre zur gleichnamigen Ausstellung im Münchner Gewerkschaftshaus 1991. Hrsg. DGB-Bildungswerk und Archiv der Münchner Arbeiterbewegung.

Ludwig Göhring: »Dachau, Flossenbürg, Neuengamme. Eine anitfaschistische Biographie«. GNN Verlag, 1999.

Lina Haag: »Eine Hand voll Staub. Widerstand einer Frau 1933 bis 1945«. Frankfurt a. M.: Fischer Taschenbuchverlag, 1995.

Wilhelm Hoegner: »Die verratene Republik«. München: Nymphenburger Verlagshandlung, 1979.

Reinhard Kühnl: »Der deutsche Faschismus in Quellen und Dokumenten«. Papyrossa Verlag, Köln 2000.

Edgar Kupfer-Koberwitz: »Die Mächtigen und die Hilflosen«. Bd. II. Stuttgart: Vorwerk Verlag, 1957.

Max Mannheimer: »Spätes Tagebuch. Theresienstadt – Auschwitz – Warschau – Dachau«. Zürich: Pino Verlag, 2000.

Harold Marcuse: »Legacies of Dachau – The Uses and Abuses of a Concentration camp, 1933–2001«, Cambridge University Press, 2001.

Harold Marcuse: »Das ehemalige Konzentrationslager Dachau. Der mühevolle Weg zur Gedenkstätte 1945–1968«. In: Dachauer Hefte 6, 1990.

Viktor Matejka: »Widerstand ist alles. Notizen eines Unorthodoxen«. Wien: Löcker Verlag, 1984.

Hartmut Mehringer: »Die KPD in Bayern 1919–1945. Vorgeschichte, Verfolgung und Widerstand«. In: Martin Broszat/Elke Fröhlich/Falk Wiesemann (Hrsg.): Bayern in der NS-Zeit. Bd. 5. München, 1983.

Angelika Pisarski: »Um nicht schweigend zu sterben«. München: Profilverlag, 1989.

Dirk Reder/Severin Roeseling: »Augenblicke – Die Geschichte der Optischen Werke G. Rodenstock«. München/Zürich: Verlag Piper, 2003.

Karl Röder: »Nachwache. 10 Jahre KZ Dachau und Flossenbürg«. Wien: Böhlau Verlag, 1985.

Gernot Römer: »Für die Vergessenen. KZ-Außenlager in Schwaben – Schwaben in Konzentrationslagern«. Augsburg, 1984.

Nico Rost: »Goethe in Dachau – Ein Tagebuch«, München: List Taschenbuchverlag, 2001.

Richard Scheringer: »Das große Los – unter Soldaten, Bauern und Rebellen«. Hamburg: Rowohlt Verlag, 1959.

Toni Siegert: »Das Konzentrationslager Flossenbürg«. In: Martin Broszat/Elke Fröhlich/Falk Wiesemann (Hrsg.): Bayern in der NS-Zeit, Bd. 2. München, 1979.

Stadtarchiv München (Hrsg.): »Chronik der Stadt München 1945–1948«. 1980.

Johannes Tuchel: »Die Kommandanten des Konzentrationslagers Dachau«. In: Dachauer Hefte 10, 1994.

Peter Willmitzer: »Wir in Bayern – Ein Lesebuch zu Geschichte und Gegenwart«. Hrsg. Ute Schilde. München: Verlag Das Freie Buch, 1982.

Stanislav Zámečník: »Das war Dachau«, Hrsg. Stiftung Comité International de Dachau, Luxemburg, 2002.